本书编写人员

主　编：凌泽明　张　娅　唐思均

副主编：彭永杰　罗金梅　代钰琴　钱新杰

参　编：龚怀敏　李林玲　黄一波　汪戎秋

主　审：黄应强

中国轻工业“十四五”规划立项教材

高等职业教育通识教育教材

现代信息技术基础

统信UOS 20E系统+WPS Office 2019

凌泽明　张　娅　唐思均　主编

中国轻工业出版社

图书在版编目（CIP）数据

现代信息技术基础：统信UOS 20E系统+WPS Office 2019 / 凌泽明，张娅，唐思均主编. —北京：中国轻工业出版社，2023.8

高等职业教育通识教育教材

ISBN 978-7-5184-4027-6

Ⅰ.①现… Ⅱ.①凌… ②张… ③唐… Ⅲ.①操作系统—高等职业教育—教材 ②办公自动化—应用软件—高等职业教育—教材 Ⅳ.①TP316 ②TP317.1

中国版本图书馆 CIP 数据核字（2022）第 100455 号

责任编辑：贺晓琴　　责任终审：简延荣　　整体设计：锋尚设计

策划编辑：史祖福　　责任校对：吴大朋　　责任监印：张　可

出版发行：中国轻工业出版社（北京东长安街6号，邮编：100740）

印　　刷：艺堂印刷（天津）有限公司

经　　销：各地新华书店

版　　次：2023年8月第1版第3次印刷

开　　本：787×1092　1/16　印张：15.25

字　　数：352千字

书　　号：ISBN 978-7-5184-4027-6　定价：60.00元

邮购电话：010-65241695

发行电话：010-85119835　传真：85113293

网　　址：http://www.chlip.com.cn

Email：club@chlip.com.cn

如发现图书残缺请与我社邮购联系调换

231237J2C103ZBW

前 言

本书是现代信息技术基础课程配套教材，是《计算机应用基础：Windows 10+Office 2016》（钱新杰、张娅主编）教材改版。本书将介绍Windows 10系统基本应用改为了介绍国产操作系统——统信UOS 20E系统使用基础，将Office 2016基本使用改为了国产办公软件——WPS Office 2019个人版的基本使用，同时介绍了物联网和云存储应用的基础知识。

本书是新型活页式教材，以具体任务为载体，按“任务描述—任务目标—任务书—任务分组—获取信息—工作实施—评价反馈—相关知识—巩固练习”结构组织学习内容和教学内容，将相关知识点融入任务中，遵从学生的认知规律和技能养成规律，符合工作过程逻辑，兼具“工作活页”和“教材”属性。

本书共分为六个单元：单元一是统信UOS系统使用基础，介绍了统信UOS操作系统桌面环境、文件与目录管理、控制中心等内容；单元二是WPS文字处理模块，介绍了WPS文字的基本使用，包括文本、表格、图片、艺术字、页面设置、目录制作等内容；单元三是WPS表格处理模块，介绍了WPS表格的基本使用，包括数据输入与格式设置、公式与函数、数据排序与筛选、图表与数据透视表创建等内容；单元四是WPS演示文稿处理模块，介绍了WPS演示文稿的基本使用，包括演示文稿的创建、设计、动画、演示等内容；单元五是物联网认知，介绍了物联网的基本知识和在智慧校园中的应用；单元六是云存储典型应用，介绍了百度网盘的使用。

本书由宜宾职业技术学院凌泽明、张娅、唐思均担任主编。宜宾职业技术学院彭永杰、罗金梅、代钰琴、钱新杰担任副主编。参与编写本书的人员有：宜宾职业技术学院龚怀敏、李林玲、黄一波、汪戎秋。本书由宜宾职业技术学院黄应强担任主审，本书的出版得到了宜宾职业技术学院相关领导和老师的大力支持与帮助，在此表示衷心的感谢！

本书在编写过程中，参考了大量相关文献，颇受启发，特对其作者表示感谢！

限于编者水平有限，书中难免存在错误和疏漏，恳请广大读者和专家批评指正！

编者

2022年6月

目录

单元一 统信UOS系统使用基础

单元二 WPS文字处理模块

单元四 WPS演示文稿处理模块

单元五 物联网认知

单元六 云存储典型应用

单元一

统信UOS系统使用基础

统信操作系统（简称“统信UOS”）是统信软件技术有限公司打造的一款基于Linux内核的国产操作系统，该操作系统包括统信桌面操作系统和服务器操作系统。统信桌面操作系统包含桌面环境和四十多款原创应用，以及数款来自开源社区的应用软件，支持龙芯、飞腾、海思麒麟、申威、鲲鹏、兆芯、海光等国产CPU平台，适配联想、华为、清华同方、长城、曙光、航天科工、浪潮等主流整机和外设品牌产品，能够满足用户的办公、娱乐、沟通需求。统信桌面操作系统还可以根据用户的需求提供个性化的产品服务，包括Windows桌面替代方案、办公自动化方案、虚拟电子教室等。它基于DeepinWine技术，可运行大量的Windows平台软件。在官网下载镜像文件后可以分别在虚拟机中安装、在Windows操作系统中安装以及在物理机中安装学习体验。

本单元主要介绍了统信UOS 20E系统的桌面环境、文件和目录管理、控制中心等基本使用知识。建议用户计算机用网卡连接网线接入Internet，键盘推荐使用微软的104键盘。

任务 1.1　统信 UOS 系统桌面环境

姓名：	学号：	班级：	日期：

任务描述

小王所在单位新购置了一批国产电脑，预装了国产操作系统——统信UOS系统。由于他第一次接触UOS系统，需要先熟悉桌面环境。

任务目标

（1）了解UOS系统桌面布局，能对桌面进行个性化设置，如对桌面图标排序、调整图标大小、更改壁纸等。

（2）熟悉任务栏图标功能，能对任务栏进行常规操作。

（3）熟悉启动器的使用，能在启动器中进行应用程序的排列、查找、运行和卸载等操作。

（4）掌握工作区的概念和基本操作。

（5）了解中国信息技术创新对信息安全、网络安全的作用。

任务书

在桌面上新建一个文件夹，命名为“我的文件”；为“WPS文字”“WPS表格”和“WPS演示”在桌面上创建快捷方式；设置桌面图标排序方式为“类型”，图标大小为“中”；将壁纸改为你喜欢的一张风景照片，同时将其设置为锁屏；将任务栏设置为“智能隐藏”；在应用商店中安装QQ软件。

任务分组

班级		组号		指导教师	
组长		学号			

续表

<table>
<tr><td rowspan="3">组员</td><td>姓名</td><td>学号</td><td>姓名</td><td>学号</td></tr>
<tr><td></td><td></td><td></td><td></td></tr>
<tr><td></td><td></td><td></td><td></td></tr>
<tr><td>任务分工</td><td colspan="4"></td></tr>
</table>

获取信息

引导问题 1： 通过上网查询，小组讨论什么是信息技术创新？信息技术创新对于信息和网络安全起到怎样的作用？

引导问题 2： 现阶段的主要国产操作系统有哪些，它们各有什么特点？

引导问题 3： 通过上网查询，写出现在主要的国产电脑有哪些品牌，它们使用的CPU芯片是哪些？

工作实施

引导问题 1： 请写出调整桌面图标大小的三种方法。

引导问题 2： 一般在什么情况下需要设置屏保，如何设置一个有密码保护的屏保？

引导问题 3： 任务栏有哪两种显示模式，如何进行切换？如何设置任务栏为智能隐藏？

引导问题 4： 如何为一个应用分别在桌面和任务栏创建一个快捷方式，又怎么删除快捷方式？

引导问题 5： 在工作区界面，如何完成添加、切换、删除和退出工作区等操作？

引导问题 6： 如何用按键在各个界面区域内进行切换？

评价反馈

<table>
<tr><th rowspan="2">项目名称</th><th rowspan="2">评价内容</th><th rowspan="2">分值</th><th colspan="3">评价分数</th></tr>
<tr><th>自评</th><th>互评</th><th>教师评价</th></tr>
<tr><td rowspan="5">职业素养考核项目40%</td><td>穿戴规范、整洁</td><td>5</td><td></td><td></td><td></td></tr>
<tr><td>安全意识、责任意识、服从意识</td><td>10</td><td></td><td></td><td></td></tr>
<tr><td>积极参加教学活动，按时完成学生工作活页</td><td>10</td><td></td><td></td><td></td></tr>
<tr><td>团队合作、与人交流能力</td><td>10</td><td></td><td></td><td></td></tr>
<tr><td>劳动纪律</td><td>5</td><td></td><td></td><td></td></tr>
<tr><td rowspan="4">专业能力考核项目60%</td><td>专业知识查找及时、准确</td><td>10</td><td></td><td></td><td></td></tr>
<tr><td>操作符合规范</td><td>10</td><td></td><td></td><td></td></tr>
<tr><td>操作熟练度，工作效率</td><td>10</td><td></td><td></td><td></td></tr>
<tr><td>作品验收质量</td><td>30</td><td></td><td></td><td></td></tr>
<tr><td colspan="3">总分</td><td></td><td></td><td></td></tr>
<tr><td rowspan="2">总评</td><td rowspan="2">自评（20%）+互评（20%）+教师评价（60%）=</td><td>综合等级</td><td colspan="3" rowspan="2">教师（签名）:</td></tr>
<tr><td></td></tr>
<tr><td>有益的经验和做法</td><td colspan="5"></td></tr>
<tr><td>总结反思建议</td><td colspan="5"></td></tr>
</table>

相关知识

统信UOS系统桌面环境以用户的需求为导向，充分考虑用户的操作习惯，提供了美观易用、极简操作的实用体验。桌面环境主要由桌面、任务栏、启动器等组成，如图1-1-1所示。

1.1.1 桌面布局

桌面是用户登录后可以看到的主屏幕区域。在桌面上用户可以进行新建文件或文件夹、设置排序方式、调整图标大小、设置显示器、更改壁纸、设置屏保等操作，还可以通过“发送到桌面”功能向桌面添加应用程序的快捷方式。

（1）新建文件夹或文档

在桌面新建文件夹或文档，也可以对文件进行常规操作，和在文件管理器中一样。

① 在桌面上单击鼠标右键，在弹出的菜单（图1-1-2）中单击“新建文件夹”，输入新建文件夹的名称即可新建一个文件夹。

② 在桌面上单击鼠标右键，在弹出的菜单中单击“新建文档”，然后选择新建文档的类型，输入新建文档的名称即可新建一个文档。

③ 在桌面文件或文件夹上单击鼠标右键，即可使用文件管理器的相关功能，如表1-1-1所示。

（2）设置排序方式

用户可以对桌面上的图标根据需要进行排序，步骤如下。

第一步：在桌面上单击鼠标右键。

第二步：在弹出的快捷菜单中单击“排序方式”，分别可以按“名称”“修改时间”“大小”和“类型”进行排序显示。

图1-1-1 UOS桌面组成

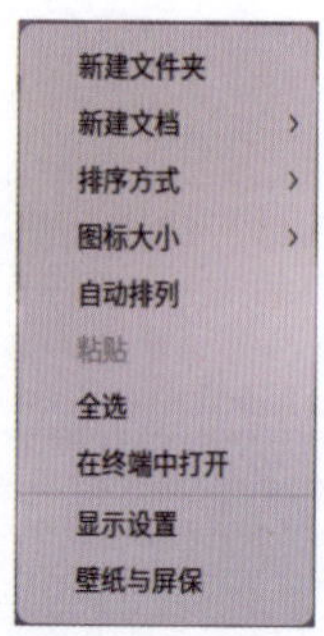

图1-1-2 桌面右键菜单

提示

如果勾选“自动排序”，桌面图标将从上到下、从左到右按照当前的排序规则进行排列，当有图标被删除时，后面的图标会自动向前填充。

表1-1-1　　文件管理器功能说明表

名称	功能说明
打开	打开程序
打开方式	可以选定系统默认打开方式，也可以选择其他关联应用程序来打开
剪切	移动文件或文件夹
复制	复制文件或文件夹
重命名	重命名文件或文件夹
删除	删除文件或文件夹
创建链接	创建一个快捷方式
标记信息	添加标记信息，以对文件或文件夹进行标签化管理
压缩/解压缩	压缩文件或文件夹，或对压缩文件进行解压
属性	查看文件或文件夹的基本信息、共享方式和权限

（3）调整图标大小

用户可以根据需要调整桌面图标的大小，步骤如下。

第一步：在桌面上单击鼠标右键。

第二步：在弹出的快捷菜单中单击“图标大小”，再选择一个合适的图标大小即可。

（4）设置显示器

用户可以在桌面上快速进入控制中心设置显示器的缩放比例、分辨率和亮度等，步骤如下。

第一步：在桌面上单击鼠标右键。

第二步：在弹出的快捷菜单中单击“显示设置”，快速进入控制中心的显示设置界面，如图1-1-3所示，可以更改分辨率、调节亮度、设置屏幕缩放、设置屏幕刷新频率等。

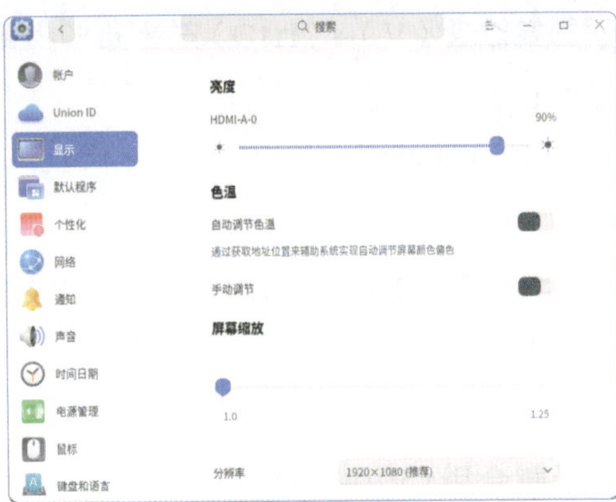

图1-1-3　显示设置

（5）更改壁纸

用户可以选择一些精美、时尚的壁纸来美化桌面，步骤如下：

第一步：在桌面上单击鼠标右键。

第二步：在弹出的快捷菜单中单击“壁纸与屏保”，在桌面底部可以预览所有壁纸，如图1-1-4所示。选择某一壁纸后，壁纸就会在桌面和锁屏中生效。

图1-1-4　更改壁纸

第三步：选择的壁纸生效后，可以单击“仅设置桌面”和“仅设置锁屏”来控制壁纸的生效范围。

提示

勾选“自动更换壁纸”，可以设置自动更换壁纸的时间间隔，也可以设置在“登录时”和“唤醒时”自动更换壁纸。用户还可以在图片查看器中设置自己喜欢的桌面壁纸。

（6）设置屏保

屏幕保护程序可以用来防范他人偷窥电脑上的隐私，设置步骤如下。

第一步：在桌面上单击鼠标右键。

第二步：在弹出的快捷菜单中单击“壁纸与屏保”，单击“屏保”，在桌面底部可以预览所有屏保，如图1-1-5所示。

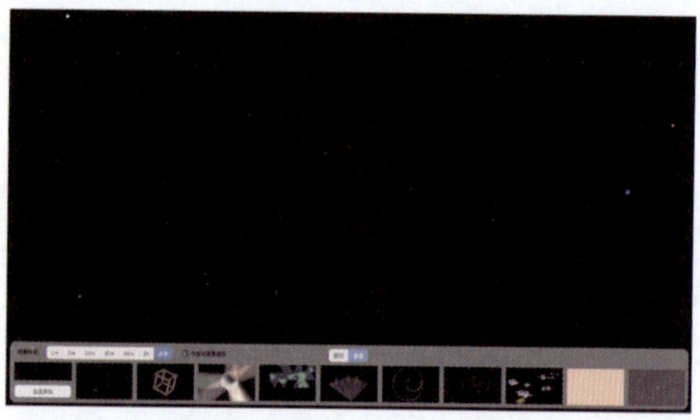

图1-1-5　设置屏保

第三步：单击某个屏保的缩览图即可使其设置生效，同时还可以在缩览图上方设置显示的时间。

第四步：勾选“恢复时需要密码”，可以设置恢复密码，从而更好地保护用户隐私。

（7）剪切板

剪切板用于展示当前用户登录系统后复制和剪切的所有文本、图片和文件。使用剪切板可以快速复制其中的某项内容。系统注销或关机后，剪切板会自动清空。常用操作步骤如下。

第一步：使用快捷键〈Ctrl〉+〈Alt〉+〈V〉可以唤出剪切板，如图1-1-6所示。

第二步：双击剪切板内的某一区块，会快速复制当前区块的内容，且当前区块会被

图1-1-6　剪切板

移动到剪切板顶部。

第三步：选择目标位置粘贴。

第四步：鼠标移入剪切板的某一区块，单击右上方的关闭按钮×，即可删除当前区块内容。单击顶部的“全部清除”按钮，可以清空剪切板内容。

1.1.2　任务栏

任务栏是指位于桌面底部的长条，主要由启动器、应用程序图标、托盘区、系统插件等组成，如图1-1-7所示。在任务栏，可以打开启动器、显示桌面、进入工作区，对应用程序进行打开、新建、关闭、强制退出等操作，还可以设置输入法、调节音量、查看日历、进入关机界面等。

图1-1-7　任务栏

（1）认识任务栏图标

任务栏图标包括启动器图标、应用程序图标、托盘区图标、系统插件图标等，图标说明如表1-1-2所示。

表1-1-2　任务栏图标说明表

图标	说明	图标	说明
	启动器：单击查看所有已安装的应用		显示桌面
	多任务视图：单击显示工作区		文件管理器：单击查看磁盘中的文件和文件夹
	相册：导入并管理照片		音乐：可播放本地音乐
	联系人：好友通讯、视频会议		浏览器：单击打开网页
	控制中心：单击进入系统设置		屏幕键盘：单击使用虚拟键盘
	桌面智能助手：使用语音或文字来发布指令或进行询问		商店：搜索安装应用软件

续表

图标	说明	图标	说明
	通知中心：显示所有系统和应用的通知		电源：单击进入关机界面
	日历：查看日期、新建日程		回收站

（2）切换显示模式

任务栏提供“时尚模式”和“高效模式”两种显示模式，如图1-1-8和图1-1-9所示。

图1-1-8　时尚模式

图1-1-9　高效模式

两种模式下的应用窗口激活效果显示不同，设置步骤如下。

第一步：右键单击任务栏。

第二步：在“模式”子菜单中选择一种显示模式。

（3）设置任务栏位置

用户可以将任务栏放置在桌面的任意方向，设置步骤如下。

第一步：右键单击任务栏。

第二步：在“位置”子菜单中选择一个方向。

（4）调整任务栏高度

用鼠标拖动任务栏边缘，可以改变任务栏高度。

（5）显示/隐藏任务栏

任务栏可以隐藏，以便最大程度地扩展桌面的可操作区域，设置步骤如下。

第一步：右键单击任务栏。

第二步：在“状态”子菜单中选择，其选项功能如下。

① 选择“一直显示”，任务栏将会一直显示在桌面上。

② 选择“一直隐藏”，任务栏将会隐藏起来，只有在鼠标移至任务栏区域时才会显示。

③ 选择“智能隐藏”，当占用任务栏区域时，任务栏自动隐藏。

（6）显示/隐藏插件

任务栏可以显示或隐藏插件，以便设置用户常用的程序，设置步骤如下。

第一步：右键单击任务栏。

第二步：在“插件”子菜单中勾选或取消勾选“回收站”“电源”“显示桌面”“屏幕键盘”“通知中心”“多任务视图”“时间”“桌面智能助手”等，可以设置这些插件在任务栏上的显示和隐藏效果。

（7）查看通知

当有系统或应用通知时，会在桌面中央弹出通知消息。若有按钮，单击按钮执行对应事件，若无按钮，单击关闭此消息。也可以单击任务栏上的🔔图标，打开通知中心，查看所有通知。

（8）进入关机界面

用户可以单击任务栏上的图标⏻进入关机界面，如图1–1–10所示。也可以在启动器中的小窗口模式中单击图标⏻进入关机界面。关机界面中操作按钮的功能说明如表1–1–3所示。

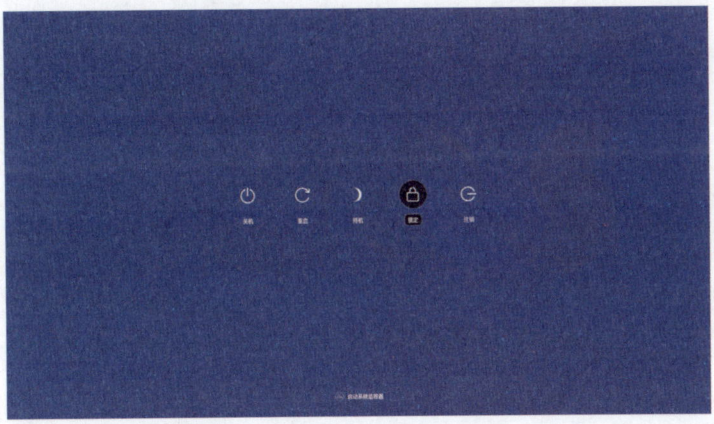

图1–1–10　关机界面

表1–1–3　关机界面中操作按钮的功能说明

图标	说明
⏻	关机：关闭电脑
↻	重启：关机后重新启动电脑
☽	待机：系统将处于低能耗运转的状态
🔒	锁定：锁定电脑，或按下⊞+〈L〉组合键锁定

续表

图标	说明
	切换用户：选择另一个账户登录
	注销：清除当前登录用户的信息
	系统监视器：快速启动系统监视器

(9) 回收站

用户可以在回收站中找到电脑中临时删除的所有文件，回收站中的文件可以被恢复或清空。对回收站中的文件进行还原的方法如下。

第一步：在回收站中选中要恢复的文件。

第二步：单击鼠标右键，在弹出的快捷菜单中选择“还原”，文件即被还原到原来的存储路径下。如果原来所在的文件夹已被删除，还原文件中会自动新建文件夹。如果在弹出的快捷菜单中选择“删除”，则将彻底删除选中的文件。

提示

在回收站中，单击“清空”，将彻底删除回收站中的所有内容。

1.1.3 启动器

通过启动器可以管理系统中已安装的所有应用，在启动器中使用分类导航或搜索功能可以快速找到需要的应用程序。用户可以进入启动器查看新安装的应用，新安装的应用旁边会出现一个小蓝点提示。

(1) 切换模式

启动器有全屏模式（图1–1–11）和小窗口模式（图1–1–12）两种模式，可以通过单击启动器界面右上角的图标来切换。两种模式均支持搜索应用、设置快捷方式等操作。小窗口模式还支持快速打开文件管理器、控制中心和进入关机界面等功能。

(2) 排列应用

在全屏模式下，系统默认按安装时间排列所有应用。将鼠标悬停在应用图标上，按住鼠标左键不放，可以将应用图标拖拽到指定的位置自由排列。单击启动器界面左上角分类图标进行排列，如图1–1–13所示。

图1-1-11　全屏模式

图1-1-12　小窗口模式

图1-1-13　排列应用

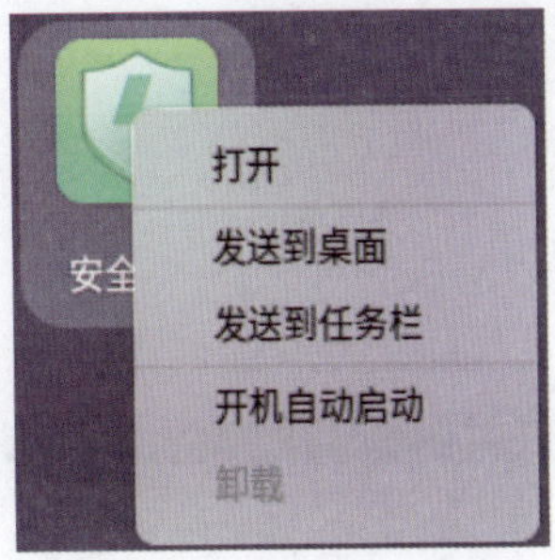

图1-1-14　创建快捷方式

（3）创建快捷方式

快捷方式提供了一种简单快捷地启动应用的方法。

在启动器中，右键单击应用图标，在弹出的快捷菜单中选择“发送到桌面”，即可在桌面创建快捷方式，选择“发送到任务栏”，即可将应用固定到任务栏，如图1-1-14所示。

在启动器中，右键单击应用图标，选择“从桌面上移除”即可删除桌面快捷方式。在任务栏上，按住鼠标左键不放，将应用图标拖拽到任务栏以外的区域即可移除快捷方式。当应用处于运行状态时将无法拖拽移除，此时可以右键单击任务栏上的应用图标，选择“移除驻留”，即可将应用从任务栏上移除。

（4）安装和卸载应用

如果启动器中没有需要的应用，可以在应用商店一键下载安装，如图1-1-15所示。

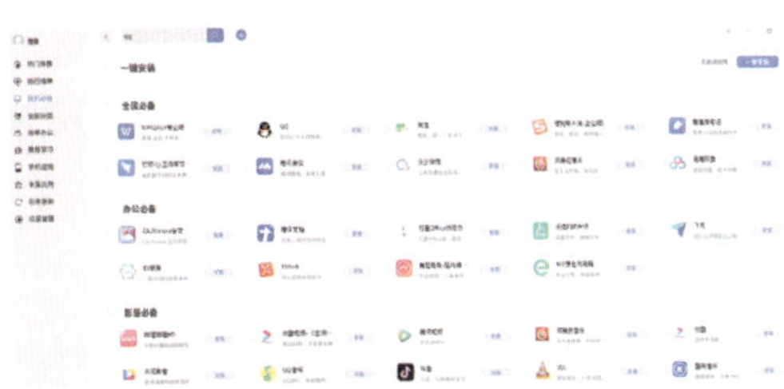

图1-1-15　安装应用

对于不再使用的应用，可以将其卸载，以节省磁盘空间，方法如下。

第一步：在启动器中，右键单击需要

卸载的应用图标。

第二步：在弹出的快捷菜单中选择“卸载”即可。

提示

在“时尚模式”下，还可以在启动器的全屏模式界面，按住鼠标左键不放，将需要卸载的应用图标拖拽到任务栏的回收站中卸载。

1.1.4 窗口管理器

窗口管理器可以在不同的工作区内展示不同的窗口内容，通过窗口管理器可以同时使用多个桌面，以便对桌面窗口进行分组管理，如图1-1-16所示。

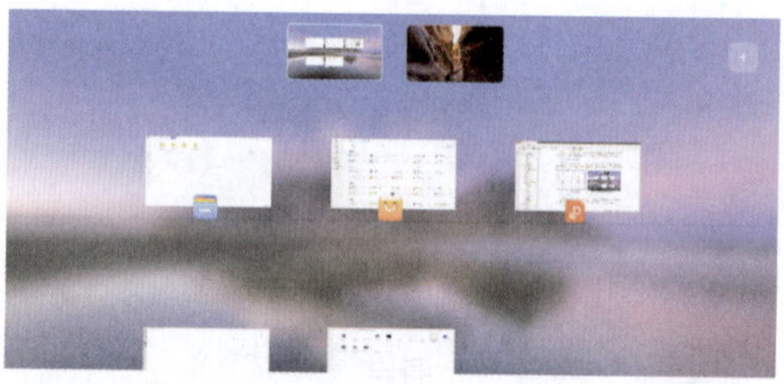

图1-1-16 窗口管理器

（1）打开工作区

工作区将桌面窗口进行分组管理，通过划分工作区可以增大工作区域。按下⊞+〈S〉组合键，或者单击窗口管理器图标打开工作区界面。

（2）添加工作区

在工作区界面，可以通过单击工作区下方的“+”按钮或者键盘上的〈+〉键添加工作区。当添加的工作区数量达到最大值时，将不能再添加工作区。

（3）切换工作区

在桌面和工作区界面，可以通过以下方式切换工作区。

① 在桌面，按下键盘上的⊞+〈←〉/〈→〉组合键，切换到上一个/下一个工作区。

② 在桌面，按下键盘上的⊞+数字键（〈1〉~〈7〉），切换到指定顺序的工作区。

③ 在工作区界面，滚动鼠标切换到上一个/下一个工作区。

④ 在工作区界面，按下键盘上的〈←〉/〈→〉键来切换到上一个/下一个工作区。

⑤ 在工作区界面，单击对应的预览窗口或按下数字键（〈1〉~〈7〉）来切换到指定的工作区。

（4）删除工作区

当执行删除工作区操作后，该工作区中的所有窗口将自动转移到相邻的工作区中显示，当桌面环境中只存在一个工作区时，将不能执行删除工作区的操作。在工作区界面，单击某一个工作区的关闭按钮×即可删除该工作区。

（5）退出工作区

在工作区界面完成相关操作后，可以通过以下方式退出工作区。

① 按下键盘上的〈Esc〉键。

② 在当前工作区界面区域外的任意位置单击鼠标。

③ 再次按下键盘上的+〈S〉组合键。

（6）查看所有窗口

可以通过以下方式查看工作区的所有窗口。

① 按下键盘上的+〈A〉组合键，查看左右工作区的窗口。

② 按下键盘上的+〈W〉组合键，查看当前工作区的窗口。

（7）移动工作区窗口

可以通过以下方式移动窗口到另一工作区。

① 在工作区界面，拖拽窗口到指定的工作区。

② 在桌面，按下键盘上的+〈Shift〉+〈←〉/〈→〉组合键，将当前窗口移动到上一个/下一个工作区。

③ 在桌面，按下键盘上的+〈Shift〉+数字键（〈1〉~〈7〉），将当前窗口移动到对应顺序的工作区。

④ 在桌面，按下键盘上的〈Alt〉+〈空格〉键或者在窗口标题栏上单击鼠标右键，打开窗口快捷菜单，选择“总在可见工作区”“移至右边的工作区”或“移至左边的工作区”，将当前窗口移动到指定的工作区。

> **提示**
>
> 在窗口快捷菜单，还可以选择最小化、最大化、移动窗口、改变窗口大小、置顶窗口和关闭窗口。

（8）切换桌面窗口

可以通过以下方式切换当前工作区的桌面窗口。

① 快速切换相邻窗口。

同时按下〈Alt〉+〈Tab〉键并快速释放，快速切换当前窗口和相邻程序窗口。

同时按下〈Alt〉+〈Shift〉+〈Tab〉键并快速释放，快速反向切换当前窗口和相邻程序窗口。

② 快速切换同类型窗口。

同时按下〈Alt〉+〈~〉键并快速释放，快速切换当前同类型窗口。

同时按下〈Alt〉+〈Shift〉+〈~〉键并快速释放，快速反向切换当前同类型窗口。

③ 切换所有窗口。

按住键盘上的〈Alt〉键不放，连续按下键盘上的〈Tab〉键，所有窗口依次向右切换显示。

按住〈Alt〉+〈Shift〉键不放，连续按下键盘上的〈Tab〉键，所有窗口依次向左切换显示。

④ 切换同类型窗口。

按住键盘上的〈Alt〉键不放，连续按下键盘上的〈~〉键，当前窗口依次向右切换显示。

按住键盘上的〈Alt〉+〈Shift〉键不放，连续按下键盘上的〈~〉键，窗口依次向左切换显示。

巩固练习

1. 在计算机中分别安装统信UOS系统和Windows 10操作系统。
2. 在统信UOS系统中安装需要的各种应用软件，并熟悉软件功能。

任务 1.2　文件与目录管理

姓名：	学号：	班级：	日期：

任务描述

小王是办公室文员，平时电脑上的文件较多，需要利用统信UOS系统的文件管理器对文件进行规范管理。

任务目标

（1）了解文件和文件夹的概念，能在文件管理器中进行新建、删除、复制以及移动文件等操作。

（2）能快速查找需要的文件，能配置文件权限。

（3）能共享本地文件，并能访问局域网中的共享文件。

（4）能进行文件压缩和解压缩。

（5）养成规范管理文件的习惯。

任务书

在文件管理器中，新建一个文件夹命名为“我的文件夹”，在该文件夹中新建一个文本文件并命名为“我的文本文件.txt”，设置文件权限为所有者“读写”，群组和其他“只读”，为该文本文件在桌面上创建一个快捷方式，将文件夹共享，共享密码设置为“123456”。

任务分组

班级		组号		指导教师	
组长		学号			

续表

<table>
<tr><td rowspan="3">组员</td><td>姓名</td><td>学号</td><td>姓名</td><td>学号</td></tr>
<tr><td></td><td></td><td></td><td></td></tr>
<tr><td></td><td></td><td></td><td></td></tr>
<tr><td colspan="5">任务分工</td></tr>
<tr><td colspan="5"></td></tr>
</table>

获取信息

引导问题：通过上网查询，小组讨论常见的文件类型有哪些，其文件扩展名分别是什么？

工作实施

引导问题 1：小组讨论移动一个文件有哪些方法，分别用鼠标和键盘怎么实现？

引导问题 2：小组讨论有哪些方法可以保护一个文件，避免被他人非法利用或修改？

引导问题 3： 如何共享自己的文件和访问别人的共享文件？

引导问题 4： 小组讨论为一个文件创建快捷方式有哪几种方法？

评价反馈

<table>
<tr><th rowspan="2">项目名称</th><th rowspan="2">评价内容</th><th rowspan="2">分值</th><th colspan="3">评价分数</th></tr>
<tr><th>自评</th><th>互评</th><th>教师评价</th></tr>
<tr><td rowspan="5">职业素养考核项目
40%</td><td>穿戴规范、整洁</td><td>5</td><td></td><td></td><td></td></tr>
<tr><td>安全意识、责任意识、服从意识</td><td>10</td><td></td><td></td><td></td></tr>
<tr><td>积极参加教学活动，按时完成学生工作活页</td><td>10</td><td></td><td></td><td></td></tr>
<tr><td>团队合作、与人交流能力</td><td>10</td><td></td><td></td><td></td></tr>
<tr><td>劳动纪律</td><td>5</td><td></td><td></td><td></td></tr>
<tr><td rowspan="4">专业能力考核项目
60%</td><td>专业知识查找及时、准确</td><td>10</td><td></td><td></td><td></td></tr>
<tr><td>操作符合规范</td><td>10</td><td></td><td></td><td></td></tr>
<tr><td>操作熟练度，工作效率</td><td>10</td><td></td><td></td><td></td></tr>
<tr><td>作品验收质量</td><td>30</td><td></td><td></td><td></td></tr>
<tr><td colspan="3">总分</td><td></td><td></td><td></td></tr>
<tr><td rowspan="2">总评</td><td rowspan="2">自评（20%）+互评（20%）+
教师评价（60%）=</td><td>综合等级</td><td colspan="3" rowspan="2">教师（签名）：</td></tr>
<tr><td></td></tr>
<tr><td>有益的经验和做法</td><td colspan="5"></td></tr>
<tr><td>总结反思建议</td><td colspan="5"></td></tr>
</table>

相关知识

统信UOS系统中的文件管理器沿用了一般文件管理器的经典功能和布局，并在此基础上简化了用户操作，增加了很多特色功能，拥有一目了然的导航栏、智能识别的搜索框、多样化的视图和排序等。

1.2.1 浏览目录和文件

单击任务栏中的文件管理器图标即可打开文件管理器，也可以鼠标双击桌面的“计算机”图标进入文件管理器，如图1-2-1所示。鼠标双击“我的目录”下的文件夹或者单击左侧的文件目录，可以直接进入对应的文件夹。

图1-2-1　文件管理器

1.2.2 文件和文件夹的基本操作

在文件管理器中可以进行新建、重命名、隐藏、压缩、复制、移动和删除文件等基本操作。

（1）新建文件和文件夹

在文件管理器中可以新建文件或文件夹，新建文件步骤如下。

第一步：在文件管理器界面上，单击鼠标右键。

第二步：单击“新建文档”。

第三步：选择新建文件的类型，如图1-2-2所示。

第四步：输入新建文件的类型。

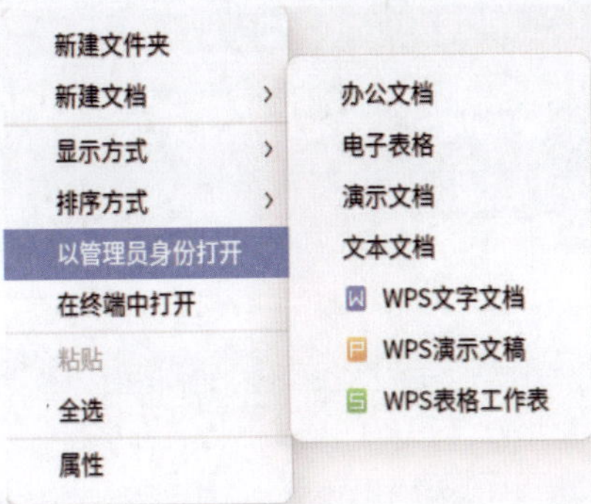

图1-2-2　新建文件

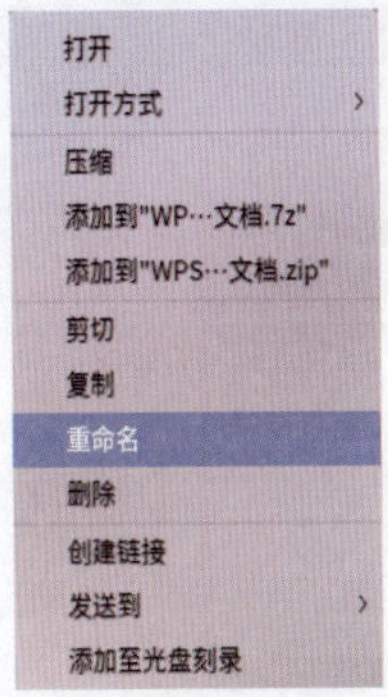

图1-2-3　重命名文件

新建文件夹步骤如下。

第一步：在文件管理器界面上，单击鼠标右键。

第二步：单击“新建文件夹”。

第三步：输入新建文件夹的名称。

（2）重命名文件

重命名文件步骤如下。

第一步：在文件管理器界面上，右键单击需要重命名的文件。

第二步：在弹出的快捷菜单中选择“重命名”，如图1–2–3所示。

第三步：输入文件名称，按〈Enter〉键或鼠标单击界面空白区域。

（3）批量重命名文件

可以对多个同类型的文件批量命名为“新文件名+递进数字”的形式，步骤如下。

第一步：在文件管理器界面上，选中需要重命名的多个文件。

第二步：单击鼠标右键，选择“重命名”。

- “替换文本”：查找需要替换的文本，并输入替换后的文本，文件名中的关键字将被统一替换。
- “添加文本”：输入需要添加的文本，并选择位置是名称之前还是之后，文件名将统一加入被添加的文本。
- “自定义文本”：输入文件名，并输入序列的递进数字，文件名将统一改成“新文件名+递进数字”。

第三步：单击“重命名”来完成操作，如图1–2–4所示。

（4）查看文件

可以通过单击文件管理器界面上方的和图标来切换图标视图和列表视图。

- 图标视图：平铺显示文件的名称、图标或缩略图，如图1–2–5所示。

图1-2-4　批量重命名文件

图1-2-5　图标视图

• 列表视图：列表显示文件图标或缩略图、名称、修改时间、大小、类型等信息，如图1–2–6所示。

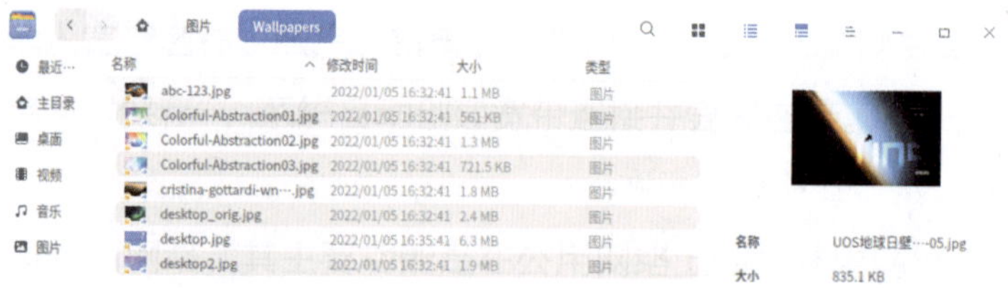

图1-2-6　列表视图

提示 1

在列表视图中，把光标置于两列之间的分隔线上，拖动它来改变列的宽度；双击分隔线可将当前列自动调整为本列内容最宽的宽度。

提示 2

可以使用〈Ctrl〉+〈1〉和〈Ctrl〉+〈2〉快捷键来切换图标视图和列表视图。

（5）排序文件

在文件管理器中排序文件的方法如下。

第一步：在文件管理器界面上，单击鼠标右键。

第二步：在弹出的菜单中选择“排序方式”。

第三步：在子菜单中可以选择以名称、修改时间、大小或类型来排序文件。

提示

在列表视图中，单击表头栏的列标签来切换升序、降序。

（6）打开文件

在文件管理器中打开文件的方法如下。

第一步：在文件管理器界面上，右键单击文件。

第二步：在弹出的菜单中选择“打开方式”，再选择“默认程序”，如图1-2-7所示。

第三步：在程序列表中选择应用程序。

直接双击文件会使用默认程序打开。可以右键单击文件，在“属性”→“打开方式”中选择一个默认程序，也可以到控制中心“默认程序”中去设置此类文件的全局默认程序。

图1-2-7　打开文件

提示

可以选择相同类型的多个文件，右键选择“打开方式”选项，一次打开多个文件。

（7）隐藏文件

在文件管理器中隐藏文件的方法如下。

第一步：在文件管理器界面上，右键单击文件。

第二步：选择“属性”，勾选“隐藏此文件”。

（8）复制文件

在文件管理器中复制文件的方法如下。

第一步：在文件管理器界面上，右键单击文件，选择“复制”，或者选中文件后按〈Ctrl〉+〈C〉组合键进行复制。

第二步：选择一个目标存储位置。

第三步：单击鼠标右键，然后选择“粘贴”，或者按〈Ctrl〉+〈V〉组合键进行粘贴。

（9）移动文件

在文件管理器中移动文件的方法如下。

第一步：在文件管理器界面上，右键单击文件，选择“剪切”，或者选中文件后按〈Ctrl〉+〈X〉组合键进行剪切。

第二步：选择一个目标存储位置。

第三步：单击鼠标右键，然后选择“粘贴”，或者按〈Ctrl〉+〈V〉组合键进行粘贴。

提示

可以通过鼠标拖拽来移动文件，方法是同时打开文件原来所在文件夹和需要移动的目标文件夹，然后选中需要拖拽的文件，直接拖拽到目标文件夹中。

（10）删除文件

在文件管理器界面上，右键单击文件，选择“删除”即可，或者左键选中文件后按下键盘上的〈Delete〉键删除。

被删除的文件可以在回收站中找到，右键单击回收站中的文件可以进行“还原”或“删除”操作。被删除文件的快捷方式将会失效。外接设备删除文件会将文件彻底删除，无法从回收站中找回。

（11）压缩文件

在文件管理器中压缩文件的方法如下。

第一步：在文件管理器界面上，右键单击需要压缩的文件或文件夹，在弹出的快捷菜单中选择“压缩”。

第二步：在弹出的压缩设置界面，输入压缩包名称、目标存储位置、是否加密等。

第三步：设置完成后，单击“压缩”按钮。压缩成功后，会弹出“压缩成功”提示界面。

1.2.3 查找文件

在文件管理器中可以使用搜索文件和高级搜索功能来查找文件。

（1）搜索文件

在文件管理器中单击搜索按钮 🔍，或使用〈Ctrl〉+〈F〉快捷键进入搜索状态，或在地址栏中输入关键词回车，搜索相关文件。

需要指定目录搜索时，请先进入该目录，然后再进行搜索。

提示

在文件管理器的“设置”中，默认勾选了“自动索引内置磁盘”，用户可以选择勾选“连接电脑后索引外部存储设备”，加快在外部设备的搜索速度。

（2）高级搜索

在搜索状态下，输入关键词回车，单击 🔍 进入高级搜索，然后选择搜索范围、文件类型、文件大小和修改时间，进行更精准的搜索，如图1–2–8所示。

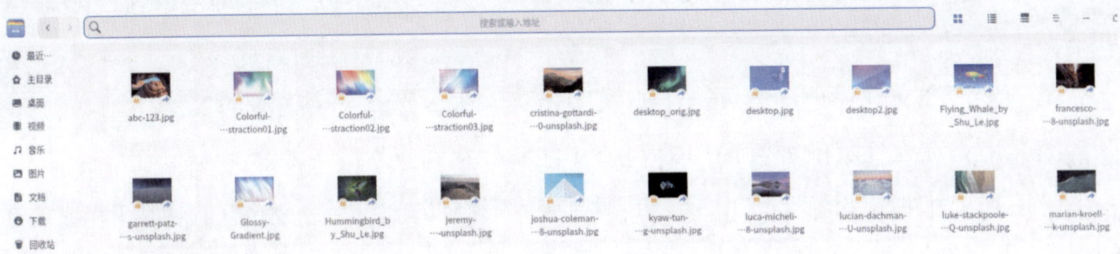

图1–2–8　高级搜索

（3）最近使用

在文件管理器的左侧导航栏上默认有“最近使用”入口，单击可以查看最近使用的文件，文件默认按照访问时间倒序排列。

> **提示**
>
> 若想隐藏“最近使用”，可在“设置”→“基本设置”→“隐藏文件”，取消勾选“显示最近使用文件”。若要隐藏某一个文件的访问记录，右击该文件选择移除，该操作不会删除文件。

1.2.4　配置文件权限

可以给文件配置不同的权限，从而达到保护文件的目的。配置文件权限的操作步骤如下：

第一步：在需要配置权限的文件上单击鼠标右键，选择“属性”。

第二步：单击“权限管理”，为所有者、群组、其他等用户设置文件权限，文件权限设置为读写或只读，如图1–2–9所示。

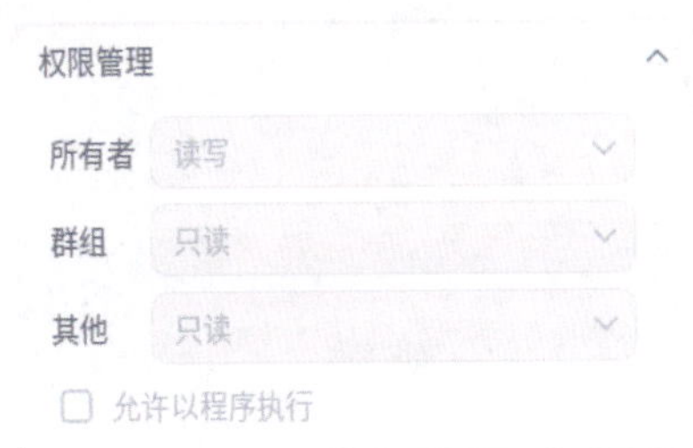

图1–2–9　权限管理

1.2.5　文件共享

设置了共享文件后，“我的共享”将会出现在导航栏上。当所有共享文件都取消共享后，“我的共享”自动从导航栏中移除。

（1）共享本地文件

通过共享本地文件，可以将文件共享给局域网中的其他用户。共享本地文件的步骤如下。

第一步：在文件管理器界面上，右键单击文件夹，选择“共享文件夹”。

第二步：在文件夹的属性窗口，勾选“共享此文件夹”。

第三步：根据需要设置“共享名”“权限”“匿名访问”后关闭窗口，如图1–2–10所示。

第四步：在文件管理器界面上，单击按钮，选择“设置共享密码”。

第五步：在弹出的窗口中输入共享密码，单击按钮“确定”，即可完成文件共享设置。

（2）访问共享文件

局域网中其他用户共享的文件一般都可以在网络邻居中找到，也可以通过SMB访问共享文件。访问共享文件的步骤如下。

第一步：打开文件管理器，输入局域网用户的共享地址，如：smb://xx.x.xx.xxx（一般为IP地址），按下键盘上的〈Enter〉键。

第二步：选择“注册用户”输入用户名密码或者匿名访问，如图1–2–11所示。

第三步：单击“连接”按钮，连接成功后即可访问共享文件。

图1–2–10　共享管理

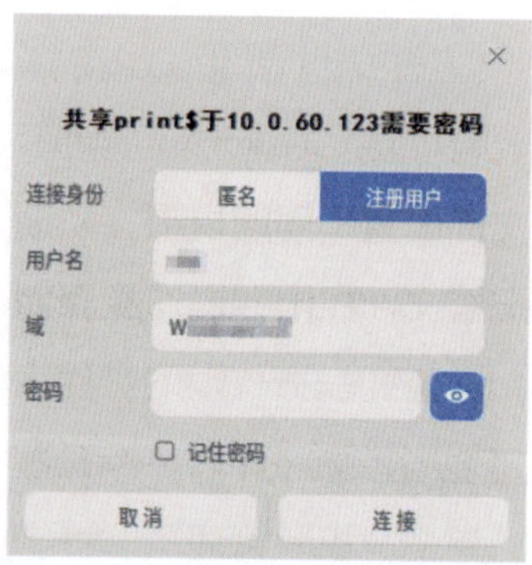

图1–2–11　访问共享文件

提示

未加密的网络文件可以匿名访问，不需要输入用户名和密码。加密的网络文件会弹出登录框，输入用户名和密码之后才能访问。如果在用户名密码提示框中勾选“记住密码”，再次访问不再需要密码。

巩固练习

1. 在D盘中分别新建文件夹："应用软件""班级文件""小组文件""个人文件"，并将你的文件拷贝到对应的文件夹中，学会文件的分类管理。
2. 安装腾讯QQ软件和微信软件到D盘的"应用软件"文件夹中。

任务 1.3　控制中心			
姓名：	学号：	班级：	日期：

任务描述

小王使用最新购买的国产电脑，要使其具有自己的特色，需要使用控制中心来进行设置。

任务目标

（1）能进行创建新账户、设置账户密码、网络账户设置等操作。

（2）能进行显示设置、个性化设置、声音设置、时间日期设置等常规设置。

（3）能进行有线网络和无线网络的设置。

（4）能进行键盘、鼠标、触控板等输入设置。

（5）能进行系统更新、授权管理以及其他辅助功能设置。

任务书

打开控制中心，新建一个名为“GUEST”的账户，设置登录密码为“*123_456*”，注销系统并登录“GUEST”账户；设置屏幕的分辨率为1400×900，亮度为80%，屏幕缩放为1.1，刷新率为59.95赫兹；设置主题为“浅色”，活动用色为蓝色，透明度调节为0.30；设置麦克风输入音量为60%，系统音效中开机、关机、注销的音效各不相同；设置待机恢复时和唤醒显示器时均需要密码；设置鼠标指针速度居中，“鼠标加速”“自然滚动”开关打开；设置自己喜欢的快捷键。

任务分组

班级		组号		指导教师	
组长		学号			

续表

	姓名	学号	姓名	学号
组员				
任务分工				

获取信息

引导问题 1： 登录系统时的密码有什么作用？上网或阅读相关知识查询统信 UOS 系统有哪几种密码设置方法？

引导问题 2： 一台电脑的各种系统配置完成后，如何让另一台电脑在不需要重新配置的前提下快速实现相同的配置？

工作实施

引导问题 1： 一台电脑连接两个显示屏，如何进行设置？

引导问题 2： 如何设置让笔记本电脑最省电？

引导问题 3： 写出你设置的快捷键有哪些？

评价反馈

<table>
<tr><th rowspan="2">项目名称</th><th rowspan="2">评价内容</th><th rowspan="2">分值</th><th colspan="3">评价分数</th></tr>
<tr><th>自评</th><th>互评</th><th>教师评价</th></tr>
<tr><td rowspan="5">职业素养考核项目40%</td><td>穿戴规范、整洁</td><td>5</td><td></td><td></td><td></td></tr>
<tr><td>安全意识、责任意识、服从意识</td><td>10</td><td></td><td></td><td></td></tr>
<tr><td>积极参加教学活动，按时完成学生工作活页</td><td>10</td><td></td><td></td><td></td></tr>
<tr><td>团队合作、与人交流能力</td><td>10</td><td></td><td></td><td></td></tr>
<tr><td>劳动纪律</td><td>5</td><td></td><td></td><td></td></tr>
<tr><td rowspan="4">专业能力考核项目60%</td><td>专业知识查找及时、准确</td><td>10</td><td></td><td></td><td></td></tr>
<tr><td>操作符合规范</td><td>10</td><td></td><td></td><td></td></tr>
<tr><td>操作熟练度，工作效率</td><td>10</td><td></td><td></td><td></td></tr>
<tr><td>作品验收质量</td><td>30</td><td></td><td></td><td></td></tr>
<tr><td colspan="3">总分</td><td></td><td></td><td></td></tr>
<tr><td rowspan="2">总评</td><td rowspan="2">自评（20%）+互评（20%）+教师评价（60%）=</td><td>综合等级</td><td colspan="3" rowspan="2">教师（签名）:</td></tr>
<tr><td></td></tr>
<tr><td>有益的经验和做法</td><td colspan="5"></td></tr>
<tr><td>总结反思建议</td><td colspan="5"></td></tr>
</table>

相关知识

统信UOS操作系统通过控制中心来管理系统的基本设置，包括账户设置、网络设置、日期和时间、个性化设置、显示设置等，单击任务栏上的图标即可进入控制中心首页，如图1–3–1所示。

打开控制中心的某一设置模块后，可以通过左侧导航栏快速切换到另一设置模块，如图1–3–2所示。

图1–3–1　控制中心首页

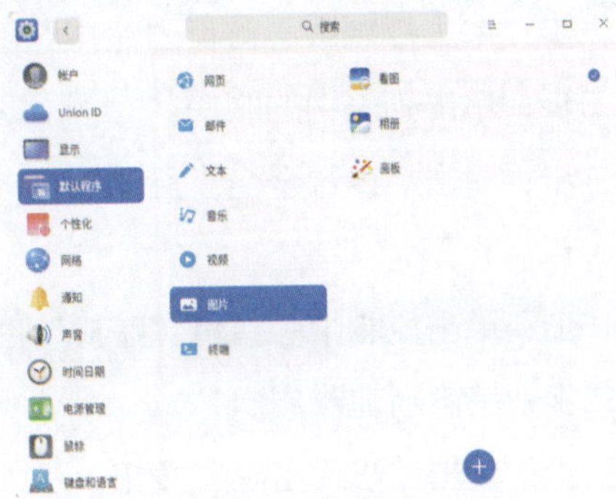

图1–3–2　控制中心导航栏

控制中心标题栏包含返回按钮、搜索框、主菜单及窗口按钮。

- 返回按钮：若要返回首页，单击图标〈。
- 搜索框：输入关键字后按回车键，搜索相应设置。
- 主菜单：单击图标进入主菜单。在主菜单中，可以设置窗口主题、查看版本或退出控制中心。

1.3.1　账户设置

在安装系统时用户已经创建了一个账户。在这里，用户可以修改账户设置或创建一个新账户，如图1–3–3所示。

图1–3–3　账户设置

（1）创建新账户

第一步：单击控制中心首页“账户”图标。

第二步：单击添加按钮。

第三步：在新账户设置界面输入用户名、密

码和重复密码。

第四步：单击“创建”按钮。

第五步：在授权对话框输入当前账户的密码，新账户就会添加到账户列表中。

（2）更改头像

第一步：单击控制中心首页“账户”图标。

第二步：单击列表中的账户。

第三步：单击账户头像，选择一个头像或添加本地头像即可。

（3）设置全名

第一步：单击控制中心首页“账户”图标。

第二步：单击列表中的账户。

第三步：单击“设置全名”后的图标，输入账户全名即可。

（4）修改密码

第一步：单击控制中心首页“账户”图标。

第二步：单击当前账户。

第三步：单击“修改密码”按钮，进入修改密码页面。

第四步：输入当前密码，然后输入新密码和重复新密码即可。

（5）自动登录

开启“自动登录”后，下次启动系统时可直接进入桌面。但在锁屏和注销后再次登录需要输入密码。

第一步：单击控制中心首页“账户”图标。

第二步：单击当前账户。

第三步：打开“自动登录”开关，开启自动登录功能。

（6）无密码登录

开启“无密码登录”后，下次启动系统时（包括开机、重启和注销后再次登录）不需要输入密码。

第一步：单击控制中心首页“账户”图标。

第二步：单击当前账户。

第三步：打开“无密码登录”开关，开启可以不用输入密码登录系统。

提示

若“无密码登录”和“自动登录”同时打开，下次启动系统（重启和开机）则直接进入桌面。

（7）设置指纹密码

当用户使用的电脑带有指纹密码时，指纹密码可以用来登录系统、解锁屏幕、特殊操作授权。当需要输入账户密码时，用户可以扫描自己的指纹。

第一步：单击控制中心首页“账户”图标。

第二步：单击当前账户。

第三步：单击“添加指纹”。

第四步：使用指纹设备录入指纹。

第五步：待指纹添加成功之后单击“完成”按钮。

> **提示**
>
> 用户可以添加多个指纹密码；单击“清除指纹”会将指纹密码全部清空。

（8）删除账户

第一步：单击控制中心首页“账户”图标。

第二步：单击其他未登录的账户。

第三步：单击“删除账户”按钮。

第四步：在弹出的确认界面中单击“删除”按钮即可。

注意：已登录的账户无法删除。

1.3.2　网络账户（Union ID）设置

登录网络账户（Union ID）后，可以使用云同步、应用商店、邮件客户端、浏览器等相关云服务功能。

开启云同步，可自动同步各种系统配置到云端，如网络、声音、鼠标、更新、任务栏、启动器、壁纸、主题、电源等，如图1-3-4所示。若想在另一台电脑上使用相同的系统配置，只需登录此网络账户（Union ID），即可一键同步以上配置到该设备。

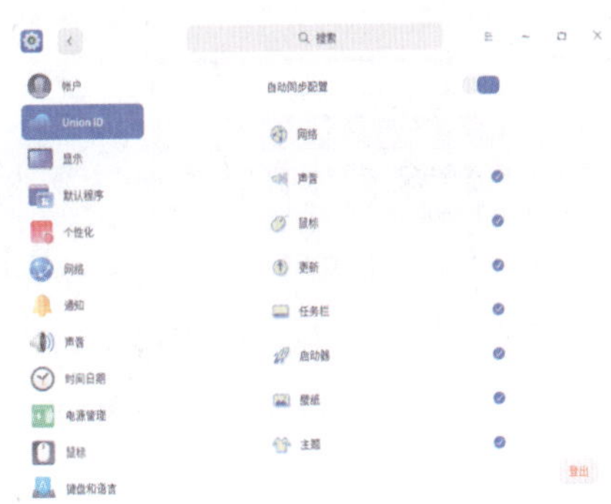

图1-3-4　自动同步配置

> **提示**
>
> 当“自动同步配置”开启时，可以选择同步项；关闭时，全部不能同步。

1.3.3 显示设置

设置显示器的分辨率、亮度、屏幕方向以及缩放倍数，可以让电脑显示达到最佳状态，如图1-3-5所示。

图1-3-5 显示设置

（1）更改分辨率

第一步：在控制中心首页，单击图标。

第二步：在显示设置页面，单击“分辨率”，进入分辨率设置界面。

第三步：在列表中选择合适的分辨率参数。

第四步：单击“保存”按钮。

（2）调节亮度

第一步：在控制中心首页，单击图标。

第二步：在显示设置页面，单击“亮度”，进入亮度设置界面。

第三步：拖动亮度条滑块，调节屏幕亮度。

第四步：打开“自动调节色温”开关，开启进入护眼模式，自动调节色温。

第五步：打开“自动调节亮度”开关，自动调节屏幕亮度（仅支持有光线传感器的设备）。

（3）设置屏幕缩放

当桌面和窗口显示过大或过小时，可能需要调节屏幕缩放，以便正常显示。

第一步：在控制中心首页，单击图标。

第二步：单击“屏幕缩放”，单击调整缩放倍数。

第三步：注销后重新登录以便缩放生效。

> **提示**
>
> 当检测到屏幕为高分屏时，会自动调整缩放倍数。有的应用可能不支持屏幕缩放，可以在启动器中右键单击该应用，选择“禁用屏幕缩放”，以获得更好的显示效果。

（4）设置屏幕刷新率

第一步：在控制中心首页，单击图标。

第二步：单击“刷新率”。

第三步：选择一个合适的刷新率，单击“保存”。

（5）改变屏幕方向

第一步：在控制中心首页，单击图标。

第二步：单击图标，每单击一下鼠标左键，屏幕逆时针旋转90°。要还原为之前的屏幕方向，单击鼠标右键退出；要使用当前屏幕方向，请按下组合键〈Ctrl〉+〈S〉键保存。

1.3.4　默认程序设置

当安装有多个功能相似的应用程序时，可以选择其中的一个应用作为对应文件类型的默认启动程序，如图1-3-6所示。

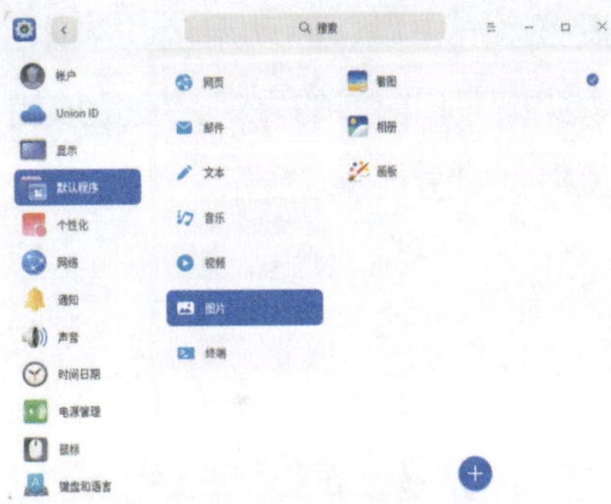

图1-3-6　默认程序设置

（1）设置默认程序

方法一：右键单击文件，选择“打开方式”，选择“默认程序”。

方法二：选择一个应用，自动勾选“设为默认”，单击“确定”。

方法三：该应用将自动添加到控制中心的默认程序列表。

（2）更改默认程序

第一步：在控制中心首页，单击图标。

第二步：选择一个文件类型进入默认程序列表。

第三步：在列表中选择另一个应用程序。

（3）添加默认程序

第一步：在控制中心首页，单击。

第二步：选择文件类型进入默认程序列表。

第三步：单击列表下的图标，选择 desktop 文件（一般在/usr/share/applications），或特定的二进制文件。该程序将添加到列表，并自动设置为默认程序。

（4）删除默认程序

在默认程序列表中，只能删除自己添加的应用程序，不能删除系统已经安装的应用。要删除系统已经安装的应用，只能卸载应用。卸载后该应用将自动从默认程序列表中删除。可以用以下方法删除自己添加的默认程序。

第一步：在控制中心首页，单击 。

第二步：选择文件类型进入默认程序列表。

第三步：单击程序后面的× ，删除默认程序。

1.3.5　个性化设置

在个性化设置里，可以设置透明度：调节启动器（小窗口模式）、任务栏的透明度；还可以设置系统主题、活动用色、字体、窗口特效等，改变桌面和窗口的外观，设置成用户喜欢的显示风格，如图1–3–7所示。

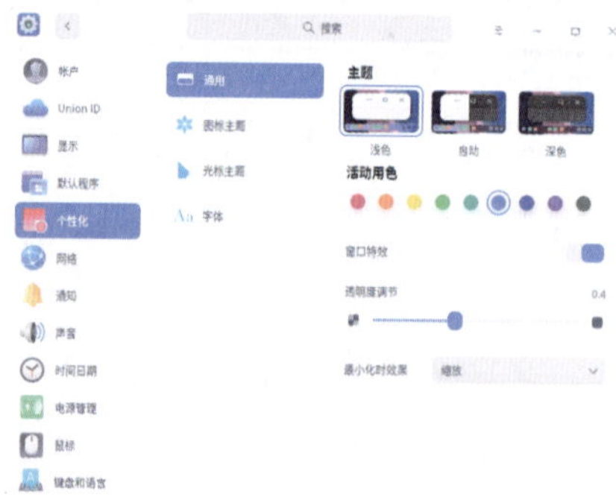

图1–3–7　个性化设置

提示

自动主题表示根据当前时区的时间，根据日出日落的时间自动更换窗口主题，日出后是浅色，日落后是深色。

类似地，可以进行设置图标主题和光标主题，更改系统字体等。

1.3.6　网络设置

登录系统后，电脑需要连接网络才能接收邮件、下载文件、浏览网页等操作。可以单击任务栏托盘区的网络图标，查看当前网络状态。

（1）有线网络

有线网络安全快速稳定，是最常见的网络连接方式。设置好路由器后，把网线两端分别插入电脑和路由器，即可连接有线网络，具体操作步骤如下：

第一步：将网线插入电脑上的网络插孔。

第二步：将网线的另一端插入路由器或网络端口。

第三步：在控制中心首页，单击 。

第四步：单击“有线网络”，进入有线网络设置界面，打开“有线网卡”，开启有线网络连接功能，如图1–3–8所示。当网络连接成功后，桌面右上角将弹出“已连接有线连接”的提示信息。

还可以在有线网络的设置界面，编辑或新建有线网络设置。

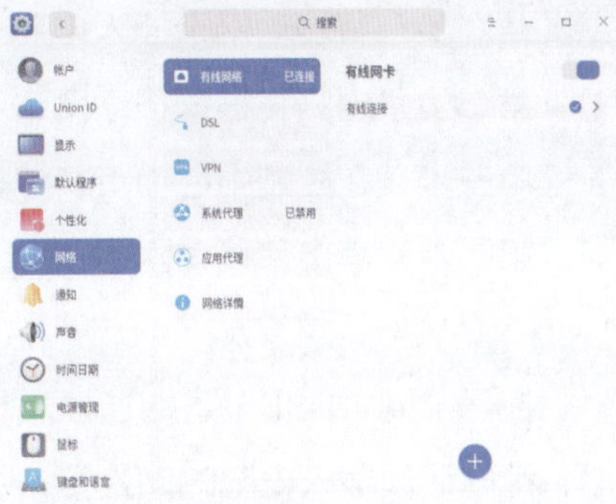

图1-3-8　网络设置

（2）无线网络

无线网络帮助用户摆脱线缆的束缚，上网形式更加灵活，支持更多设备使用。连接无线网络的步骤如下。

第一步：在控制中心首页，单击图标。

第二步：单击“无线网络”，进入无线网络设置界面。

第三步：打开“无线网卡”，开启无线网络连接功能。电脑会自动搜索并显示附近可用的无线网络。

第四步：选择需要连接的无线网络。

提示

如果该网络是开放的，将自动连接到此网络。如果该网络是加密的，请根据提示输入密码，单击“连接”，然后将自动完成连接。

（3）个人热点

个人热点是将电脑连接的网络信号转换为Wi–Fi热点，以供一定距离内的其他设备无线上网。要开启个人热点，电脑必须连接到网络并装有无线网卡。设置个人热点的步骤如下。

第一步：在控制中心首页，单击图标。

第二步：单击“个人热点”。

第三步：打开“热点”开关，设置热点信息。

第四步：单击“保存”。

（4）移动网络

当用户处于一个没有网络信号的地方时，可以使用无线上网卡来上网。在有电话信号覆盖的任何地方，无线上网卡通过运营商的移动数据网络接入宽带服务，其设置步骤如下。

第一步：将移动网卡插入电脑上的USB接口中。

第二步：电脑将根据移动网卡和运营商信息，自动适配并自动连接网络。

第三步：在控制中心首页，单击图标 。

第四步：单击“移动网络”，查看详细设置信息。

（5）拨号网络

拨号上网（DSL）是指通过本地电话拨号连接到网络的连接方式。配置好调制解调器，把电话线插入电脑的网络接口，创建宽带拨号连接，输入运营商提供的用户名和密码，即可拨号连接到Internet上。新建拨号连接的方法如下。

第一步：在控制中心首页，单击图标 。

第二步：单击“DSL”，单击图标 。

第三步：输入宽带名称、账户、密码。

第四步：单击“保存”，系统自动创建宽带连接并尝试连接。

（6）VPN

VPN即虚拟专用网络，其主要功能是在公用网络上建立专用网络，进行加密通讯。无论在外地出差还是在家中办公，只要能上网就能利用VPN访问单位的内网资源，还可以使用VPN加速访问其他国家的网站。VPN设置步骤如下。

第一步：在控制中心首页，单击图标 。

第二步：单击“VPN”，选择 或 。

第三步：选择“VPN协议类型”，并输入名称、网关、账号、密码等信息（导入VPN会自动填充信息）。

第四步：单击“保存”，系统自动尝试连接VPN网络。还可以将VPN设置导出，备用或共享给其他用户。

提示

打开“仅用于相对应的网络上的资源”开关，可以不将VPN设置为默认路由，只在特定的网络资源上生效。

1.3.7 声音设置

在控制中心声音设置模块可以对扬声器和麦克风进行设置，让设备播放的声音听起来更舒适，让录制的声音更清晰，如图1-3-9所示。

（1）扬声器设置

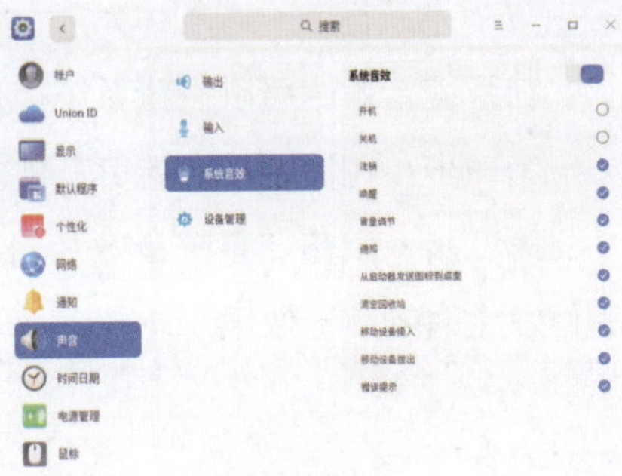

图1-3-9 声音设置

在扬声器设置界面，可以打开或关闭扬声器、调节输出音量、设置左/右平衡，操作步骤如下。

第一步：在控制中心首页，单击“声音”图标。

第二步：单击“扬声器”，进入扬声器设置界面。

第三步：打开“扬声器”开关，通过拖拽滑块调节输出音量和左/右声道平衡。

第四步：打开“音量增强”，音量的可调区间由0～100%转变为0～150%。

提示

音量大于100%可能会导致声音失真，若关闭扬声器，系统全部静音。

（2）麦克风设置

在麦克风设置界面，可以打开或关闭麦克风、调节输入音量，操作步骤如下。

第一步：在控制中心首页，单击“声音”图标。

第二步：单击“麦克风”。

第三步：打开“麦克风”开关。

第四步：调节麦克风的输入音量。

提示

通常，需要调大输入音量，确保能够听到声源的声音，但音量不宜过大，因为会导致声音失真。可以对着麦克风以正常说话的音量讲话，并观察反馈音量的变化，变化较明显，则说明输入音量合适。

（3）高级设置

除了设置扬声器和麦克风，还可以对声音进行高级设置，操作步骤如下。

第一步：在控制中心首页，单击“声音”图标。

第二步：单击“高级设置”。

第三步：在高级设置界面选择输入和输出设备。

（4）系统音效

在系统音效中可以设置系统在开机、关机、注销等事件的音效，操作步骤如下。

第一步：在控制中心首页，单击“声音”图标。

第二步：单击“系统音效”，打开“系统音效”开关，勾选某一选项，可以开启该事件发生时的声音效果。

提示

可以单击试听音效。

1.3.8 时间日期设置

在控制中心时间日期设置模块选择正确的系统时区，即可在电脑上显示所在地的时间和日期，也可以手动修改时间和日期。

（1）修改时区

在用户安装系统时，已选择了系统时区，若要修改系统时区，其操作步骤如下。

第一步：在控制中心首页，单击“时间日期”图标，默认进入时区列表设置界面，如图1-3-10所示。

第二步：单击“修改系统时区”，通过搜索或单击地图选择时区，然后单击“确定”按钮。

图1-3-10　时间日期设置

（2）添加时区

可以同时使用多个时区，以便查看另一时区的时间。在时区列表设置界面单击添加按钮，通过搜索或单击地区选择时区，然后单击“添加”按钮即可。

（3）删除时区

如果不想使用某个时区，可以将其删除。在时区列表设置界面，单击时区列表后面的“编辑”，单击需要删除时区后面的按钮，可以删除已添加的时区。

（4）修改时间和日期

默认情况下，系统通过网络自动同步该时区的本地时间和日期。用户也可以手动修改时间和日期，手动设置后，自动同步功能会被关闭，操作步骤如下。

第一步：在控制中心首页，单击“时间日期”图标。

第二步：单击“时间设置”，在时间设置界面输入正确的时间和日期。

第三步，设置完成后，单击“确定”按钮。

1.3.9　电源管理

对系统电源进行一些设置，让系统更安全，让笔记本电池更耐用，如图1-3-11所示。

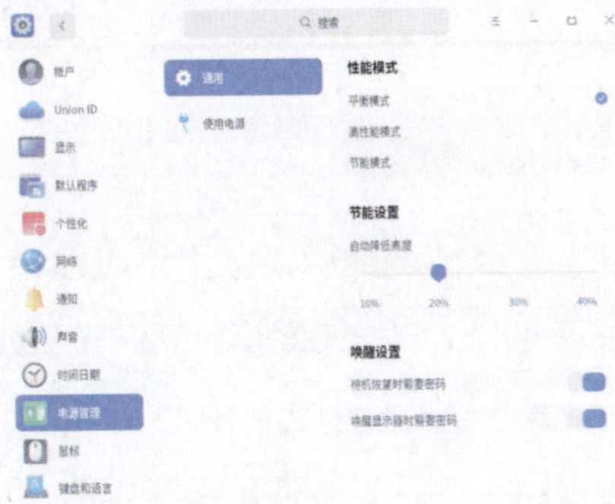

图1-3-11　电源管理

（1）开启节能模式

为降低笔记本的耗电量，可以打开节能模式，降低屏幕亮度。同时还可以设置待机状态恢复时需要输入密码或唤醒显示器时需要输入密码，以提高笔记本电脑的安全性，操作步骤如下。

第一步：在控制中心首页，单击“电源管理”图标，默认进入电源管理的通用设置界面。

第二步：打开“节能模式”和“自动切换节能模式”开关，系统会将在拔掉电源后直接进入节能模式，插上电源后自动退出节能模式。

提示

如果是台式机，将不会看到节能模式设置和“使用电池”的选项，仅笔记本电脑支持节能模式。

（2）设置显示器关闭时间

为了保护电脑上的个人数据和屏幕设备，可以在使用电源设置界面设置显示器关闭时间，到设定的时间后显示器将自动关闭。

在控制中心电源管理设置界面，单击“使用电源”或“使用电池”，然后拖拽滑块选择关闭显示器的时间。类似地，在该界面上还可以设置电脑待机时间和自动锁屏时间。

提示

笔记本电脑可以在使用电源界面打开“合上笔记本时待机”开关，以便在合上笔记本电脑时自动待机。

1.3.10 鼠标和触控板

鼠标和触控板是电脑的常用输入设备。使用鼠标，可以使操作更加简便快捷。对于笔记本电脑用户，当没有鼠标时，也可以使用触控板代替鼠标进行操作。其设置界面如图1-3-12所示。

图1-3-12 鼠标和触控板设置

（1）通用设置

在鼠标的通用设置里，可以设置左手模式、滚动速度、双击速度等，操作步骤如下。

第一步：在控制中心首页，单击“鼠标”图标，默认进入通用设置界面。

第二步：打开“左手模式”开关，可通过拖拽滑块调节鼠标和触控板的滚动速度，调节鼠标的双击速度，设置完成后在双击测试的位置双击可查看双击速度的设置效果。

提示

开始左手模式后，鼠标和触控板的左右键功能互换。

（2）鼠标设置

插入或连接鼠标后，在控制中心鼠标设置界面可对鼠标进行相关设置，操作步骤如下。

第一步：在控制中心首页，单击“鼠标”图标，进入鼠标设置界面。

第二步：单击“鼠标”，拖拽滑块调节“指针速度”，控制鼠标移动时指针移动的速度。

第三步：单击打开“鼠标加速”开关和“自然滚动”，可开启相应功能。

提示1

开启鼠标加速，提高了精确度，鼠标指针在屏幕上的移动距离会根据移动速度的加快而增加，可以根据使用情况开启或关闭。

提示2

自然滚动开启后，鼠标滚轮向下滚动，内容会向下滚动；鼠标滚轮向上滚动，内容会向上滚动。

(3) 触控板设置

如果使用的是笔记本电脑，可以在通用界面打开“输入时禁用”开关，在鼠标设置界面打开“插入鼠标时禁用触控板”开关，并在触控板设置界面打开“掌压检测”开关，设置最小接触面和最小压力值，以避免误触触控板。

在触控板设置界面还可以调节触控板的“指针速度”，控制手指移动时指针移动的速度；打开“自然滚动”开关，可变更滚动方向。触控板设置界面如图1–3–13所示。

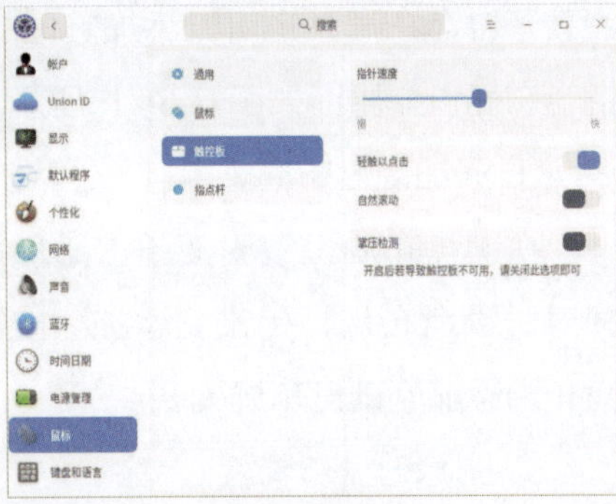

图1–3–13　触控板设置界面

1.3.11　键盘和语言

在键盘和语言模块可以设置键盘属性，以符合个人的输入习惯，还可以根据语言调整键盘布局、设置系统语言和自定义快捷键。

(1) 通用设置

在键盘和语言的通用设置界面可以设置重复延迟、重复速度、启用数字键盘和大写锁定提示等，操作步骤如下。

第一步：在控制中心首页，单击“键盘和语言”图标，默认进入键盘和语言通用设置界面。

第二步：拖拽滑块调节“重复延迟”和“重复速度”。

第三步：单击“请在此测试”，按下键盘上的任意字符不松开，查看调节效果。

第四步：如果键盘包含数字键盘可单击打开或关闭“启用数字键盘”开关。单击打开“大写锁定提示”开关，在切换大小写时界面会弹出提示，显示当前输入法状态为大写还是小写，如图1–3–14所示。

图1–3–14　通用设置

(2) 键盘布局

键盘布局可以为当前语言设置自定义键盘。完成键盘布局设置后，按键盘上的键，屏幕上会按照键盘布局设置进行显示。更改键盘布局后，屏幕上的字符可能与键盘按键上的字符不相符。一般在安装系统时，就已经设置了键盘布局，也可以添加其他的键盘布局。键盘布局设置界面如图1-3-15所示。

① 添加键盘布局。

在键盘布局设置界面单击添加按钮，选择某一键盘布局，单击“添加”按钮即可将键盘布局添加到键盘布局列表。

图1-3-15　键盘布局设置

② 删除键盘布局。

在键盘布局界面单击键盘布局后的“编辑”，再单击要删除的某个键盘布局后的按钮，单击“完成”即可删除该键盘布局。

③ 切换键盘布局。

在键盘布局界面，选择某个键盘布局即可进行切换，切换成功后，该键盘布局将被标记为已选择。

提示

除了在键盘布局设置界面切换键盘布局，还可以选择一组或多组快捷键，按顺序切换已添加的键盘布局。设置切换方式后可以让切换后的键盘布局应用于整个操作系统或当前应用。

（3）系统语言

系统语言默认为安装操作系统时所选择的语言，可以随时进行更改。在系统语言列表中可以添加多种语言，以便切换系统语言。添加和切换系统语言的操作步骤如下。

第一步：在控制中心首页，单击“键盘和语言”图标，进入键盘和语言界面。

第二步：单击“系统语言”，进入系统语言设置界面。

第三步：单击添加按钮，进入语言列表，选择某种语言，该语言将被自动添加到系统语言列表。

第四步：选择要切换的语言，系统将自动开始安装语言包，语言包安装完成后，需要注销后重新登录，才能使设置生效。

提示

更改系统语言后，键盘布局可能也会发生改变。重新登录时，请确保使用正确的键盘布局来输入密码。

（4）快捷键

快捷键列表显示了系统所有的快捷键，在这里可以查看、修改和自定义快捷键。

① 查看和修改快捷键。

在键盘和语言设置界面，单击“快捷键”，进入快捷键设置界面，可以搜索或查看默认的系统快捷键、窗口快捷键和工作区快捷键，如图1–3–16所示。

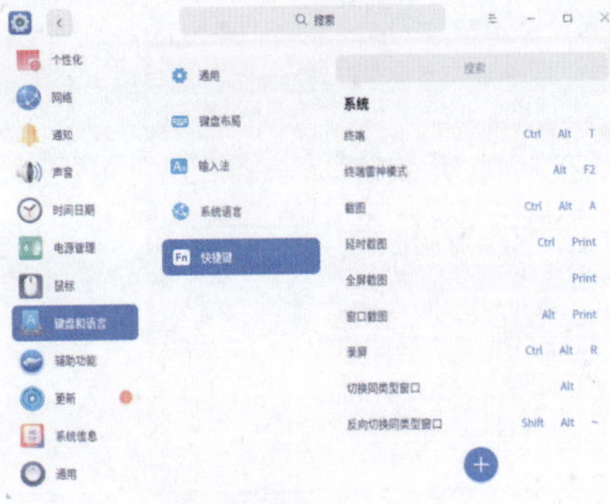

图1–3–16　快捷键设置

单击需要修改的快捷键，会弹出新的快捷键的输入框，按键盘上的相应键即可设置新的快捷键。

> **提示**
>
> 若要禁用快捷键，按下键盘上的〈←〉键。若要取消修改快捷键，按下〈Esc〉键或单击下方的“恢复默认”按钮。

② 自定义快捷键。

对于常用的应用可以自定义一个快捷键，方便日常使用该应用，添加和删除自定义快捷键操作步骤如下。

第一步：在键盘和语言设置界面，单击“快捷键”，进入快捷键设置界面。

第二步：单击添加按钮，进入添加快捷键界面。

第三步：输入快捷键名称、命令和快捷键，单击“添加”按钮。

第四步：添加成功后，在快捷键设置界面，单击自定义快捷键后的“编辑”。

第五步：单击某个快捷键后的，可以删除自定义的快捷键。

> **提示**
>
> 修改自定义快捷键的方法与修改系统默认快捷键的方法一致。若要修改自定义快捷键的名称和命令，单击自定义快捷键后的“编辑”，单击快捷键名称后的，即可进入修改界面。

巩固练习

对比统信UOS系统的“控制中心”和Windows 10系统的“控制面板”，谈谈它们的相同点和不同点。

单元二

WPS文字处理模块

WPS Office 2019个人版（以下简称WPS 2019）是一款由金山公司在2019年推出的国产免费办公软件，具备常用办公软件的文字、表格、演示等多种功能。软件的操作逻辑符合国内用户的操作习惯，拥有较低的上手门槛，满足用户制作文字文档、表格、演示文稿等需求，也能够兼容doc、xls、ppt等常用的文档格式。适用于Windows系统、Linux系统（包括基于Linux的国产操作系统）及Mac和移动端操作系统。注册稻壳会员后更是可以使用丰富的各种常用文档模板资源。本书所讲解的内容既适用于安装在Windows系统上的WPS，也适用于安装在统信UOS系统上的WPS。

WPS 2019中的WPS文字处理模块能够处理日常办公中的常用文档，本单元以会议通知制作、个人简历制作、宣传小报制作和毕业论文排版为例，详细介绍了文档的基础操作、文档的编辑、文档页面设置、文档修订与审阅等内容。

任务 2.1　会议通知制作

姓名：	学号：	班级：	日期：

任务描述

小明是公司行政部工作人员，负责行政事务及部门内部日常事务工作。由于国庆假期临近，公司领导要求他发布一份会议通知，布置国庆放假相关事宜，通知全体部门负责人参加。

任务目标

（1）通过查阅资料，了解计算机的发展历史和基本组成。

（2）至少学会一种输入法，能熟练地进行文字输入。

（3）认识WPS文字界面布局。

（4）以会议通知的编写为例，学会文档的基本操作，如打开、复制、保存等。熟悉自动保存文档、联机文档、保护文档、检查文档、将文档发布为PDF格式、加密发布PDF格式文档等操作。

（5）学会文本编辑、文本查找和替换、段落的格式设置等操作。

（6）培养学生在日常生活、学习和工作中运用文档解决实际问题的能力。

（7）具备在小组活动中，利用普通话与其他成员交流、沟通、合作的能力。

任务书

利用WPS文字，完成如图2-1-1所示的会议通知制作，按要求完成文字输入和格式编排，并将文档输出为PDF格式文档。

格式要求：标题宋体，小二，居中；正文仿宋_GB2312，小四，“公司定于……落实节后有关项目事项。”内容首行缩进2字符，1.5倍行距，“公司各部门：”和“特此通知”左对齐，最后两行右对齐。

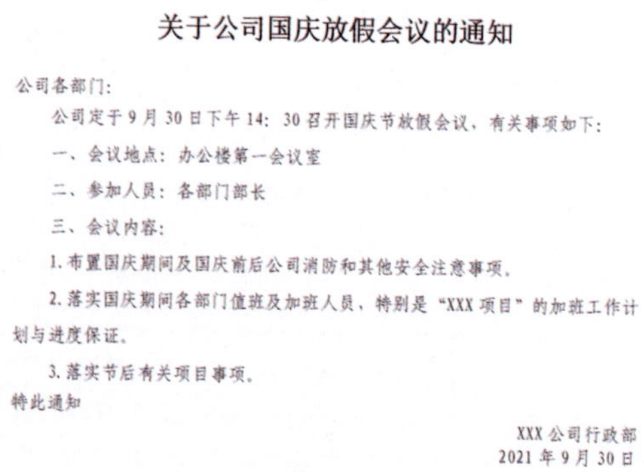
关于公司国庆放假会议的通知

公司各部门：

公司定于9月30日下午14：30召开国庆节放假会议，有关事项如下：

一、会议地点：办公楼第一会议室

二、参加人员：各部门部长

三、会议内容：

1. 布置国庆期间及国庆前后公司消防和其他安全注意事项。

2. 落实国庆期间各部门值班及加班人员，特别是“XXX项目”的加班工作计划与进度保证。

3. 落实节后有关项目事项。

特此通知

XXX公司行政部

2021年9月30日

图2-1-1　会议通知效果图

任务分组

<table>
<tr><td>班级</td><td></td><td>组号</td><td></td><td>指导教师</td><td></td></tr>
<tr><td>组长</td><td></td><td>学号</td><td colspan="3"></td></tr>
<tr><td rowspan="4">组员</td><td>姓名</td><td>学号</td><td>姓名</td><td colspan="2">学号</td></tr>
<tr><td></td><td></td><td></td><td colspan="2"></td></tr>
<tr><td></td><td></td><td></td><td colspan="2"></td></tr>
<tr><td></td><td></td><td></td><td colspan="2"></td></tr>
<tr><td>任务分工</td><td colspan="5"></td></tr>
</table>

获取信息

引导问题 1：常见的输入法有哪些，如何切换输入法?

引导问题 2：中文符号和英文符号有什么区别，如何切换?

引导问题 3：通过上网查询，小组内讨论 WPS office 和 Microsoft office 的相同点和不同点，并做好记录。

引导问题 4：熟悉 WPS 文字操作界面，写出每个选项卡的基本功能。

选项卡	具体功能描述
开始	
插入	
页面布局	
引用	
审阅	
视图	
章节	

工作实施

引导问题 1：小组成员间讨论：如何新建一个文档，每人说出自己的方法并做好记录？

引导问题 2：如何设置字体、字号和字符间距？

引导问题 3：如何设置段落的缩进和间距？

引导问题 4： 如何利用格式刷复制文本的格式？

引导问题 5： 写出输出 PDF 文档的操作步骤。

评价反馈

项目名称	评价内容	分值	评价分数		
			自评	互评	教师评价
职业素养考核项目40%	穿戴规范、整洁	5			
	安全意识、责任意识、服从意识	10			
	积极参加教学活动，按时完成学生工作活页	10			
	团队合作、与人交流能力	10			
	劳动纪律	5			
专业能力考核项目60%	专业知识查找及时、准确	10			
	操作符合规范	10			
	操作熟练度，工作效率	10			
	作品验收质量	30			
总分					
总评	自评（20%）+互评（20%）+教师评价（60%）=	综合等级	教师（签名）：		
有益的经验和做法					
总结反思建议					

相关知识

WPS文字可以实现对文档内容进行编辑、查找和替换、段落的格式设置、输出与打印等基本操作。

2.1.1 新建和保存文档

用户首先需要新建一个空白文档，并将文档保存到指定位置，方便后面对文档进行编辑、输出等操作。

（1）新建空白文档

进入WPS Office，在“首页”界面中单击左面的“+新建”按钮或者上面的“+新建”选项，如图2-1-2所示。

图2-1-2　首页界面

进入界面后选择“新建文字”选项，然后单击“新建空白文字”选项，如图2-1-3所示，即可新建默认名为“文字文稿1”的空白文档。

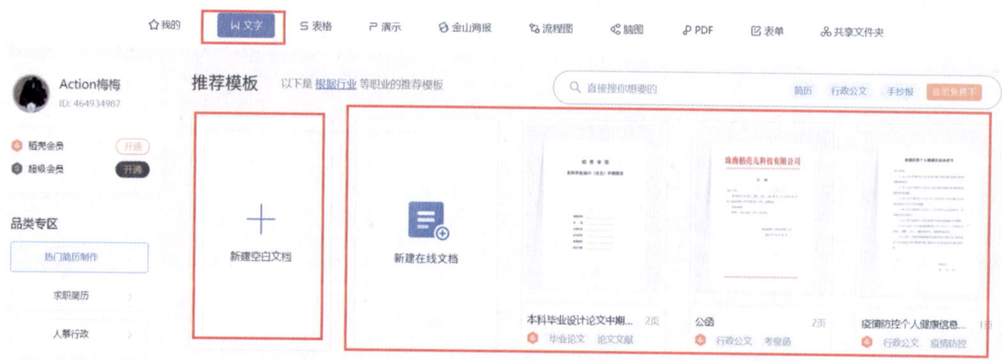

图2-1-3　新建文档

（2）保存文档

文档创建后，需要为文档进行重命名并保存到指定位置。单击文档最上方的保存按钮，或者单击“文件”，从下拉列表中单击“保存”或“另存为”选项，即可打开“另存为”对话框，选择文档保存位置，重命名文件名，单击“保存”按钮即可完成文档保存，如图2-1-4所示。

2.1.2 编辑文档

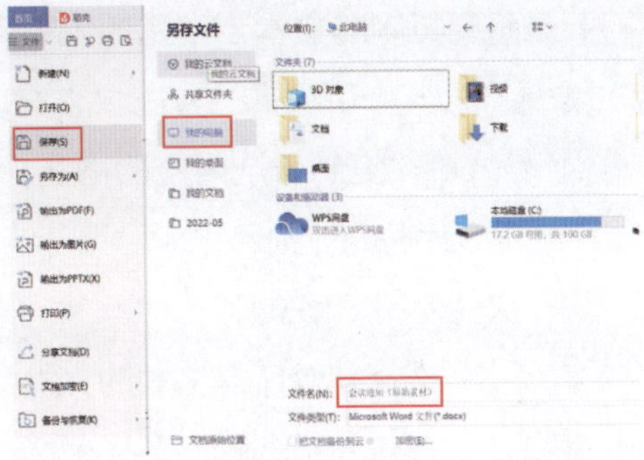

图2-1-4 保存文档

文档文字输入完成后，需要对其进行编辑，主要包括剪切、复制、粘贴、格式刷、字体设置、段落设置、项目符号和编号设置、查找替换等，在“开始”选项卡中可完成相关操作，如图2-1-5所示。

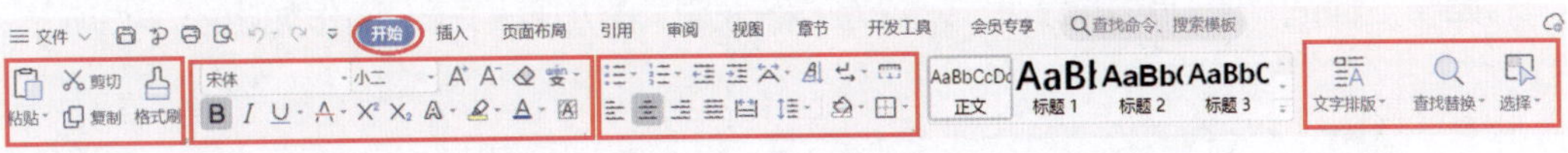

图2-1-5 “开始”选项卡

（1）剪切、复制、粘贴和格式刷的使用

① 剪切（〈Ctrl〉+〈X〉）：把选中的内容（对象）删除并复制到系统的剪贴板中。具体操作步骤如下。

第一步：选择要剪切的内容；

第二步：在要插入的地方进行粘贴操作。

② 复制（〈Ctrl〉+〈C〉）：把选中的内容（对象）复制到系统的剪贴板中，与“剪切”不同的是“复制”并不会删除原内容，同时可以粘贴多次。具体操作步骤如下。

第一步：选择要复制的内容；

第二步：在要插入的地方进行粘贴操作。

③ 粘贴（〈Ctrl〉+〈V〉）：文档编辑过程从剪贴板中将剪切或复制对象写入指定位置。具体操作步骤如下。

第一步：选择要插入对象的位置（在光标闪动的地方插入）；

第二步：右键“粘贴”；

第三步：“无格式文本（T）”：忽略复制时文本的格式，使用光标处的文本格式；

第四步：“选择性粘贴”（图2-1-6）：“WPS文字数据”“带格式文本（HTML）”“带格式文本（RTF）”都是按文本的原来格式粘贴到新位置，相当于第二步，“无格式文本”相当于第三步，“图片（Windows元文

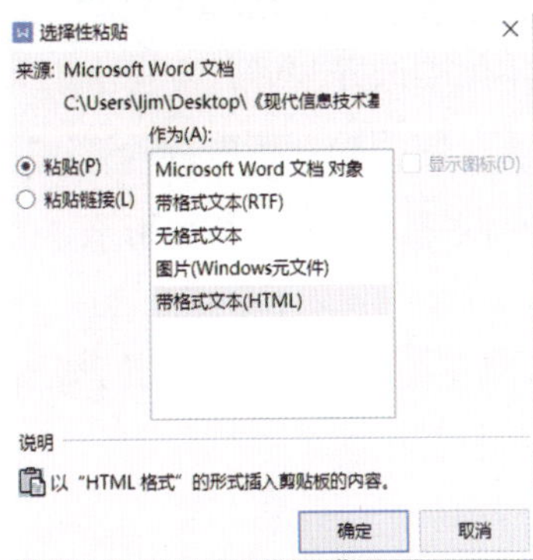

图2-1-6 选择性粘贴

件）”是将要复制的文本当作是插入图片处理，“WPS文字文件对象”是把要粘贴的文字对象另存为一个可编辑的WPS文件并以链接的方式出现在插入点。

④ 格式刷：复制所选内容的格式，应用到不同位置的内容中。两种应用方法，具体操作步骤分别如下。

- 一次性使用“格式刷”。

第一步：选择包含所需格式的文本并选择。

第二步：单击“格式刷”图标。

第三步：选择需要设置新格式的文本。

如将上面的“两种应用方法”设置为“格式刷”的加粗格式，操作如图2-1-7所示。

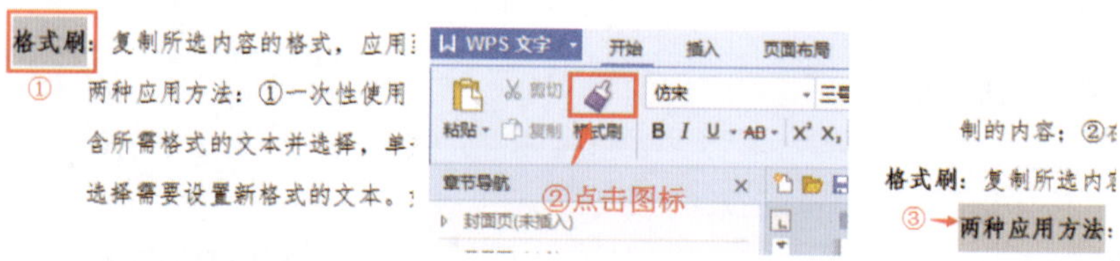

图2-1-7　格式刷使用步骤

- 连续使用格式刷。

第一步：选择包含所需格式的文本并选择。

第二步：双击“格式刷”图标。

第三步：选择需要设置新格式的文本。可连续多次选择需要设置格式的文本，直至按下键盘左上角的〈Esc〉键为止。

（2）字体设置

① 对“关于公司国庆放假会议的通知”文件进行编辑。

标题宋体，小二，加粗，居中显示，正文仿宋_GB2312，小四。操作方法如下。

第一步：先选中标题“关于公司国庆会议放假的通知”，然后在“开始”选项卡的字体中选择宋体，字号小二号，对齐方式选择居中对齐，如图2-1-8所示。

第二步：再选择全部正文，在“开始”选项卡的字体中选择仿宋_GB2312，字号小四号，如图2-1-9所示。

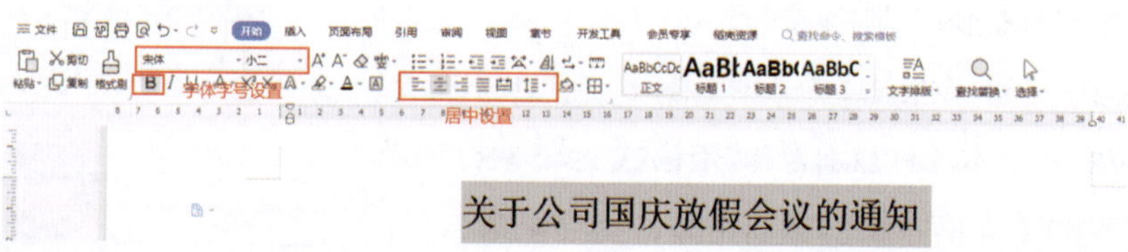

图2-1-8　标题字体设置

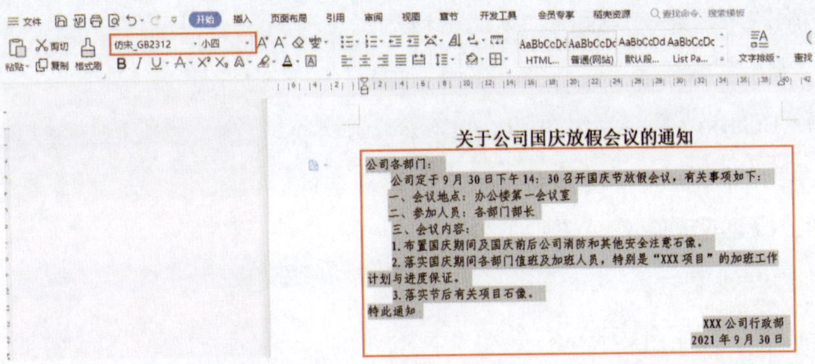

图2-1-9 正文字体设置

② 增大字号、减少字号、清除格式。

增大字号效果：增大前、增大后。

减小字号效果：减小前、减小后。

清除格式效果：清除格式前、清除格式后。

说明：这三项设置有一个重要的特点，所选择的文本本身可以包含多种字体、字号，不论是增加、减少字号都会按文本各自的原字号作增减，而不会像设置字体、字号那样会有统一的结果。

③ 四项修饰设置：加粗、斜体、下划线、删除线。

加粗效果：加粗前、**加粗后**。

斜体效果：斜体前、*斜体后*。

下划线效果：无下划线、有下划线1、有下划线2。

删除线效果：无删除线、~~有删除线~~、有着重号。

说明：单击下划线右边的倒三角形，可以选择下划线的线型和颜色；单击删除线右边的倒三角形，可以将删除线改为着重号。

④ 上标和下标设置。

上标效果：文本上标、文本^{上标}。

下标效果：文本下标、文本$_{\text{下标}}$。

说明：上面的效果中，只有"上标""下标"四个字是设置了效果的，"文本"二字是作为对照参考的。

⑤ 突出显示、字体颜色、字符底纹、拼音指南设置。

突出显示效果：未突出、突出显示。

字体颜色效果：默认字体颜色、字体颜色。

字符底纹效果：无字符底纹、有字符底纹。

拼音指南效果：无拼音指南、默认拼音指南（mò rèn pīn yīn zhǐ nán）。

⑥ 更改大小写效果Aa。

大小写ABCabc、默认大小写abcABC。

⑦ 带圈字符效果ⓐ。

不带圈、默认带圈字符ⒶⒷⒸ①②③。

⑧ 字符边框效果a。

无字符边框、有字符边框。

提示

突出显示可以设置不同颜色；拼音指南有更详细的设置；更改大小写、带圈字符、字符边框均在拼音指南右边的倒三角形处，如图2-1-10所示，三者都有更多更详细的设置，带圈字符默认最多同时选择2个字符，字符边框相连的将会被合并。

⑨ 字体综合设置。

单击“开始”选项卡中“字体”对话框启动按钮，如图2-1-11所示，打开字体对话框，如图2-1-12所示，可以对所选文字进行字体的综合设置。单击“字体”对话框中的字符间距选项卡，还可以对字符间距进行设置，如图2-1-13所示。

（3）段落格式设置

段落格式设置是对段落的对齐方式、缩进、间距等进行设置，可以在“开始”选项

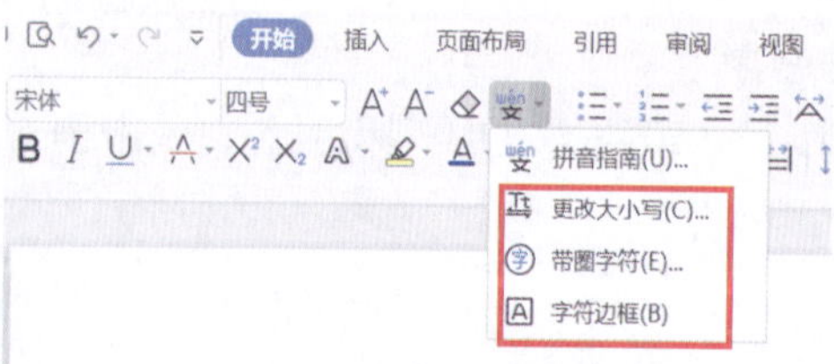

图2-1-10　字体其他格式下拉列表

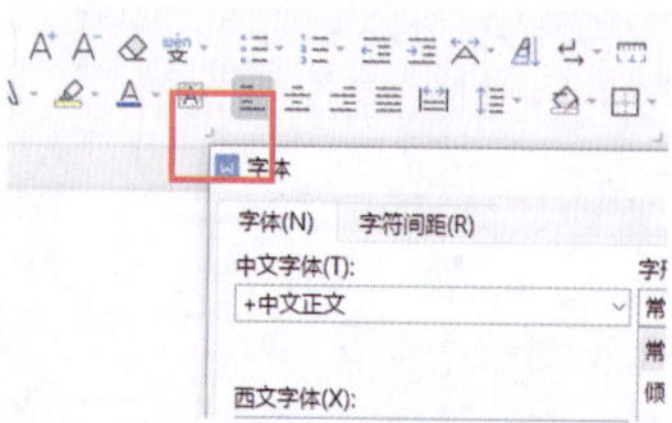

图2-1-11　启动“字体”对话框

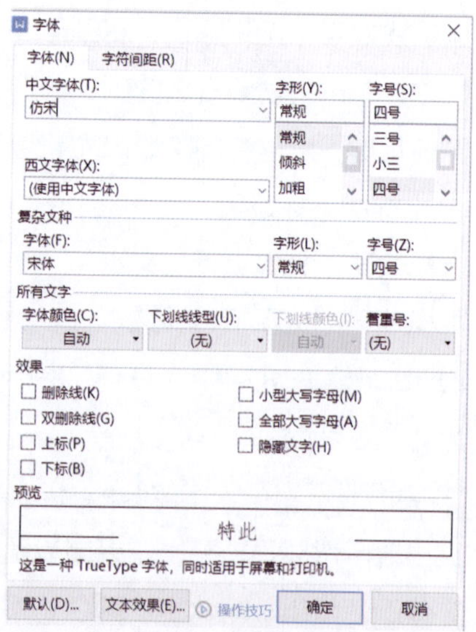

图2-1-12　“字体”对话框

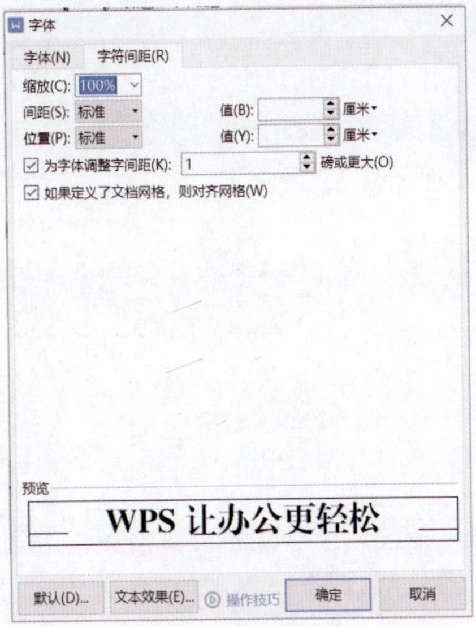

图2-1-13　字符间距设置

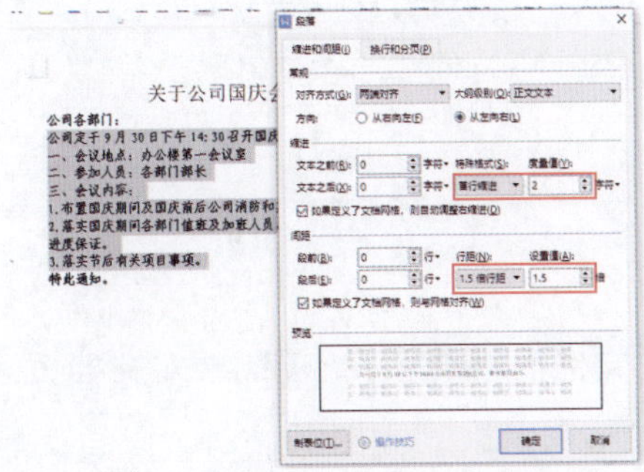

图2-1-14　首行缩进与行距设置

卡中直接设置，也可以在“开始”选项卡中单击“段落”对话框启动按钮打开“段落”对话框进行设置。

① 对通知正文进行首行缩进2字符，1.5倍行距设置。

打开“段落”对话框，在“特殊格式”下拉框中选择“首行缩进”，“度量值”中选择2字符，在“行距”下拉框中选择1.5倍行距，如图2–1–14所示。

② 对通知正文中的“公司各部门：”和“特此通知”左对齐，最后两行右对齐设置。

先选择正文中的“公司各部门：”和“特此通知”内容，单击开始选项卡中的左对齐 ☰ 图标，如图2–1–15所示。

选择正文最后两行内容，单击“开始”选项卡中的☰图标实现右对齐，如图2–1–16所示。

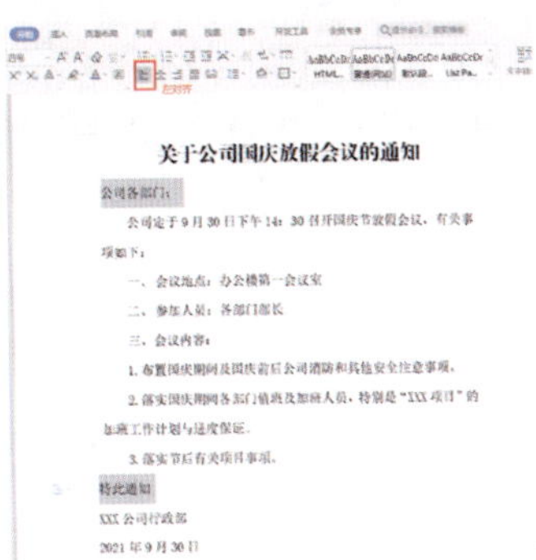

图2-1-15　左对齐

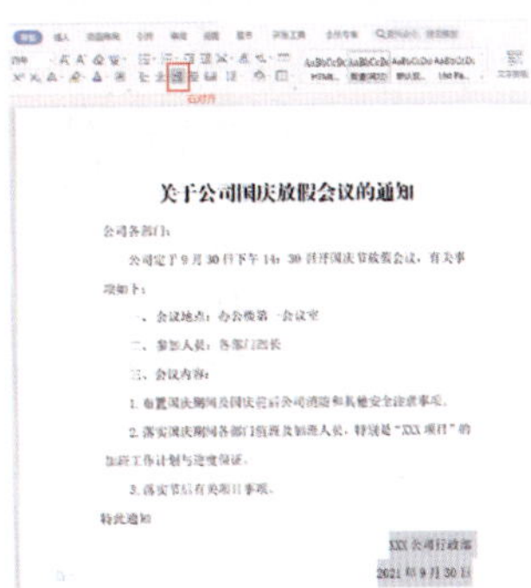

图2-1-16　右对齐

③ 将正文中的“石像”全部替换成“事项”。

单击“开始”选项卡中的“查找替换”，在下拉选项中选择“替换”，启动“查找替换”对话框，在对话框中的“查找内容”中填写“石像”，在“替换为”中填写“事项”，然后单击“全部替换”，如图2-1-17所示。

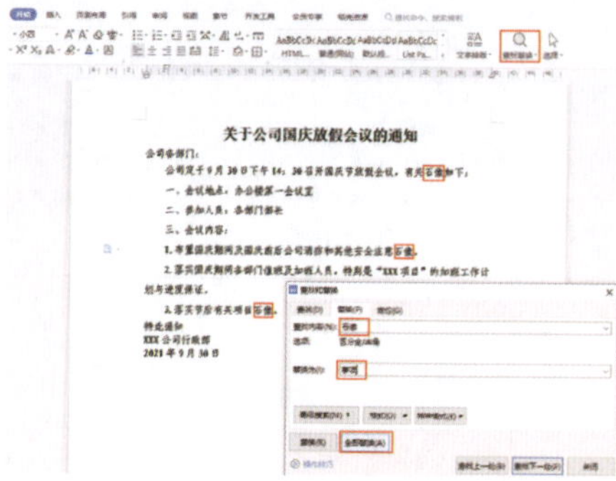

图2-1-17　替换

2.1.3　文档页面设置

文档输出或打印之前需要对文档页面进行设置，包括页面背景设置、水印的添加、纸张大小设置、页边距设置等，以便获得更好的输出和打印效果。

（1）页面背景设置

文档页面背景可以进行纯色、渐变、纹理、图案和图片填充。

① 纯色填充。

在“页面布局”选项卡中单击“背景”，在“主题颜色”或“标准色”中选择需要的颜色即可，如图2-1-18所示。

② 渐变填充。

在“背景”的下拉列表“渐变填充”中选择需要的渐变颜色，或者单击“其他背景”，在选项中选择“渐变...”，启动“填充效果”对话框，对“颜色”“透明度”“底纹样式”等进行设置，然后单击“确定”按钮，如图2-1-19所示。

③ 纹理或图案填充。

在“背景”的下拉列表单击“其他背景”，在选项中选择“纹理...”，启动“填充效果”

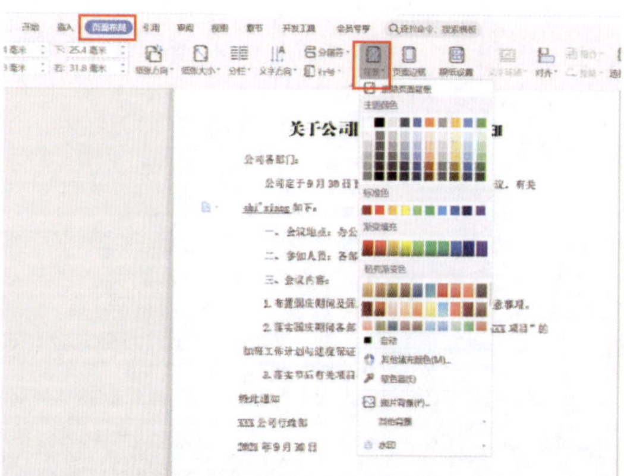

图2-1-18　页面背景设置

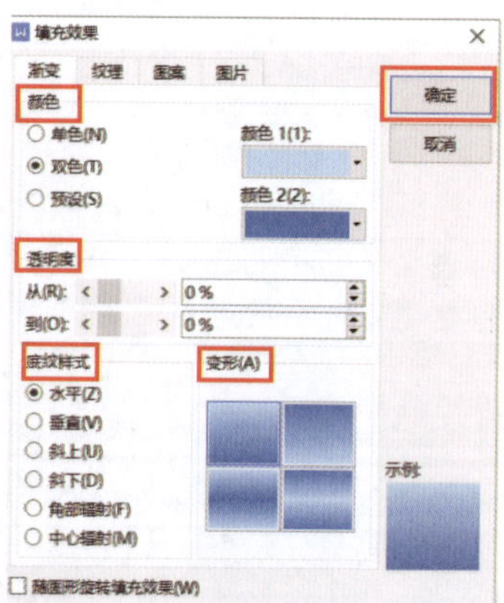

图2-1-19　渐变填充

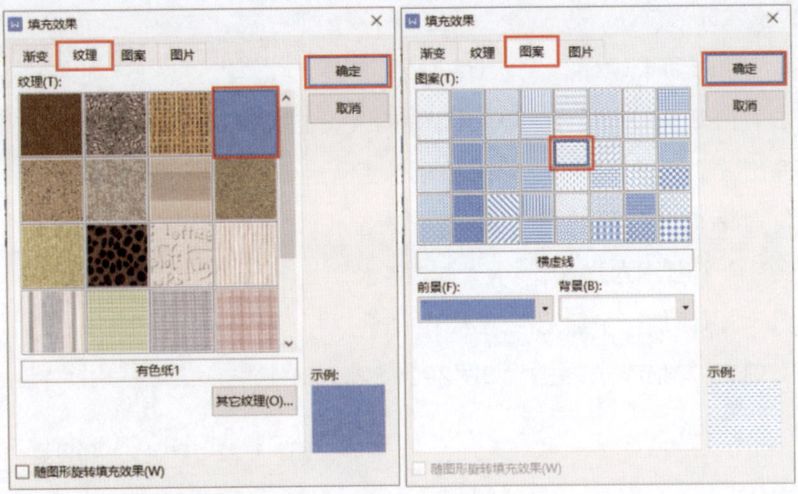

图2-1-20　纹理或图案填充

对话框，在“纹理”选项卡中选择合适的纹理，单击“确定”按钮。如需图案填充，则在“图案”选项卡中选择合适的图案，对“前景”和“背景”颜色进行设置，然后单击“确定”，如图2–1–20所示。

（2）水印的添加

文档添加水印后可以防止他人随意使用文档内容，可以添加系统提供的水印样式，也可以自定义水印样式。

① 预设水印添加。

在“插入”选项卡中单击“水印”，在下拉列表的“预设水印”中选择需要的水印样式，如图2–1–21所示。

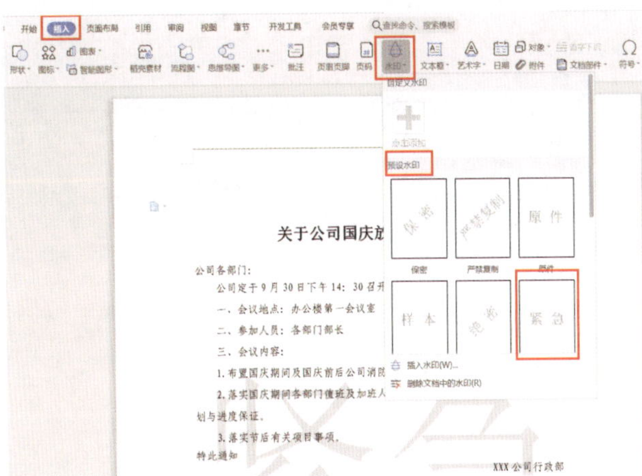

图2-1-21　预设水印添加

② 自定义水印添加。

在“插入”选项卡中单击“水印”，在下拉列表单击“自定义水印”的“单击添加+”图标或者单击“插入水印...”选项，启动“自定义水印”对话框，勾选“图片水印”复选框，可以添加一个图片为水印，勾选“文字水印”复选框，可以添加一个自定义的水印样式，设置完成后单击“确定”按钮，如图2-1-22所示。

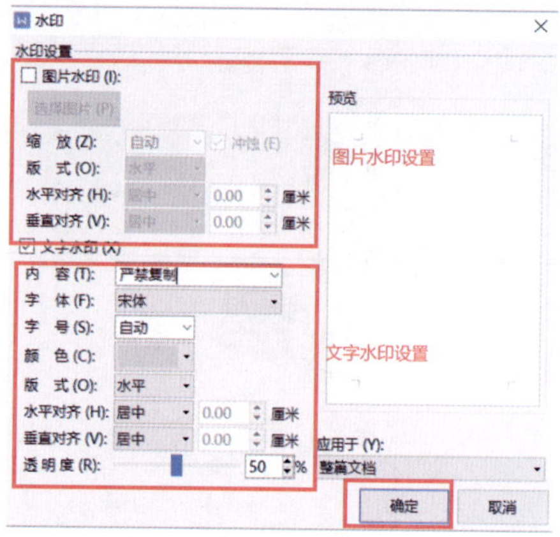

图2-1-22　自定义水印设置

2.1.4　页面设置

在打印文档之前，需要对文档的页面进行设置，包括纸张大小和方向设置、页边距设置等。

（1）纸张大小和方向设置

单击页面布局，在页面设置面板中单击纸张方向，可以选择纵向和横向，单击横向就可以将竖向纸张改成横向了，如图2-1-23所示。

单击纸张大小，在下拉列表中单击“其他页面大小...”启动“页面设置”对话框，在“纸张大小”下拉框中选择需要的格式，然后单击“确定”即可，如图2-1-24所示。

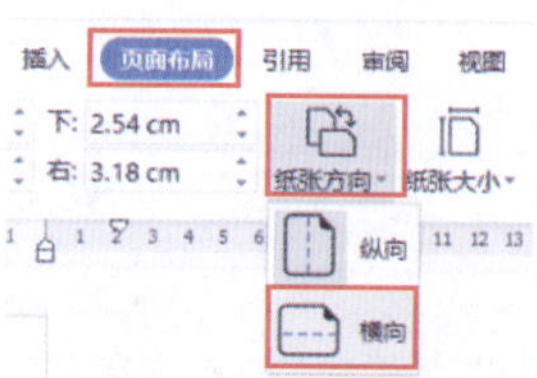

图2-1-23　纸张方向设置

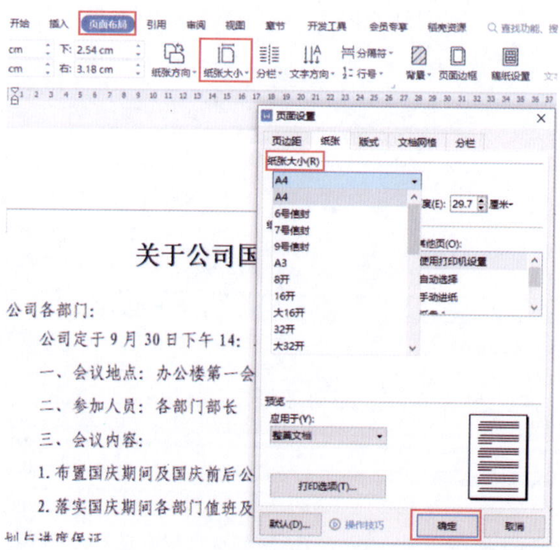

图2-1-24　纸张大小设置

（2）页边距设置

页边距即文档内容与页面边缘之间的距离，在排版或打印时，可根据内容布局，调整页边距。〈Ctrl〉+〈A〉全选文档，在“页面布局”中单击“页边距”选项，可在预设的页边距列表中，常用的页边距可选“普通”“窄”“适中”和“宽”，如图2-1-25所示。

如果下拉列表中没有合适的页边距，单击“自定义页边距”弹出“页面设置”对话框。在“页边距”可分别设置上、下、左、右页边距的大小，完成后单击“确定”即可，如图2-1-26所示。

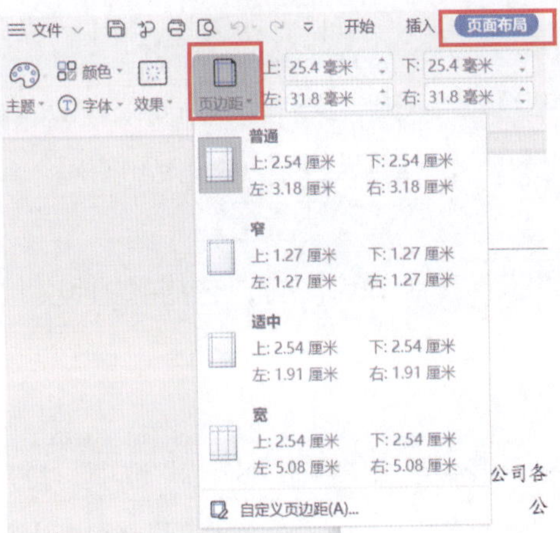

图2-1-25 常用页边距设置

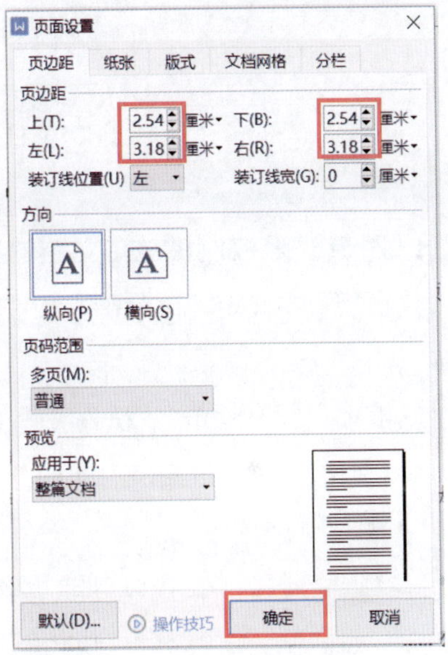

图2-1-26 自定义页边距设置

2.1.5 输出与打印文档

文档编辑完成后，可以根据需要输出为PDF文档或图片等格式，也可以打印出来。

（1）输出PDF文档

随着各单位对信息安全要求越发严格，发布的PDF文档经常需要权限控制，例如仅供阅读和添加批注，禁止复制或打印。WPS Office增强了将WPS文档输出为PDF格式的功能，不仅可以详细设定输出选项参数，还可以对文件的安全性进行自定义。PDF作为与平台无关的文本格式，是电子文档发行和数字化信息传播的理想文档格式。WPS Office全面支持PDF格式，让PDF文件阅读/编辑/打印更加快捷方便。

输出PDF文档的操作步骤：单击“文件”按钮，选择“输出为PDF”，然后选择要输出为PDF格式的文件，设置输出选项，确定保存位置，单击“开始输出”即可完成PDF文件的输出，如图2-1-27所示。

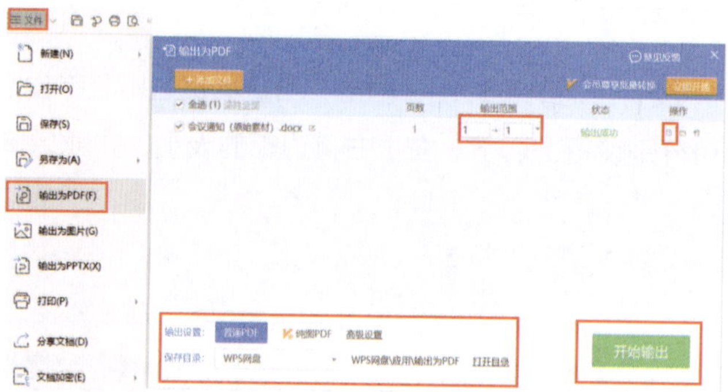

图2-1-27 输出PDF文档

输出为带权限控制的PDF文档的操作步骤：单击“文件”按钮，选择“输出为PDF”，“常规”中设定“页范围”和“输出选项”，“权限设置”中设定“密码”和“权限内容”。

注意事项：WPS Office专业版中的PDF组件多版本可配置，包括基础版本（PDF阅读）或编辑版本（PDF编辑）两种，如图2-1-28所示。

（2）输出为图片

文档编辑完成后，单击“文件”按钮，在列表中选择“输出为图片”选项，打开“输出为图片”对话框，可以进行“编辑水印”“逐页输出”与“合成长图”输出设置，输出页数、输出格式、输出尺寸、输出颜色等也可以进行设置，完成设置后单击“输出”按钮，登录会员账号［若没有开通会员只能选择“默认水印”，会自动加上“非会员水印”，且只能按“普通（默认尺寸）”输出］后即可输出需要的图片，如图2-1-29所示。

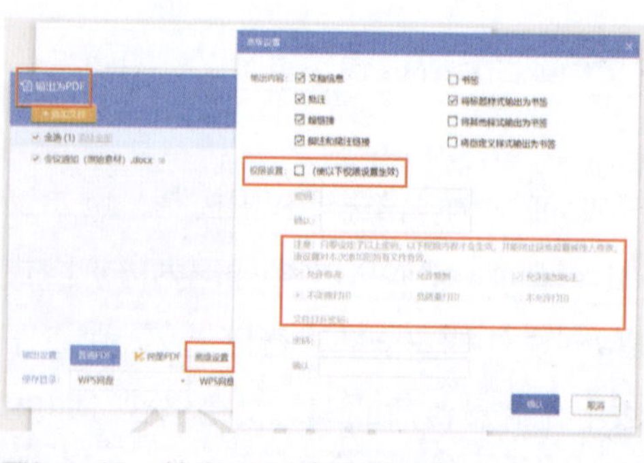

图2-1-28 输出PDF文档权限设置

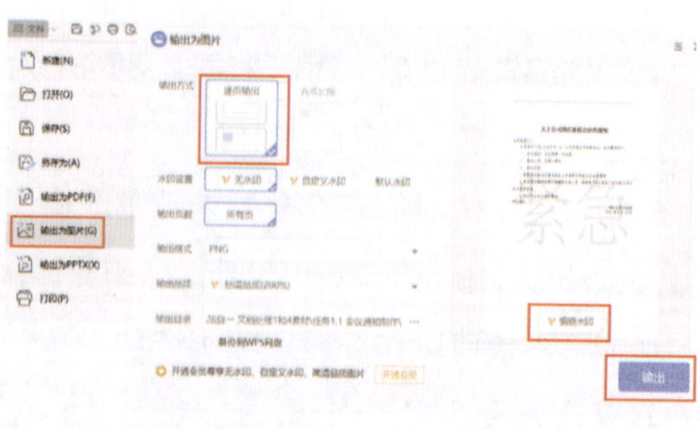

图2-1-29 输出为图片

（3）打印文档

文档编辑完成后，可以根据需要将文档打印出来。单击“文件”按钮，在列表中单击“打印”选项，在下级列表中单击“打印...”，打开“打印”对话框，在对话框中选择打印机，设置打印页码范围、打印方式、打印份数、并打和缩放等，单击“确定”按钮即可打印，如图2–1–30所示。

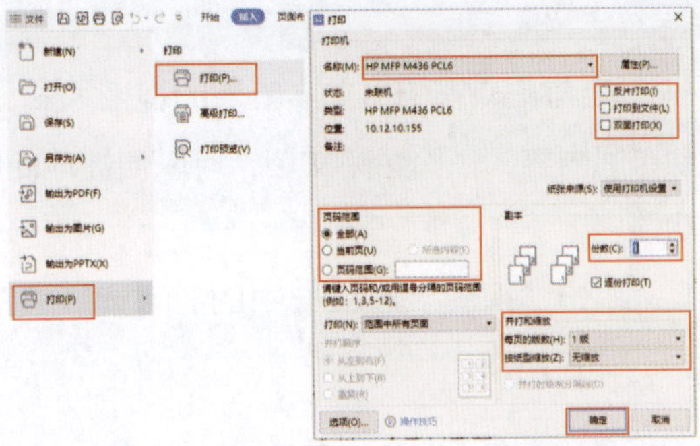

图2–1–30 打印文档

2.1.6 视图模式

WPS Office提供了多种视图模式，在日常查阅过程中，为了提高阅读与编辑的效率，可以在阅读文档中使用不同的视图模式查阅文档。

（1）全屏显示

全屏显示是WPS文字在显示设备上完整地呈现文档，适合在演示汇报中使用，也可以在阅读文档中使用，整个视图将只显示文档内容。

单击“视图”选项卡中的“全屏显示”按钮，如图2–1–31所示，显示效果如图2–1–32所示。

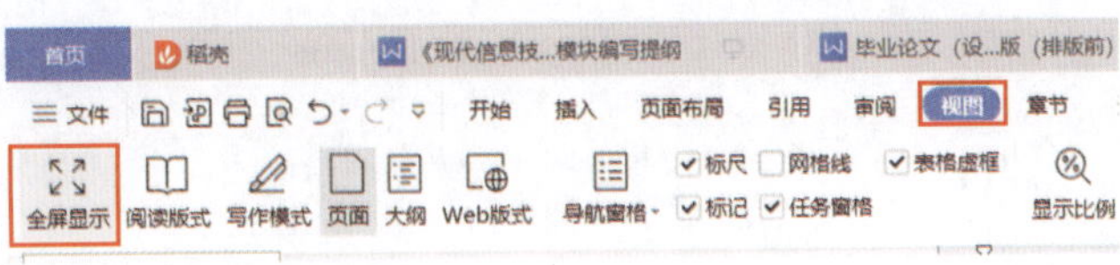

图2–1–31 全屏显示操作

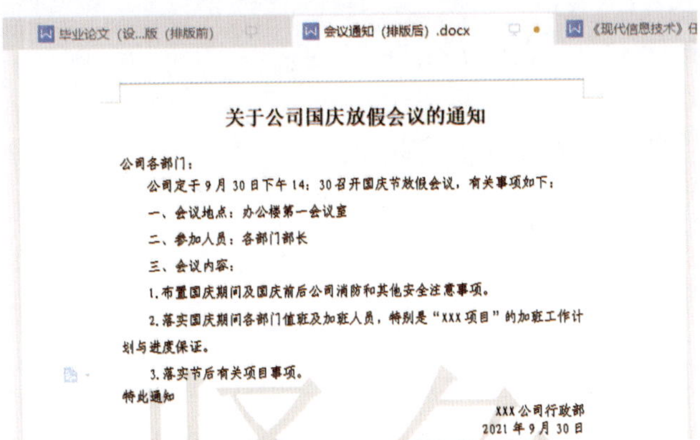

图2–1–32 全屏显示效果

（2）阅读版式

阅读版式是WPS文字新增的视图模式，方便用户以阅读图书的形式进行展示，自动布局内容，轻松翻阅文档，可以便捷地使用目录导航、显示批注、突出显示、查找等功能。

单击“视图”选项卡中的“阅读版式”按钮，如图2–1–33所示，显示效果如图2–1–34所示。

（3）页面视图

页面视图是WPS文字默认的视图模式，可以显示文档的打印外观，主要包括页眉、页脚、图形对象、分栏设置、页面边距等元素，是最接近打印结果的视图方式。

单击“视图”选项中的“页面”按钮，显示效果如图2–1–35所示。

（4）大纲视图

大纲视图是用于显示文档的框架，在整理较长的文档时可以显示各级标题，通过大

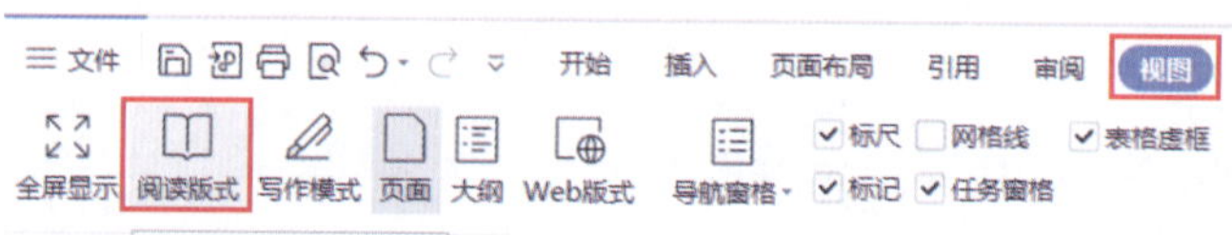

图2-1-33　阅读版式操作

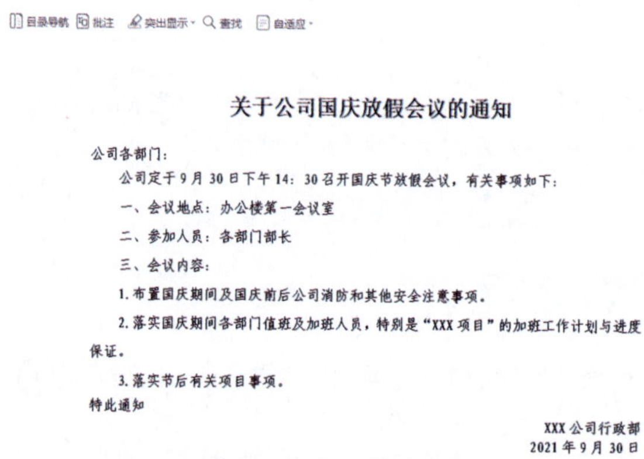

关于公司国庆放假会议的通知

公司各部门：

公司定于9月30日下午14：30召开国庆节放假会议，有关事项如下：

一、会议地点：办公楼第一会议室

二、参加人员：各部门部长

三、会议内容：

1. 布置国庆期间及国庆前后公司消防和其他安全注意事项。

2. 落实国庆期间各部门值班及加班人员，特别是“XXX项目”的加班工作计划与进度保证。

3. 落实节后有关项目事项。

特此通知

XXX公司行政部

2021年9月30日

图2-1-34　阅读版式显示效果

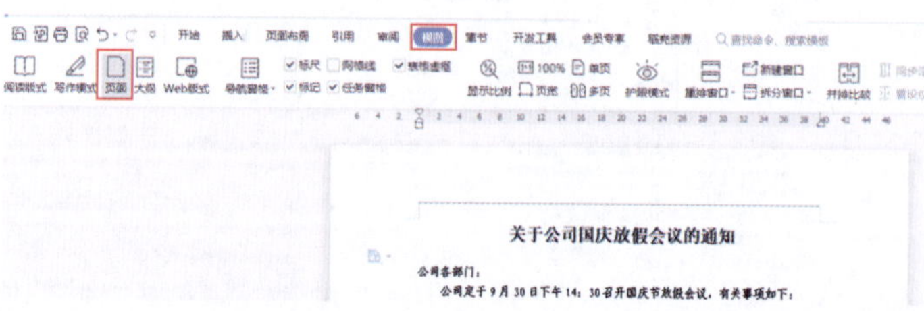

图2-1-35　页面视图效果

纲视图模式用户可以方便快速地跳转到所需的章节。在大纲视图中无法显示页边距、页眉页脚、图片、背景等对象。

单击“视图”选项中的“大纲”按钮，显示效果如图2-1-36所示。

(5) Web版式视图

Web版式视图能够显示文档在Web浏览器中的外观。文本和表格将自动换行以适应窗口的大小。

单击“视图”选项中的“Web版式”按钮，显示效果如图2-1-37所示。

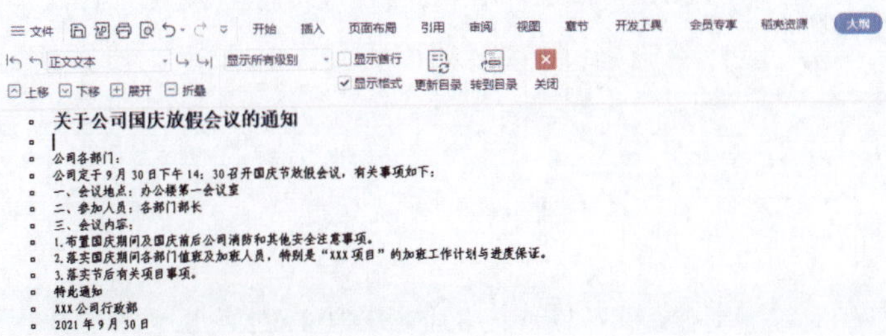

图2-1-36　大纲视图效果

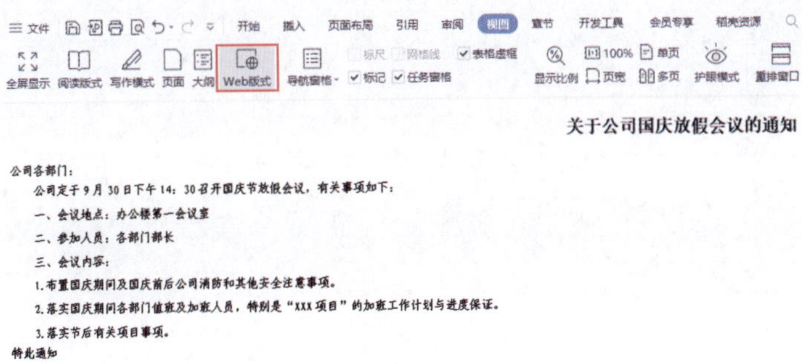

图2-1-37　Web版式视图效果

巩固练习

在WPS文字中新建文档并输入以下内容：

巨大的溶洞

巨大的溶洞是可以分几层的。如佛子岩分三层，兴安石乳岩、江苏善卷洞、宜昌硝洞、桂林七星岩等也都为三层，四川兴文县天泉洞可分五层，而北京石花洞，已知有六层，与湖北利川腾龙洞相同，但据地质资料推测，石花洞下面还有七层、八层洞。成为我国发现层数最多的溶洞。洞穴多层次表示该地地壳在不断上升，地下水面在不断下降，最初形成的水洞不断转化为干洞，并上升到一定的高度，各层洞之间有落水洞贯通。

我国一些著名的溶洞具有高大的穹形大厅地形，如：

北京云水洞6洞室，福建将乐玉华洞6洞室，四川兴文天泉洞6洞室，河南巩义雪花洞6洞室，浙江桐庐瑶琳仙境7洞室，安徽宣城龙泉洞7洞室，河北临城崆山洞7洞室，广西桂林芦笛岩9洞室，利川腾龙洞10洞室，广东韶关芙蓉仙洞10洞室。

输入后完成以下要求：

（1）设置标题文字“巨大的溶洞”为楷体GB2312红色加粗，二号字，蓝色底纹，黄色边框，缩放120%，居中对齐。

（2）前两段文字字体为宋体四号，首行缩进2个字符。

（3）使用制表位排列文字（制表位位置：1.07字符左对齐，15.71字符左对齐，20.71字符竖线对齐，22.86字符左对齐，35.36字符左对齐）。

（4）设置页眉文字为“巨大的溶洞”右对齐，页脚为当前系统日期并左对齐。

（5）完成后保存在以自己姓名命名的文件夹中，文件名为：“溶洞.wps”。

任务2.2　个人简历制作

姓名：	学号：	班级：	日期：

任务描述

小明是×××职业技术学院大三学生，即将毕业。最近学校拟举办一场校园招聘会，有大批企业到校进行招聘。小明希望在这次招聘会中能够顺利找到一份满意的工作，他正在积极制作他的个人简历。

任务目标

（1）通过个人简历的编写，学会文档中表格的使用。

（2）掌握在文档中插入和编辑表格、对表格进行美化等操作。

（3）能对表格中的数据运用公式计算。

（4）充分了解现在的就业形势，培养正确的就业观。

（5）学会尽早规划自己人生，为未来的事业打下基础。

任务书

利用WPS文字，完成如图2-2-1的个人简历制作。个人简历包括标题、职业目标、个人概况等个人基本信息，通过个人简历清晰准确地反映个人的真实信息供招聘单位进行人员的筛选。按要求完成文字输入和格式编排。

格式要求："个人简历"黑体加粗，小一，居中；"个人概况、专业成就、技能、工作经验……其他说明"内容黑体加粗，11号，水平居中，表格中其他内容宋体11号，居左。表格样式设置为"双实线"边框，边框宽度设置为0.5磅，表格高度为1厘米。

个人简历

<table>
<tr><td rowspan="6">个人概况</td><td>姓名：</td><td></td><td>户口所在地：</td><td></td><td rowspan="3">照片</td></tr>
<tr><td>性别：</td><td></td><td>专业：</td><td></td></tr>
<tr><td>出生日期：</td><td></td><td>学历：</td><td></td></tr>
<tr><td>联系电话：</td><td colspan="4"></td></tr>
<tr><td>通讯地址：</td><td colspan="4"></td></tr>
<tr><td>电子邮件：</td><td colspan="4"></td></tr>
<tr><td>专业成就</td><td colspan="5"></td></tr>
<tr><td>技能</td><td colspan="5"></td></tr>
<tr><td>工作经验</td><td colspan="5"></td></tr>
<tr><td>教育背景</td><td colspan="5"></td></tr>
<tr><td>外语水平</td><td colspan="5"></td></tr>
<tr><td>业余爱好</td><td colspan="5"></td></tr>
<tr><td>性格特点</td><td colspan="5"></td></tr>
<tr><td>其他说明</td><td colspan="5">如果还有其他说明内容，请写在此处。</td></tr>
</table>

图2-2-1　个人简历效果图

任务分组

<table>
<tr><td>班级</td><td></td><td>组号</td><td></td><td>指导教师</td><td></td></tr>
<tr><td>组长</td><td></td><td>学号</td><td colspan="3"></td></tr>
<tr><td rowspan="4">组员</td><td>姓名</td><td>学号</td><td>姓名</td><td colspan="2">学号</td></tr>
<tr><td></td><td></td><td></td><td colspan="2"></td></tr>
<tr><td></td><td></td><td></td><td colspan="2"></td></tr>
<tr><td></td><td></td><td></td><td colspan="2"></td></tr>
<tr><td colspan="6">任务分工</td></tr>
<tr><td colspan="6"></td></tr>
</table>

获取信息

引导问题 1：个人简历一般通过什么形式制作？

引导问题 2：通过上网查询，小组内讨论个人简历一般包含哪些内容，并做好记录。每个小组成员找到不少于1种个人简历模板给小组成员分享。

工作实施

引导问题 1：小组成员间讨论：如何在文档中插入一个表格，每人说出自己的方法并做好记录。

引导问题 2：如何设置表格中文字的对齐方式？

引导问题 3：如何设置表格的边框和底纹？

评价反馈

<table>
<tr><th rowspan="2">项目名称</th><th rowspan="2">评价内容</th><th rowspan="2">分值</th><th colspan="3">评价分数</th></tr>
<tr><th>自评</th><th>互评</th><th>教师评价</th></tr>
<tr><td rowspan="5">职业素养考核项目40%</td><td>穿戴规范、整洁</td><td>5</td><td></td><td></td><td></td></tr>
<tr><td>安全意识、责任意识、服从意识</td><td>10</td><td></td><td></td><td></td></tr>
<tr><td>积极参加教学活动，按时完成学生工作活页</td><td>10</td><td></td><td></td><td></td></tr>
<tr><td>团队合作、与人交流能力</td><td>10</td><td></td><td></td><td></td></tr>
<tr><td>劳动纪律</td><td>5</td><td></td><td></td><td></td></tr>
<tr><td rowspan="4">专业能力考核项目60%</td><td>专业知识查找及时、准确</td><td>10</td><td></td><td></td><td></td></tr>
<tr><td>操作符合规范</td><td>10</td><td></td><td></td><td></td></tr>
<tr><td>操作熟练度，工作效率</td><td>10</td><td></td><td></td><td></td></tr>
<tr><td>作品验收质量</td><td>30</td><td></td><td></td><td></td></tr>
<tr><td colspan="3">总分</td><td></td><td></td><td></td></tr>
<tr><td>总评</td><td>自评（20%）+互评（20%）+教师评价（60%）=</td><td>综合等级

</td><td colspan="3">教师（签名）：</td></tr>
<tr><td>有益的经验和做法</td><td colspan="5"></td></tr>
<tr><td>总结反思建议</td><td colspan="5"></td></tr>
</table>

相关知识

WPS文字可以实现在文档中插入表格，并对表格进行设置等基本操作。

2.2.1 创建表格

WPS文字中提供了多种创建表格的方法，既可以利用菜单命令插入表格，也可以自行绘制表格，还可以几种方法混合使用，可根据实际需求选择不同的方法。

（1）插入表格

进入WPS文字，将光标置于要插入表格的位置，在新创建的文档中单击“插入”选项卡中的“表格”按钮，在该按钮下方会出现一个表格模型，可以快速创建一个简单的表格，最大可创建8行*24列的表格，如图2-2-2所示。

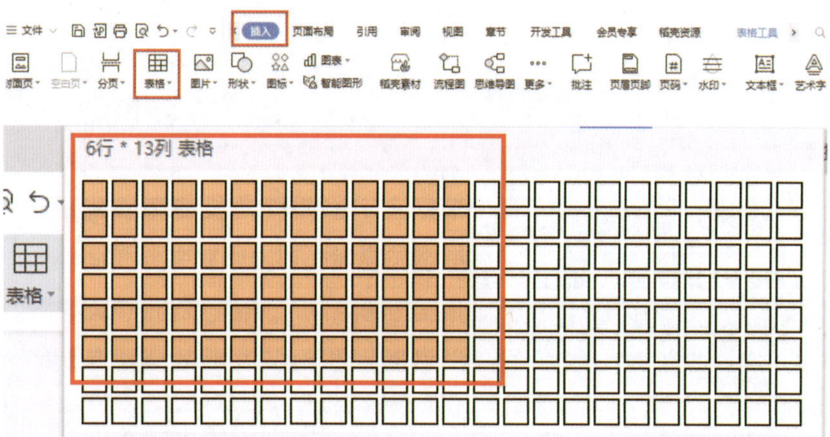

图2-2-2　自动创建表格界面

进入表格模型界面后，在表格模型中拖动鼠标，选择所需表格的行数和列数，同时系统会在插入点处显示将要插入的表格，单击鼠标左键，简单表格创建完成。

如果用户需要创建较多行数或列数的表格，或要在创建表格的同时指定表格的列宽，可以通过对话框进行表格的创建。

启动WPS文字，创建一个空白文档，以“个人简历”命名并保存。在文档的首行输入表格的标题“个人简历”，按〈Enter〉键使光标定位到下一行。

切换到“插入”选项卡，单击“插入”选项卡中的“表格”按钮，在下拉菜单中选择“插入表格”命令，弹出如图2-2-3所示的对话框，在“表格尺寸”选项区中分别设置“列数”微调框的值为“6”，“行数”微调框的值为“14”，同时选择自动列宽，根据内容确定行和列的宽度。单击“确定”按钮，返回文档中，即可在文档中插入一个14行*6列的表格。其中“固定列宽”可指定表格中列的宽度，默认设置为“自动”，表示表格宽度与页面宽度相同。“自动列宽”指表格列宽由表格内容而定，当在表格中输入内容时，列宽将随内容的变化而变化。

最后单击“确定”按钮，文档中即可创建所需的表格，效果如图2-2-4所示。

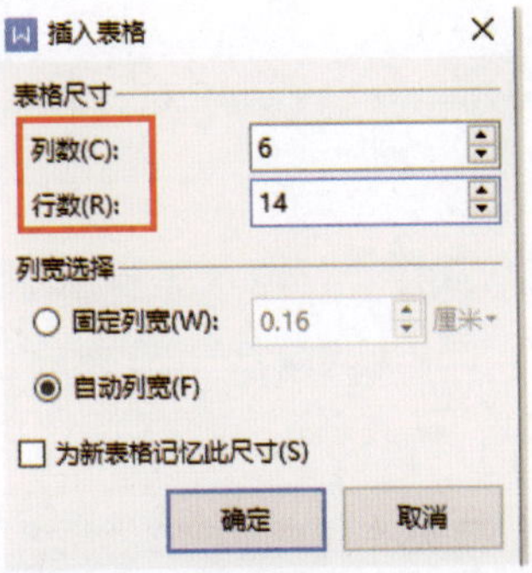

图2-2-3　插入表格

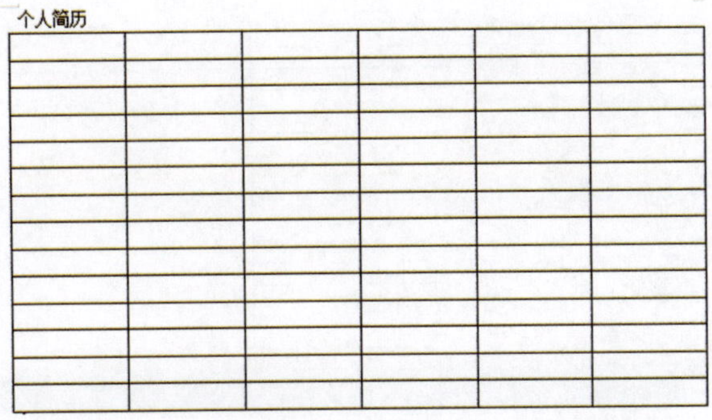

图2-2-4　个人简历表格

（2）绘制表格

创建表格除插入表格还可使用工具进行绘制，实现表格的绘制。使用这种方法最大的优点是用户如同用手拿笔和橡皮一样，可在屏幕上方便自如地画表格。这种绘制表格的方法适用于创建单元格不规则或带有斜线表头的复杂表格。

单击“插入”选项卡中的“表格”按钮，在下拉菜单中选择“绘制表格”命令，此时鼠标已变成笔的形状。单击并拖动鼠标，便可绘制表格，如图2-2-5所示。

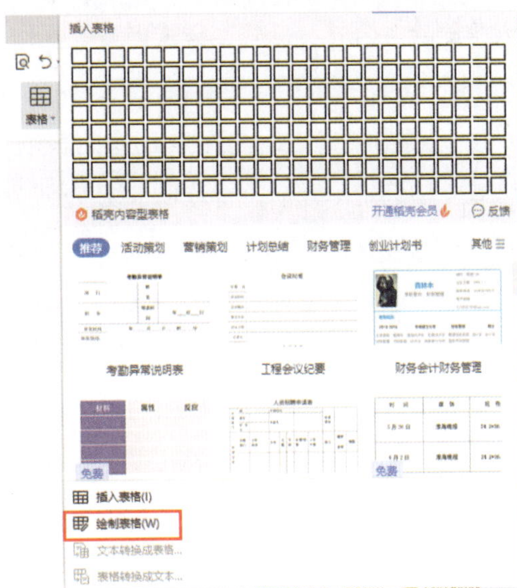

图2-2-5　绘制表格

（3）文本转换成表格

在文档中选中要转换为表格的文档内容，只需要通过简单按钮便可实现。选定需要插入表格的内容，单击“插入”选项卡中的“表格”按钮，在下拉菜单中选择“命令”，弹出“将文本转换成表格”对话框，可根据需要设置表格的行数和列数，设置文字分隔位置，具体操作界面如图2-2-6所示。

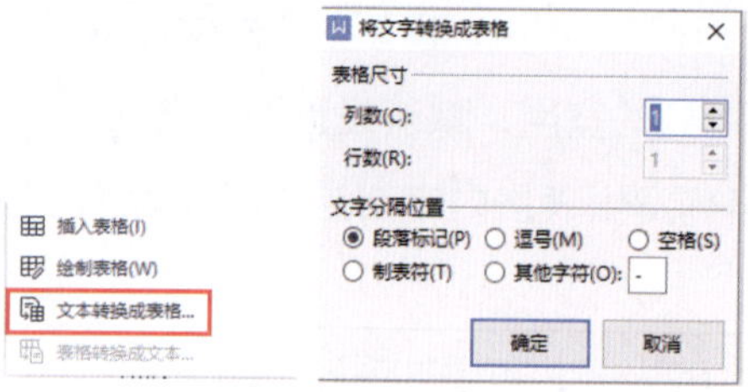

图2-2-6　文本转换成表格

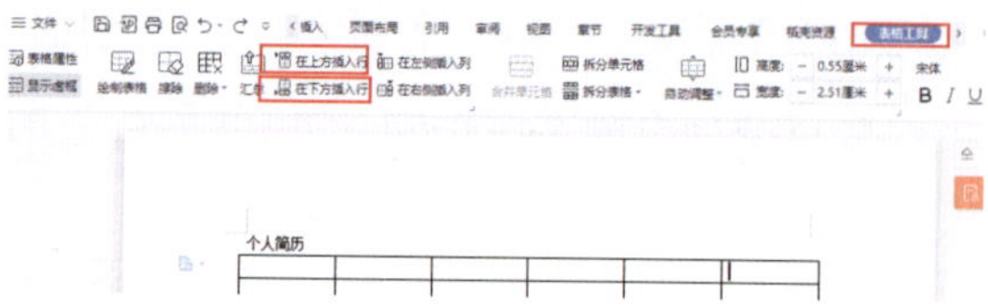

图2-2-7　表格工具增加行

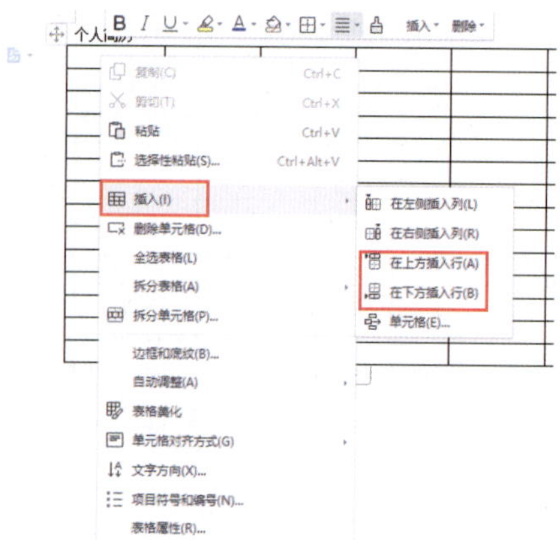

图2-2-8　右键增加行

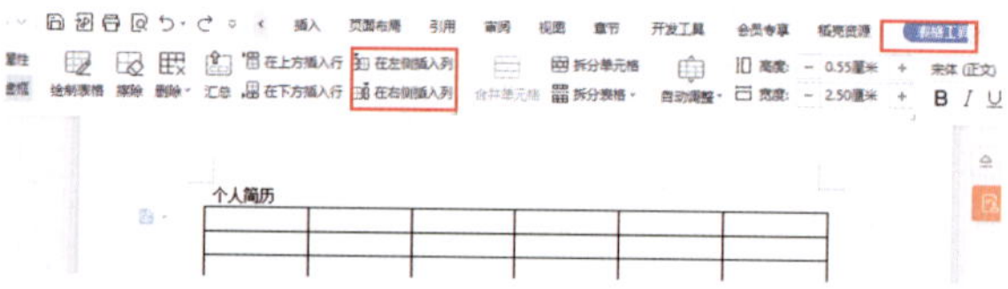

图2-2-9　表格工具增加列

2.2.2　编辑表格

表格创建完成后，可对表格进行编辑操作，主要包括表格中行、列、单元格的插入、删除、合并、拆分、样式设置等操作。

（1）行/列的增加与删除

①行/列的增加。需要在已有的表格中增加行时可直接在要插入新单元格位置的右边或上边选定单元格，将选项卡切换到“表格工具”选项卡，选中“在上方插入行”或“在下方插入行”按钮，如图2-2-7所示。即可在当前单元格的上方或下方插入一行。

也可以选中要增加行的单元格，单击鼠标右键，弹出对话框，选中“插入”按钮，选中“在上方插入行”或“在下方插入行”按钮，如图2-2-8所示。

需要在已有的表格中增加列时可直接在要插入新单元格位置的右边或上边选定单元格，将选项卡切换到“表格工具”，选中“在左侧插入列”或“在右侧插入列”按钮，如图2-2-9所示。

也可以选中要增加列的单元格，单击鼠标右键，弹出对话框，选中“插入”按钮，选中“在左侧插入列”或“在右侧插入列”按钮，如图2-2-10所示。

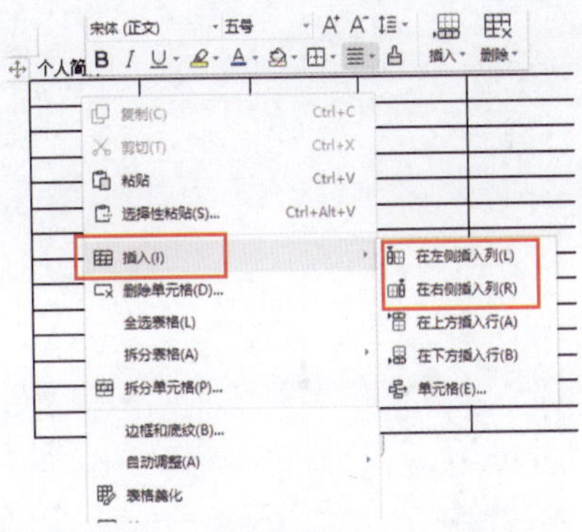

图2-2-10　右键增加列

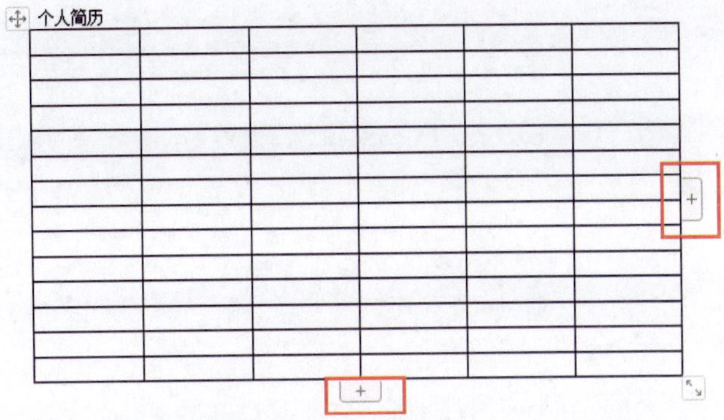

图2-2-11　快速增加行/列

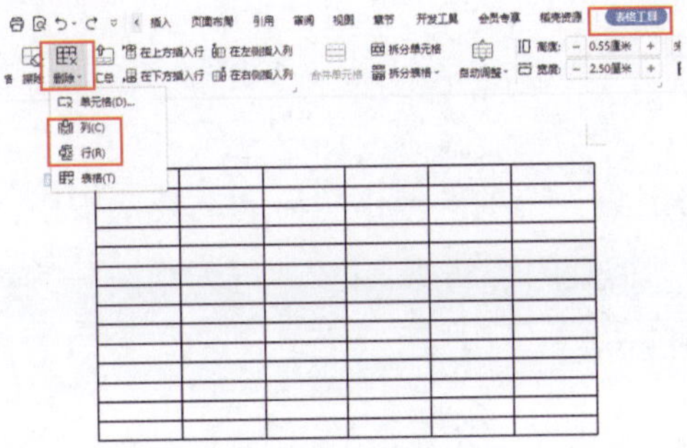

图2-2-12　“删除”按钮删除行/列

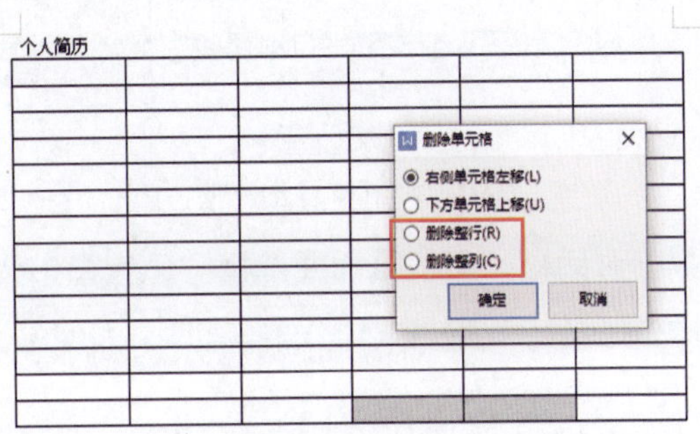

图2-2-13　〈Backspace〉键删除行/列

WPS文字在表格功能上具有很多使用户的操作、应用更为方便的功能，使用户对表格的使用更为得心应手。直接将光标放在表格上会在表格右方和下方出现加号，可以通过单击或拖动快速添加行列，具体如图2-2-11所示。

② 行/列的删除。在表格中删除行或列时，也需要先选定要删除的行或列，然后单击“表格工具”选项卡中的“删除”按钮，选择列或行，如图2-2-12所示，或按下〈Backspace〉键弹出“删除单元格”对话框，选择“删除整行”或“删除整列”实现删除，如图2-2-13所示。

（2）行高与列宽的调整

在WPS文档中插入表格后，可以调整整个表格的各行、列的度量值，从而改变单元格的大小，有下面几种方法可以调整行高和列宽。

① 通过鼠标拖动来调整。即将鼠标指针指向要改变行高或列宽的行列边线上，当鼠标指针变成÷或⫲形状，按下鼠标左键拖动框线就可以改变行高或列宽。

② 指定行高和列宽。在“表格工具”选项卡设置“高度”和“宽度”的度量值，如图2-2-14所示。

图2-2-14　高度和宽度设置

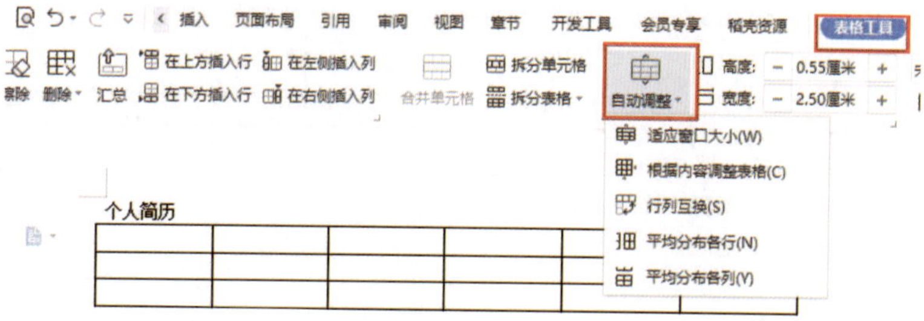

图2-2-15　“自动调整”行高与列宽

③ 通过WPS文档自动调整功能。在“表格工具”选项卡单击“自动调整”按钮，弹出对话框，可根据需要选择“适应窗口大小”“根据内容调整表格”“行列互换”“平均分布各行”和“平均分布各列”，如图2-2-15所示。

（3）单元格的合并与拆分

合并单元格是指将同一行或同一列中的两个或多个单元格合并为一个单元格。拆分单元格是指将一个单元格拆分为多个单元格。

合并单元格时，需要先选中对应的单元格，案例中首先需要选中第1列中的1～6行单元格，切换到“表格工具”选项卡，单击“合并单元格”按钮实现单元格的合并操作。使用同样的方法，选中以下单元格并合并：第6列的1、2、3行单元格，第4行的3、4、5、6列单元格，第5行的3、4、5、6列单元格，第6行的3、4、5、6列单元格，第7行的2、3、4、5、6列单元格，第8行的2、3、4、5、6列单元格，第9行的2、3、4、5、6列单元格，第10行的2、3、4、5、6列单元格，第11行的2、3、4、5、6列单元格，第12行的2、3、4、5、6列单元格，第13行的2、3、4、5、6列单元格，第14行的2、3、4、5、6列单元格。“合并单元格”后效果如图2-2-16所示。

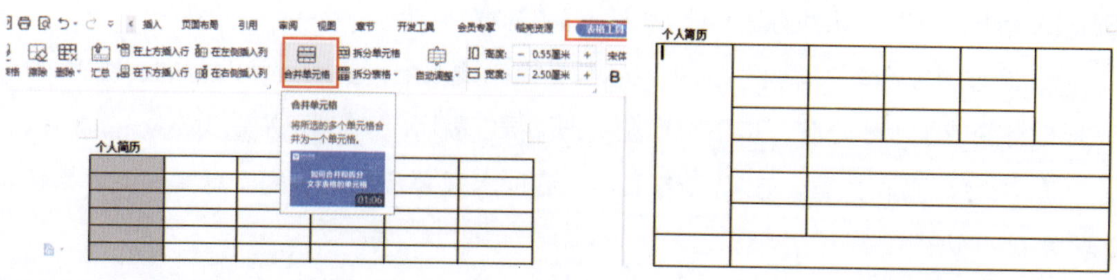

图2-2-16　合并单元格

选定需要拆分的单元格，切换到“表格工具”选项卡，单击“拆分单元格”按钮，弹出“拆分单元格”对话框，在对话框中设置拆分的“行数”和“列数”，如图2-2-17所示。单击“确定”按钮，完成单元格的拆分。

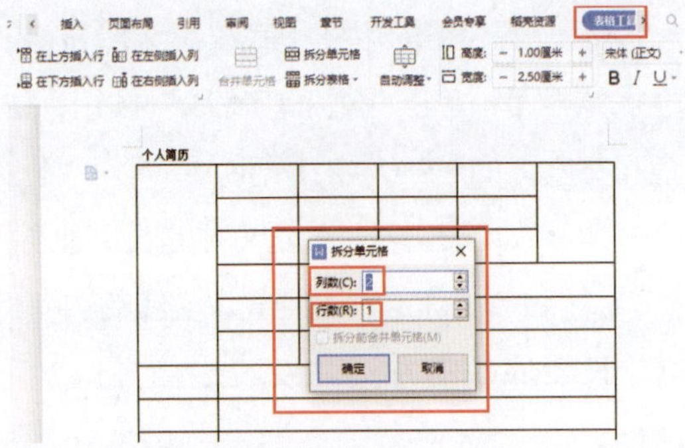

图2-2-17 拆分单元格

（4）表格样式设置

① 表格内容输入。表格创建完成后，向表格输入如图2-2-18所示的文本内容。

个人简历

个人概况	姓名:		户口所在地:		照片
	性别:		专业:		
	出生日期:		学历:		
	联系电话:				
	通讯地址:				
	电子邮件:				
专业成就					
技能					
工作经验					
教育背景					
外语水平					
业余爱好					
性格特点					
其他说明	如果还有其他说明内容，请写在此处。				

图2-2-18 表格内容输入

② 设置单元格的对齐方式。表格中单元格中的文本默认使用“靠上两端对齐”方式，WPS文档中提供了9种单元格的对齐方式，其中“水平居中”是常用的单元格对齐方式。若需要调整对齐方式，可以按以下步骤操作。

第一步：选定需要进行对齐操作的单元格；

第二步：单击“表格工具”选项中9种“对齐方式”中的一种对齐方式即可，如图2-2-19所示。

除此之外，也可以单击鼠标右键，在弹出的快捷菜单中选择“表格属性”命令，在对话框中选择“单元格”，在“垂直对齐方式”下有三种对齐方式：“顶端对齐”“居中”“底端对齐”，如图2-2-20所示。

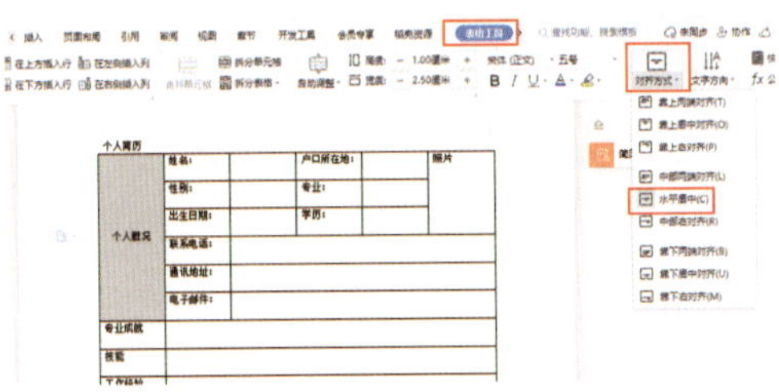

图2-2-19 对齐方式设置

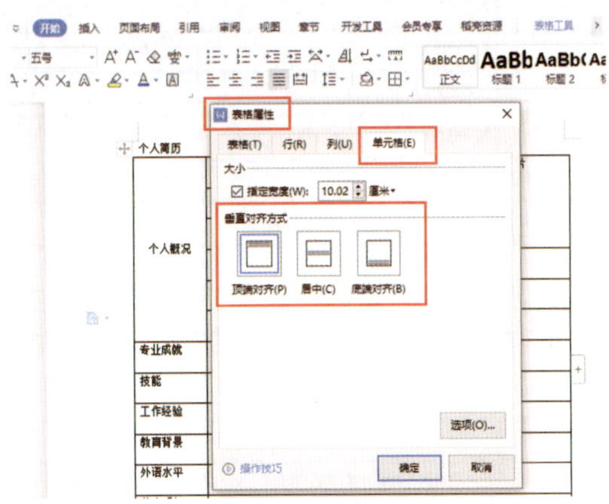

图2-2-20 表格属性对齐方式设置

③ 设置表格的边框和底纹。选择表格，单击右键，选择“表格属性”，进入表格属性操作界面，单击“边框和底纹”按钮，进入边框和底纹界面，可设置边框、线型、颜色和宽度，如图2–2–21所示。

按照效果图所示，在边框中选择“全部”，“线型”中选择“双实线”，宽度选择“0.5磅”，然后单击确定即可完成双实线的边框设置。边框设置完成后效果如图2–2–22所示。

设置底纹的方法与设置边框类似，可设置填充颜色和显示样式，如图2–2–23所示。

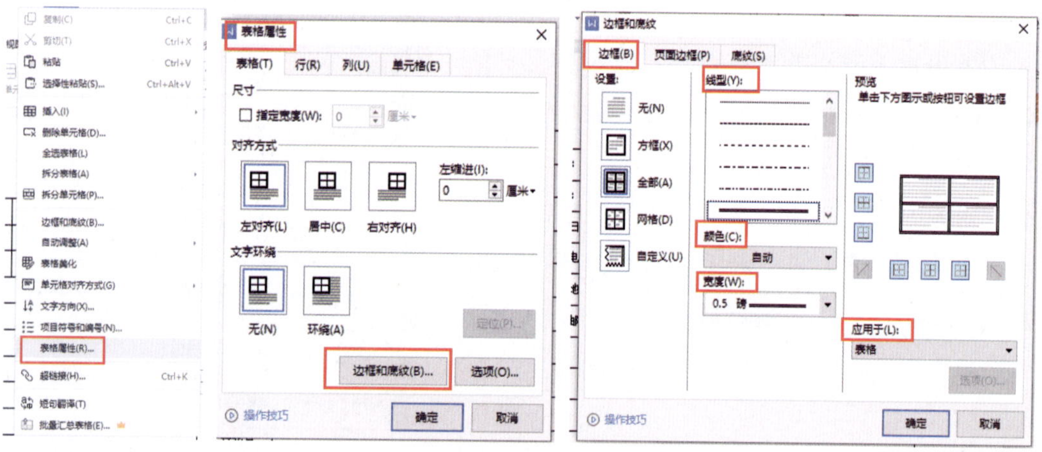

图2–2–21　表格边框设置

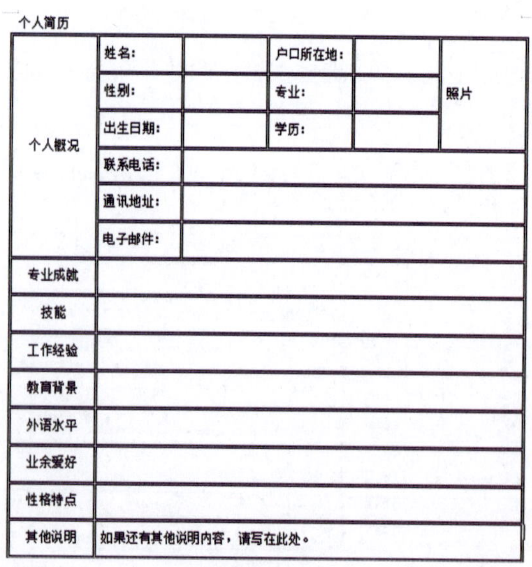

个人简历

个人概况	姓名：		户口所在地：		照片
	性别：		专业：		
	出生日期：		学历：		
	联系电话：				
	通讯地址：				
	电子邮件：				
专业成就					
技能					
工作经验					
教育背景					
外语水平					
业余爱好					
性格特点					
其他说明	如果还有其他说明内容，请写在此处。				

图2–2–22　表格边框效果图

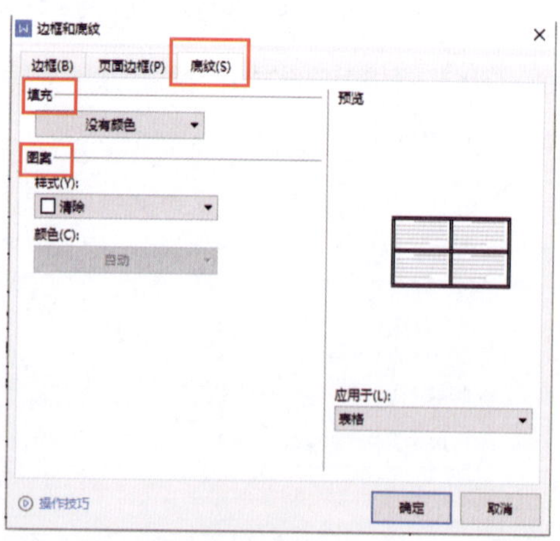

图2–2–23　表格底纹设置

提示

可利用“边框”下拉菜单中的“斜下框线”制作斜线表头。如果制作的斜线表头样式较为复杂，含有多条斜线，可以使用绘制直线和添加文本框两种操作共同完成。

④ 快速应用表格样式。WPS文档中为用户提供了许多已经设置好格式的表格样式供大家使用，利用这些样式，可以节约排版的时间。具体操作如下。

第一步：将插入点定位于要排版的表格内；

第二步：切换到“表格样式”选项卡，在“表格样式”选项组中选择一种已有的样式，如图2-2-24所示；

第三步：单击图右边的按钮可以查看上一行或下一行的表格样式，也可以将所有样式都显示出来供选择使用。

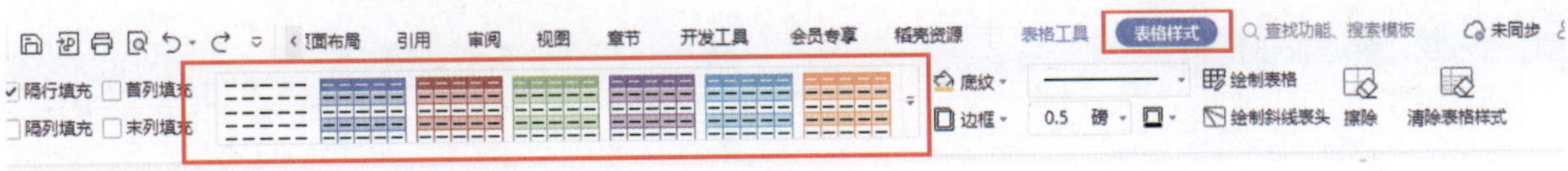

图2-2-24　表格样式

2.2.3　表格数据计算

在文档中的表格，单元格命名的规则与WPS表格中单元格的命名规则相同，都是以“列编号+行编号”，如第1行第1列的单元格名称为A1。

序号	姓名	大学英语	工程数学	体育	总分	平均分
1	陈波	89	75	90		
2	周晓	87	80	88		
3	左如玉	76	67	85		
4	吕悦	78	72	82		

图2-2-25　学生成绩表

文档中的表格也自带了一些常见函数的简单应用。以图2-2-25学生成绩表格中的实际数据为例，完成表格中数据的计算。

（1）数据求和

选中需要进行求和计算的多行或多列，单击“表格工具”选项卡，找到“快速计算”按钮，单击其中的“求和”命令，即可快速完成数据求和操作，结果在对应单元格显示，如图2-2-26和图2-2-27所示。同时也可选择“表格工具”选项卡中的“fx公式”按钮，弹出公式对话框，在公式栏输入“=SUM（C2:E2）”，将“数字格式”下拉列表框进行设置，即完成陈波成绩总分计算，其他几人成绩总分计算方法相同，其中“C2:E2”参数值需要修改。

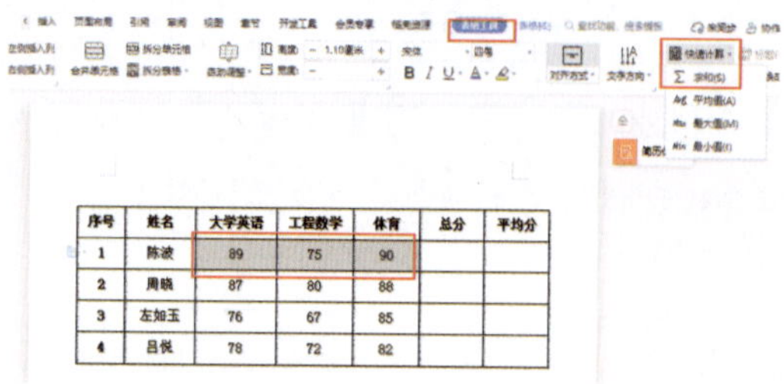

图2-2-26　数据求和

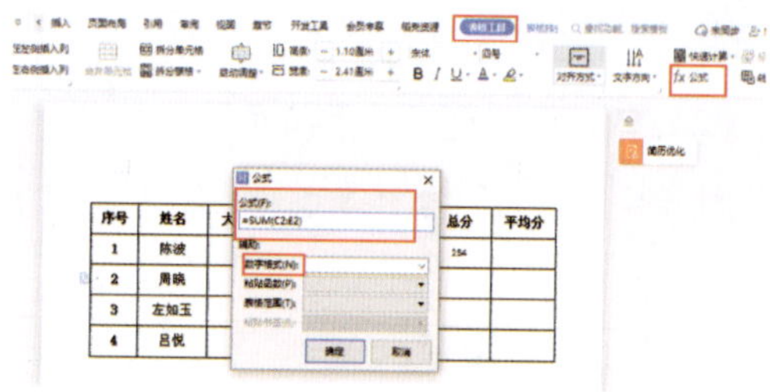

图2-2-27　公式对话框

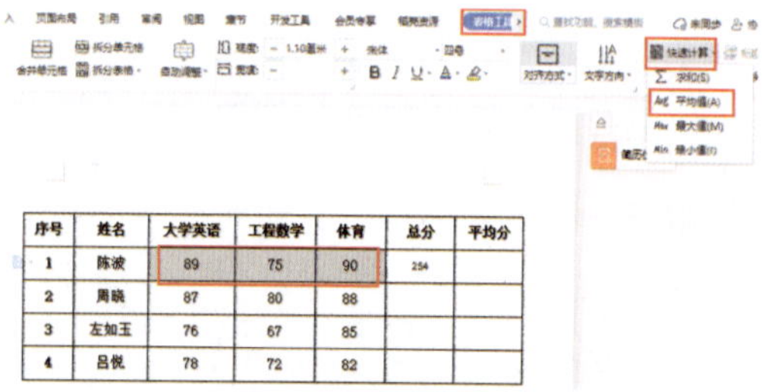

图2-2-28　数据求平均值

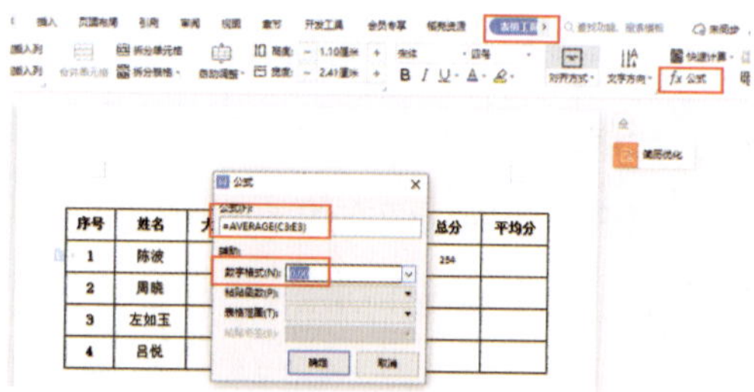

图2-2-29　公式对话框

（2）数据求平均值

选中需要进行平均值计算的多行或多列，单击“表格工具”选项卡，找到“快速计算”按钮，单击其中的“平均值”命令，即可快速完成数据求平均值操作，结果在对应单元格显示，如图2-2-28和图2-2-29所示。

同时也可选择“表格工具”选项卡中的“fx公式”按钮，弹出公式对话框，在公式栏输入“=AVERAGE（C2:E2）”，将“数字格式”下拉列表框设置为“0.00”，即完成陈波成绩平均分计算，并保留两位小数，其他几人成绩平均分计算方法相同，其中“C2:E2”参数值需要修改。

（3）数据求最大值和最小值

选中需要进行最大值和最小值计算的行或列，单击“表格工具”选项卡，找到“快速计算”按钮，单击其中的“最大值”或“最小值”命令，即可快速完成数据最大值和最小值判断的操作，结果在对应单元格显示，如图2-2-30所示。

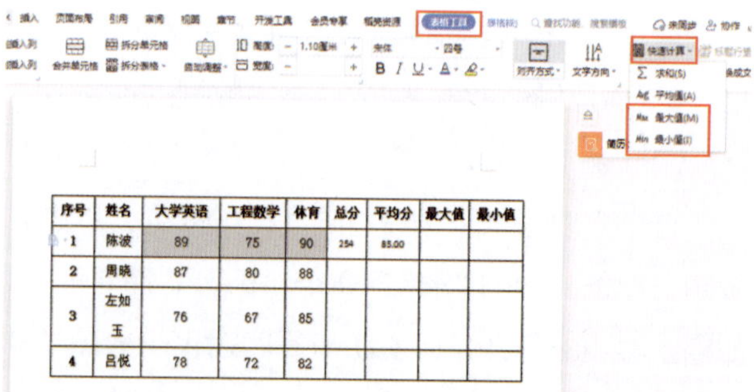

图2-2-30　求最大值和最小值

巩固练习

某公司为做一份分析报告，需要对公司每一位员工的基本信息和对公司的认识做调查，现需要将对应的调查表在文档中以表格形式呈现，具体要求如下：

（1）创建新的Word文档，在文档中创建效果图所示（图2-2-31）的表格并输入文字内容。

（2）根据效果图设置文本格式，标题段文字字体为“宋体”、字号为“小一号”、加粗，字体颜色为“白色”，文字居中，标题单元格填充“标准色-橙色”的背景颜色。表格中文字字体为“华为中宋”、字号为“五号”、字体颜色为“浅蓝”，对齐方式为“水平居中”。

（3）根据效果图设置表格边框样式。

调查表					
姓　名：		性　别：		职　务：	
单位名称：					
通信地址：				邮　编：	
办公电话：		移动电话：		电子邮件：	
对公司的认识：					

图2-2-31　调查表示例图

任务 2.3 宣传小报制作

姓名：	学号：	班级：	日期：

任务描述

王某同学所在的学生会，最近进行宜宾市宣传小报征集活动，王某同学也积极报名参加此项活动，以“宜宾赋”为题做了一份宣传小报。

任务目标

（1）通过宣传小报的制作，学会文档中绘图工具和文本工具的使用，学会文档中插入图片、编辑图片等操作。

（2）掌握在文档中插入和编辑艺术字等操作。

（3）能够插入形状并设置形状格式。

（4）通过制作“宜宾赋”宣传小报，了解宜宾这座历史文化名城，从而进一步了解中国历史。

任务书

利用WPS文字图片处理工具，完成如图2–3–1的宣传小报制作。宣传小报作为一种媒体形式，主要是通过图形和文本的混合排版达到较强的视图冲击效果，广泛地应用于公司或产品的宣传，以及带有一定专题性质的知识的宣传。按要求完成文字输入和格式编排。

格式要求：“宜宾赋”宋体加粗，小初，居中，艺术字样式：“填充–黑色，文本1，轮廓–背景1，清晰阴影–背景1”、弯曲–停止，文字环绕为“嵌入型”，页面分为两栏、栏宽相等、添加分隔线，“天”字设置为首字下沉，字体为“华文新魏”、下沉3行。标题右边添加竖排文本框，文本内容为“长江首城、中国酒都、中华竹都”，设置为“黑体，小四，加粗，白色”，形状填充背景图片，线条选择复合线型的一种，颜色为黑色，线条宽度设置为5磅。左边图片设置为“四周型环绕”，效果为“三维旋转–透视–极左极大”。右边图片环绕设置为“衬于文字下方”。其他为插入自选形状–“线条”。

宜宾赋

天下游人，品评万水千山，问何处道宜宾客？

长江重镇，吸引五湖四海，到此城际会风云。

鼎鼎西南半壁，巍巍水陆码头。纵横三省，吞吐两江。金沙从雪岭而来，岷水经青衣而至。黄浪翻腾，如英雄弃用武之地；碧波荡漾，似佳人赴比美之场。宝地为媒，双水融融合抱；巨龙出世，长江滚滚诞生。早离故土，远方沧海召唤；初上征途，身后翠屏送行。难在起步，贵在开头。万里长江从此伊始，千年古邑因此扬名。

临广场而怀古，抚地标而抒情。听铜鼓鸣雷，来自秦汉；梦马帮踏露，穿越时空。僰道开丝绸之路，戎州建秦汉之交。僰字从人，岩画遗留人性美；草根多智，悬棺显示智商高。如何飞上险峰，当时似有康熙碑；怎样打开谜锁，今日仍无金钥匙。刮目相看，

大观楼。

之宏厚，仿岳阳楼之大观。登斯楼也，心系万家忧乐；望彼岸兮，眼追百代英豪。相如筹策，诸葛平南，韦皋驻节，杜甫游戎。诗化额江石，涪翁书法放翁咏；笔遗流杯池，骚客唱和迁客修。…………

图2-3-1 “宜宾赋”宣传小报

任务分组

<table>
<tr><td>班级</td><td colspan="2"></td><td>组号</td><td></td><td>指导教师</td><td></td></tr>
<tr><td>组长</td><td colspan="2"></td><td>学号</td><td colspan="3"></td></tr>
<tr><td rowspan="4">组员</td><td>姓名</td><td>学号</td><td colspan="2">姓名</td><td colspan="2">学号</td></tr>
<tr><td></td><td></td><td colspan="2"></td><td colspan="2"></td></tr>
<tr><td></td><td></td><td colspan="2"></td><td colspan="2"></td></tr>
<tr><td></td><td></td><td colspan="2"></td><td colspan="2"></td></tr>
<tr><td>任务分工</td><td colspan="6"></td></tr>
</table>

获取信息

引导问题 1：宣制小报的主要作用是什么？

引导问题 2：图片处理主要包含哪些内容？

引导问题 3：通过上网查询，小组内讨论宣传小报一般包含哪些内容，并做好记录。

引导问题 4：熟悉 WPS 文字插入图片和艺术字操作界面，写出每个选项卡的基本功能。

选项卡	具体功能描述
艺术字	
文本框	
压缩图片	
裁剪	
色彩	
环绕	
文本填充	
文本轮廓	
文本效果	
形状填充	
形状轮廓	
形状效果	
分栏	

工作实施

引导问题 1： 小组成员间讨论：如何在文档中插入图片、文本框和艺术字，每人说出自己的方法并做好记录。

引导问题 2： 如何设置艺术字的效果？

引导问题 3： 如何在插入的文本框中设置样式？

引导问题 4： 如何进行分栏设置？

引导问题 5： 如何对图片进行美化？

评价反馈

<table>
<tr><th rowspan="2">项目名称</th><th rowspan="2">评价内容</th><th rowspan="2">分值</th><th colspan="3">评价分数</th></tr>
<tr><th>自评</th><th>互评</th><th>教师评价</th></tr>
<tr><td rowspan="5">职业素养考核项目40%</td><td>穿戴规范、整洁</td><td>5</td><td></td><td></td><td></td></tr>
<tr><td>安全意识、责任意识、服从意识</td><td>10</td><td></td><td></td><td></td></tr>
<tr><td>积极参加教学活动，按时完成学生工作活页</td><td>10</td><td></td><td></td><td></td></tr>
<tr><td>团队合作、与人交流能力</td><td>10</td><td></td><td></td><td></td></tr>
<tr><td>劳动纪律</td><td>5</td><td></td><td></td><td></td></tr>
<tr><td rowspan="4">专业能力考核项目60%</td><td>专业知识查找及时、准确</td><td>10</td><td></td><td></td><td></td></tr>
<tr><td>操作符合规范</td><td>10</td><td></td><td></td><td></td></tr>
<tr><td>操作熟练度，工作效率</td><td>10</td><td></td><td></td><td></td></tr>
<tr><td>作品验收质量</td><td>30</td><td></td><td></td><td></td></tr>
<tr><td colspan="3">总分</td><td></td><td></td><td></td></tr>
<tr><td rowspan="2">总评</td><td rowspan="2">自评（20%）+互评（20%）+教师评价（60%）=</td><td>综合等级</td><td colspan="3" rowspan="2">教师（签名）:</td></tr>
<tr><td></td></tr>
<tr><td>有益的经验和做法</td><td colspan="5"></td></tr>
<tr><td>总结反思建议</td><td colspan="5"></td></tr>
</table>

相关知识

WPS文字可以实现在文档中插入图片、艺术字，并对图片、艺术字进行设置等基本操作。

2.3.1 创建文本框

文本框是一种可以包含文字、图片的独立图形对象，它可以被放置于文档中的任何位置。

（1）插入文本框

插入文本框的方法是在“插入”选项卡中，单击“文本框”右下角的倒三角按钮，选择文本框样式（横向文本框、竖排文本框、多行文字），按住鼠标左键，在需要的位置拖动即可生成对应的文本框，如图2-3-2所示。也可直接单击“文本框”，光标变为“+”号，可直接在文档任意位置拖动即可直接生成横向文本框。

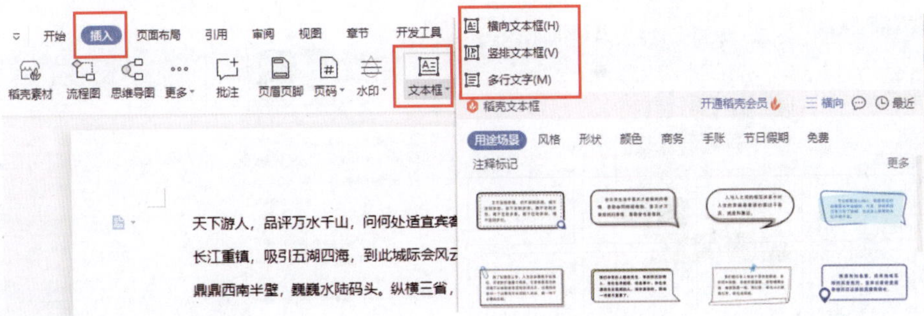

图2-3-2　插入文本框

（2）设置文本框

在插入的竖排文本框中输入“长江首城、中国酒都、中华竹都”，设置为“黑体，小四，加粗，白色”，对齐方式设置为居中。单击“文本工具”选项卡，可设置文本填充颜色、文本轮廓颜色和样式以及文本显示效果，如图2-3-3所示。

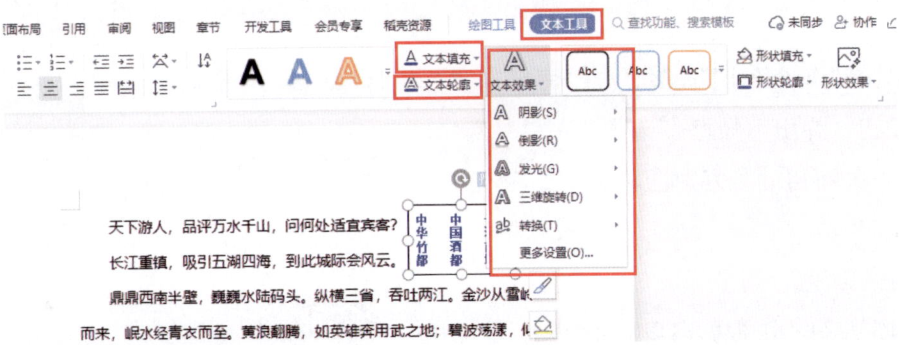

图2-3-3　文本框文本样式设置

在“文本工具”选项卡中单击“形状填充”，可以设置填充文本框内容颜色或以图片形式填充，如图2-3-4所示。

文本框边框设置，单击“文本工具”选项卡中的“形状轮廓”，在弹出的“形状选项”属性框中选择“线条-实线”中复合类型中的一种，颜色为黑色，线条宽度设置为5.00磅，如图2-3-5所示。形状效果可以对文本框显示效果进行设置，和文本效果设置方式相似。

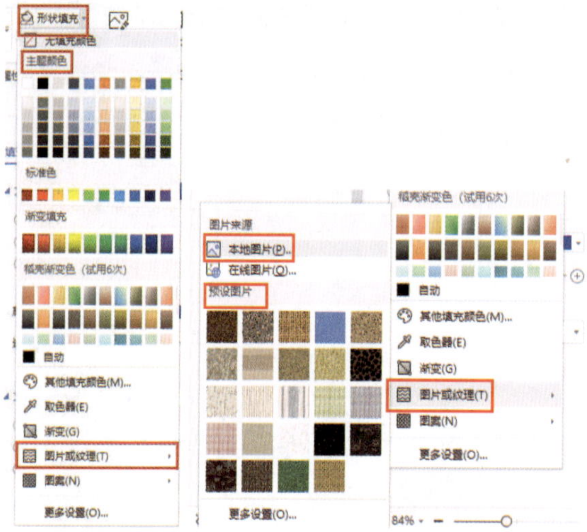

图2-3-4　形状填充

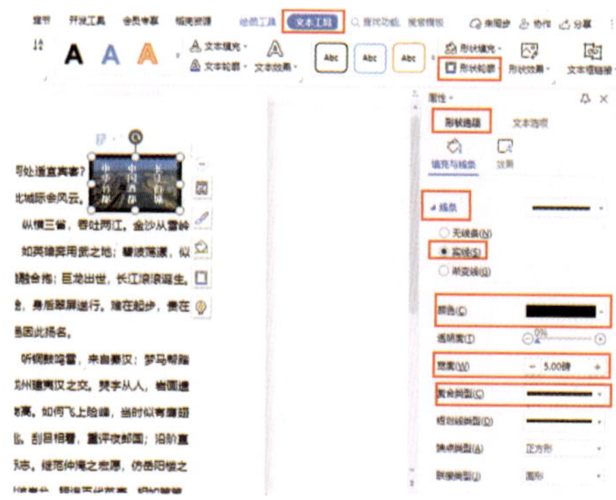

图2-3-5　形状轮廓设置

2.3.2　分栏设置

分栏是页面布局中的一个功能，主要作用是将文档分成几栏，使文章更加具有观看性，提高读者阅读的兴趣。

（1）自动分栏

单击“页面布局”选项卡，再单击“分栏”按钮，弹出下拉框，选中“一栏、两栏、三栏”，即可自动分为对应栏数，如图2-3-6所示。

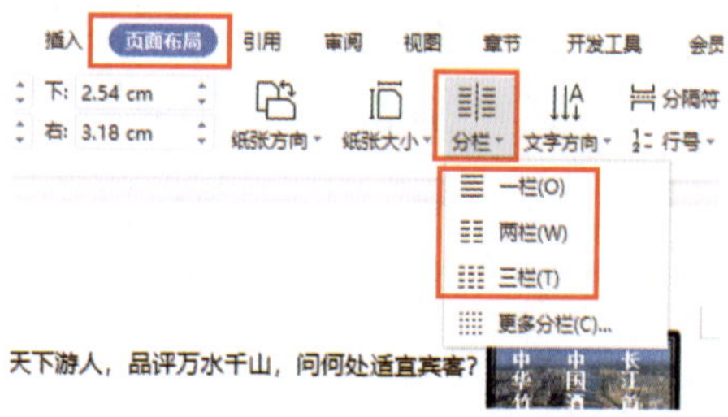

图2-3-6　自动分栏图

（2）自定义分栏

自定义分栏即根据自身需要调整栏数和栏宽，单击“页面布局”选项卡，再单击“分栏”按钮，弹出下拉框，选择“更多分栏”，弹出“分栏”对话框，可直接选中预设中的任一栏，或者直接在“栏数”输入框中输入栏数，对应每栏宽度和间距可以进行设置，也可设置为“栏宽相等”，如需要分隔线可勾选“分隔线”选项，最后可选择应用于“整篇文档”或“插入点之后”，如图2-3-7所示。

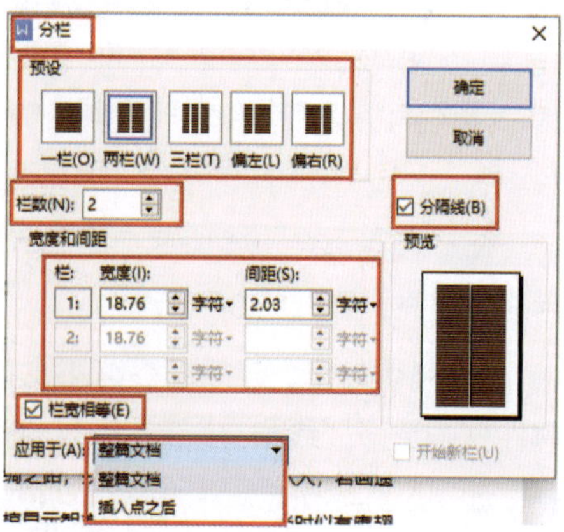

图2-3-7　自定义分栏

2.3.3　插入图片

在宣传小报或者长文档中，有时都需要通过图片来丰富内容，在WPS文档工具中，具有强大的图片处理功能。图片可以选择插入本地图片或者手机图片，同时可以根据需要对图片进行美化。

（1）插入本地图片

插入本地图片，单击“插入”选项卡，再单击“图片”按钮，弹出对应对话框，选中“本地图片”，进入本地电脑根目录，找到存放图片的位置，选中需要插入的本地图片，单击“打开”按钮，即完成本地图片的插入，如图2–3–8所示。

（2）插入手机图片

单击“插入”选项卡，再单击“图片”按钮，弹出对应对话框，选中“手机传图”，弹出“插入手机图片”对话框，使用手机微信扫描对应的二维码，按照对话框中的图示流程上传图片即可插入手机图片，如图2–3–9所示。

（3）图片大小调整

在文档中插入图片后，通常还需要对图片进行编辑和修改，让图片在文档中显示更加美观。

对图片大小进行调整，直接单击图片，图片周围出现8个控制点，移动鼠标指针到控制点上，当鼠标指针显示为双向箭头时，拖拽鼠标使图片边框移动到合适位置，释放鼠标，即可实现图片的整体缩放。如果要精确地调整图片的大小，切换到“图片工具”选项卡，在宽高对话框中对图片的高度、宽度、释放锁定纵横比等进行设置，或者右键

图2–3–8　插入本地图片

图2–3–9　插入手机图片

选择“其他布局选项”，进入“布局”对话框中的“大小”选项卡，可设置图片的宽度、高度和旋转角度，如图2-3-10所示。

（4）图片裁剪

WPS文字中的“图片工具”提供了“按形状裁剪”和“按比例裁剪”两种图形裁剪方式。

① 按形状裁剪。选中要裁剪的图片，单击“图片工具”选项卡，选择“裁剪”的下拉按钮，选择下拉菜单中的“按形状裁剪”选项，从中选择要裁剪的形状（矩形、基本形状、箭头总汇、公式形状、流程图、星与旗帜、标注），使用鼠标拖动修改裁剪区域位置，即可裁剪所选图片，如图2-3-11所示。

② 按比例裁剪。选中要裁剪的图片，单击“图片工具”选项卡，选择“裁剪”的下拉按钮，选择下拉菜单中的“按比例裁剪”选项，从中选择要裁剪的比例，使用鼠标拖动修改裁剪区域位置，即可裁剪所选图片，如图2-3-12所示。

（5）图片环绕方式设置

图片环绕是指图片与文字之间的位置关系，即环绕方式。设置图片环绕方式，需先选中图片，单击“图片工具”选项卡，再单击“环绕”按钮，弹出下拉框，根据需要选择环绕方式，或者选中图片右边第一个选项，弹出布局选项对话框，也可设置图片的环绕方式，或者单击右键，找到“其他布局选项｜文字环绕”，也可设置图片环绕方式，如图2-3-13、图2-3-14和图2-3-15所示。

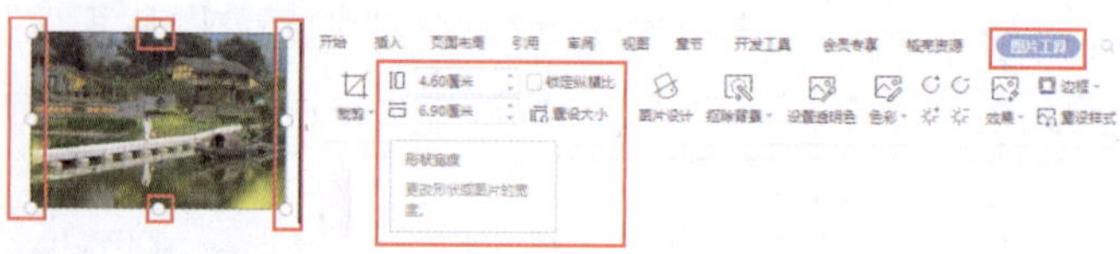
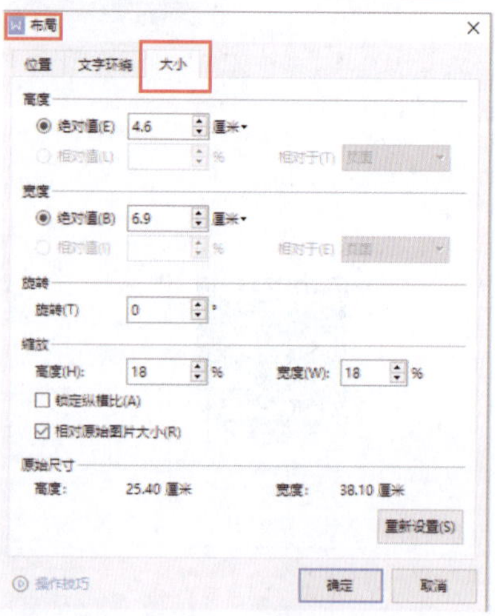

图2-3-10　图片大小设置

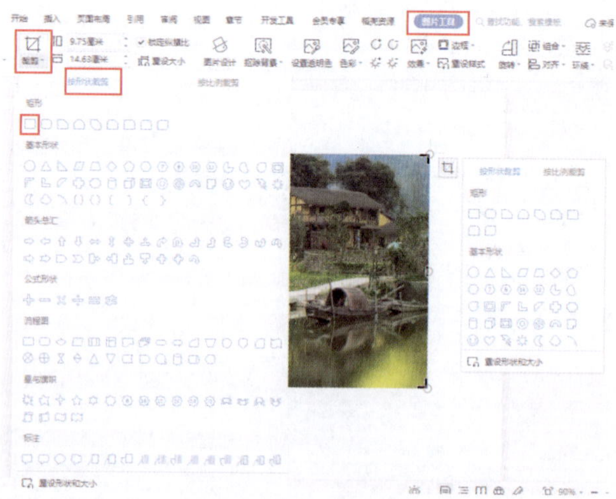

图2-3-11　按形状裁剪图片

图2-3-12 按比例裁剪图片

图2-3-13 图片工具

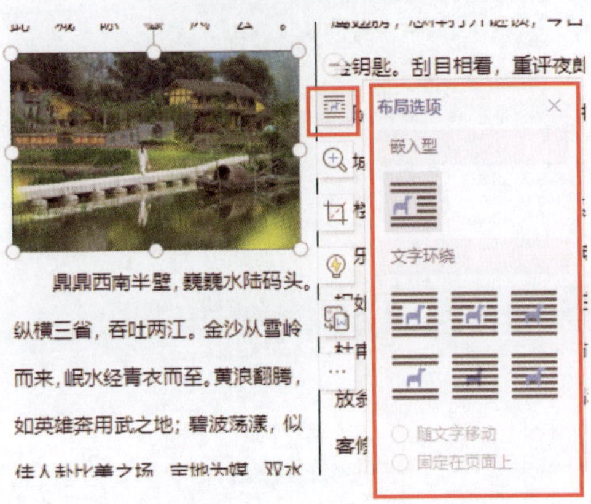

图2-3-14 布局选项

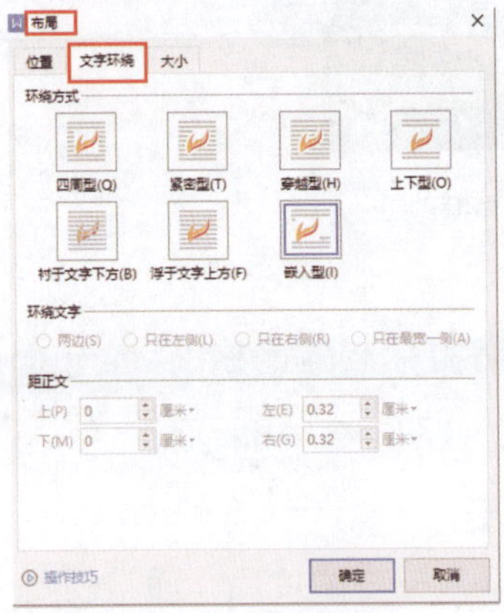

图2-3-15 环绕方式选择

（6）图片的美化

WPS文字的“图片工具”可以对图片进行美化，包括调整图片颜色、亮度、对比度、图片效果等设置。

① 图片颜色修改。

单击“图片工具”选项卡中的“色彩”下拉按钮，下拉列表框中列出“自动、灰度、黑白、冲蚀”四个选项，默认情况下为“自动”选项，若要修改颜色，可选择相应的颜色选项，如图2-3-16所示。

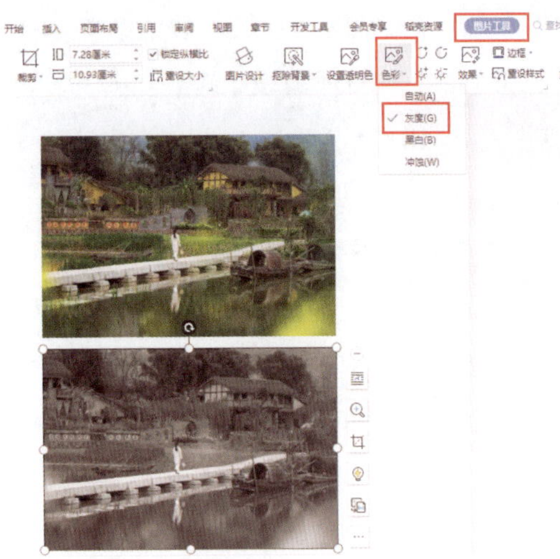

图2-3-16 图片颜色修改

② 亮度和对比度设置。

单击“图片工具”选项卡中的“降低亮度”或“增加亮度”按钮，即可改变图片亮度，如图2-3-17所示。

单击“图片工具”选项卡中的“减少

图2-3-17　图片亮度改变

图2-3-18　图片对比度改变

对比度”或“增加对比度”按钮，即可改变图片对比度，如图2-3-18所示。

③ 图片效果。

在文档中插入一些图片后，通常需要对图片添加一些效果，以增加图片的美观度。WPS文字的“图片工具|效果”中可以对图片设置阴影、倒影、发光、柔化边缘、三维旋转以及更多的效果。

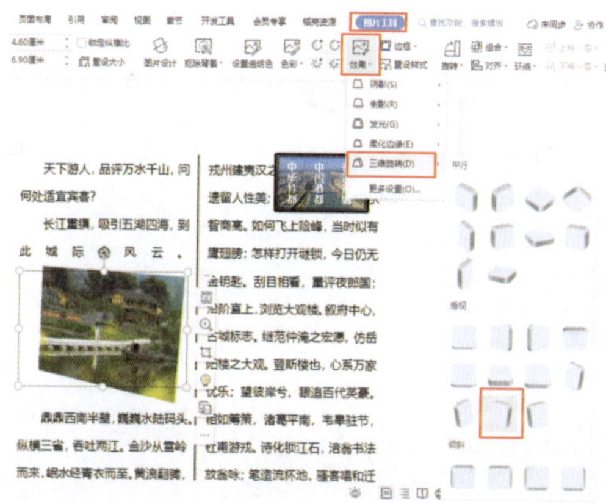

图2-3-19　图片效果设置

单击“图片工具”选项卡中的“效果”按钮，选择其中的一项进行设置，如选择“三维旋转”，展开多级菜单，选择“透视–极左极大”，即可设置对应图片显示效果，如图2-3-19所示。

2.3.4　艺术字设置

WPS文字不仅对图片的外观进行修饰，也可以对文字内容进行设置，即可以将文字以艺术字形式插入文档。

（1）插入艺术字

为了强化宣传小报的主题，可以将标题设置为艺术字。

将插入点定位到文档开头处，在“插入”选项卡中单击“艺术字”按钮，从下拉菜

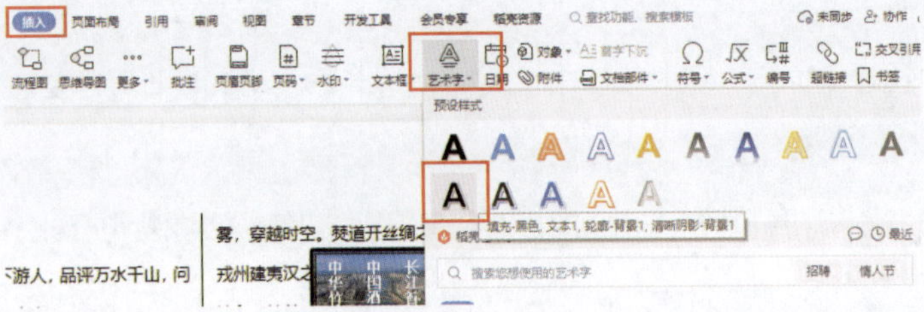

图2-3-20　插入艺术字

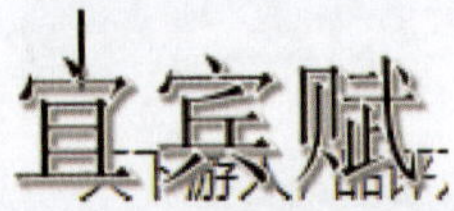

图2-3-21　艺术字效果

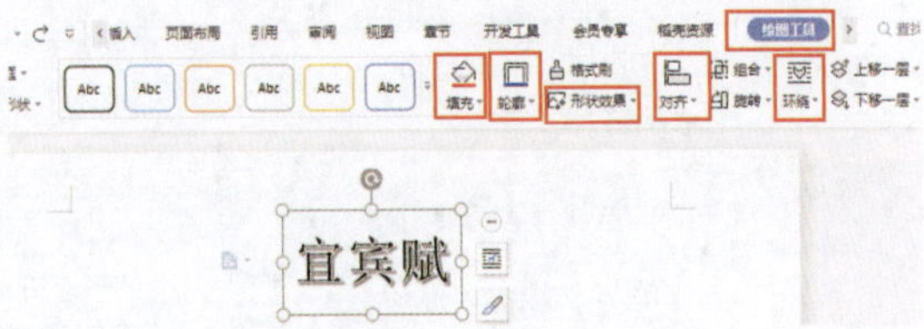

图2-3-22　绘图工具

单中选择一种艺术字样式，单击占位符输入标题内容，即完成艺术字的插入，如图2-3-20和图2-3-21所示。

(2) 艺术字效果设置

选定插入的艺术字，单击“绘图工具”选项组中的“填充”按钮，设置文本框填充颜色，“轮廓”按钮设置文本框轮廓颜色，“形状效果”设置艺术字形状，“对齐”设置对齐方式，“环绕”设置艺术字与周围文字的位置关系，如图2-3-22所示。

单击“文本工具”选项组中的“文本填充”按钮，设置艺术字填充颜色，“文本轮廓”按钮设置艺术字轮廓颜色，“文本效果”设置艺术字显示效果，选中“转换-弯曲-停止”，即可完成艺术字的设置，如图2-3-23所示。

(3) 首字下沉

为文档的第一段添加首字下沉效果，使文档内容更醒目。将插入点定位于文档第一个段落中，单击“插入”选项卡中的“首字下沉”右侧的下拉按钮，选择“首字下沉”选项，弹出如图所示的“首字下沉”对话框，选择“下沉样式”，设置字体，下沉行数，单击“确定按钮”即设置完成，如图2-3-24所示。

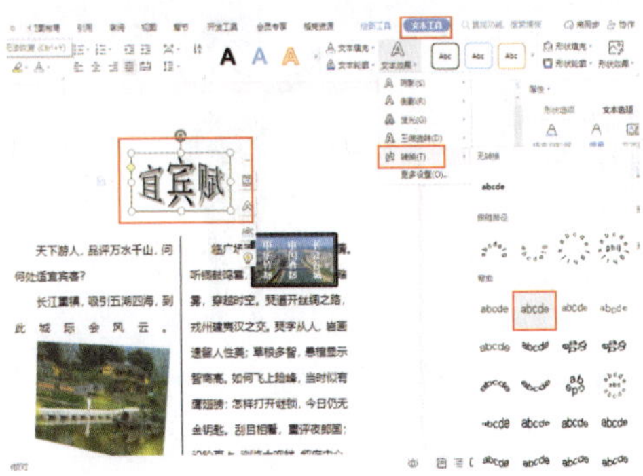

图2-3-23　文本工具

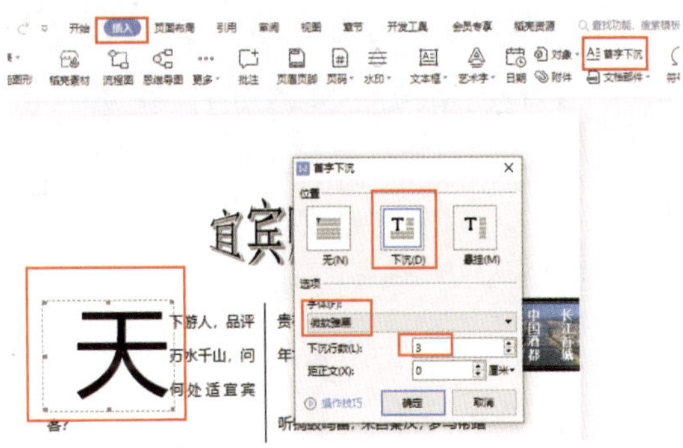

图2-3-24　首字下沉

巩固练习

某公司近期正在招聘员工，需要制作一个招聘宣传海报，如图2-3-25所示。

文字内容如下：

标题：寻找特别的你

内容：

岗位需求

网络推广

Java工程师

前端工程师

销售经理

联系方式

联系电话：12345678912

公司地址：宜宾翠屏区

具体要求如下：

（1）创建新的文档，并根据效果图输入文档内容。

（2）根据效果图，设置标题文本字体为华文新魏、小初、加粗、黑色，默认对齐方式；“岗位需求”字体为华文新魏、24号、加粗、黑色，其他文本内容字体为华文新魏、16号、加粗、黑色，内容放置于文本框中，设置文本框无轮廓。

（3）艺术字插入，设置文本填充颜色为标准色中的深红，文本轮廓颜色为标准色中的橙色，文本效果中设置“阴影–内部–内部左上角”“倒影–倒影变体–半倒影，4pt偏移量”“三维旋转–平行–等轴右上”。

（4）插入图片素材，调整图片大小，放置在合适位置即可。

图2-3-25　招聘宣传海报效果图

任务 2.4　毕业论文排版

姓名：	学号：	班级：	日期：

任务描述

张某明是某高职学院电子信息工程技术专业大三学生，他已完成毕业论文内容的书写。接下来，他需要按照学院发放的毕业论文排版格式要求利用WPS文字完成毕业论文的排版。

任务目标

（1）理解分页与分节在长文档排版中的不同作用。

（2）理解大纲级别在自动提取目录中的作用。

（3）理解首页和奇偶页不同在毕业论文排版中的作用。

（4）能对毕业论文自动提取三级目录。

（5）能对毕业论文中不同章节设置不同的页眉和页脚。

（6）能使用WPS的文档审阅功能修改文档中的语法错误。

（7）能严格按格式标准排版文档，养成严谨的工作作风。

任务书

利用WPS文字，对毕业论文按学院统一格式要求进行排版。具体格式要求如下。

① 论文封面采用学院提供的统一格式。

② 摘要前的论文题目为三号黑体加粗，居中，段前段后间距1行；“摘要”二字为四号黑体加粗，居中，段前段后间距1行；摘要内容为小四号宋体，1.5倍行距。

③ 设置三级目录，需要设置页眉，具体格式要求如图2-4-1所示。

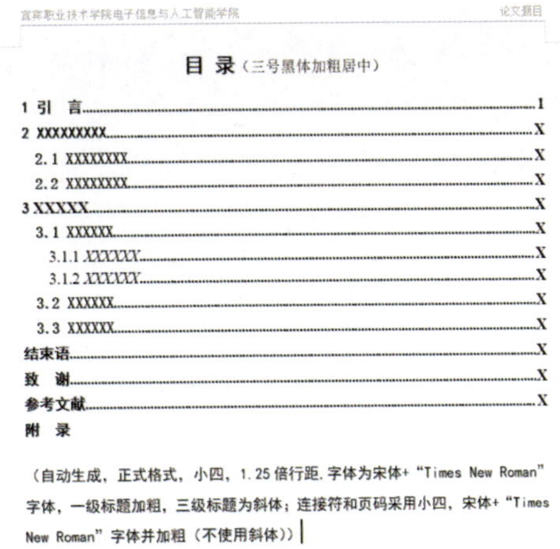

宜宾职业技术学院电子信息与人工智能学院　　论文题目

目 录（三号黑体加粗居中）

（自动生成，正式格式，小四，1.25倍行距.字体为宋体+“Times New Roman”字体，一级标题加粗，三级标题为斜体；连接符和页码采用小四，宋体+“Times New Roman”字体并加粗（不使用斜体））

图2-4-1　论文目录效果图

④ 正文中的一级标题四号黑体加粗，居中，段前段后间距1行，无缩进。二级标题小四黑体加粗，段前段后间距0.5行，无缩进。三级标题小四黑体加粗，段前段后间距0.5行，无缩进。正文文字小四号宋体，首行缩进2个字符，行间距为1.5倍行距，西文字体为小四号Times New Roman。

⑤ 参考文献文字五号宋体，行间距为1.5倍行距，西文字体为五号Times New Roman。

⑥ 页面设置：论文的上、下边距为2.54厘米；左、右边距为3.18厘米。

⑦ 论文页码从绪论（引言）部分开始，至附录前（附录部分不编页码），用阿拉伯数字连续编排，页码位于页脚中部。封面、毕业设计（论文）任务书、摘要和目录不编入论文页码；摘要和目录页用大写罗马数字单独编页码。

⑧ 装订要求：论文一律用A4（210mm × 297mm）标准大小的白纸打印并装订（左装订）成册。

任务分组

<table>
<tr><td>班级</td><td></td><td>组号</td><td></td><td>指导教师</td><td></td></tr>
<tr><td>组长</td><td></td><td>学号</td><td colspan="3"></td></tr>
<tr><td rowspan="4">组员</td><td>姓名</td><td>学号</td><td>姓名</td><td colspan="2">学号</td></tr>
<tr><td></td><td></td><td></td><td colspan="2"></td></tr>
<tr><td></td><td></td><td></td><td colspan="2"></td></tr>
<tr><td></td><td></td><td></td><td colspan="2"></td></tr>
<tr><td colspan="6">任务分工</td></tr>
<tr><td colspan="6"></td></tr>
</table>

获取信息

引导问题 1： 毕业论文标题的选取应注意些什么？

引导问题 2：论文摘要怎么写？摘要的四要素是指哪四方面？关键词怎么选取？

引导问题 3：分页和分节有什么区别，在长文档排版中分别能起到什么作用？

引导问题 4：在长文档排版时，什么情况下需要设置首页不同，什么情况下需要设置奇偶页不同？

工作实施

引导问题 1：在长文档中，如何进行分节设置？

引导问题 2：如何设置标题大纲级别，如何提取和更新目录？

引导问题 3：如何设置页码格式？

引导问题 4：如何设置首页和奇偶页不同？

引导问题 5：如何给文本添加批注？

评价反馈

<table>
<tr><th rowspan="2">项目名称</th><th rowspan="2">评价内容</th><th rowspan="2">分值</th><th colspan="3">评价分数</th></tr>
<tr><th>自评</th><th>互评</th><th>教师评价</th></tr>
<tr><td rowspan="5">职业素养考核项目 40%</td><td>穿戴规范、整洁</td><td>5</td><td></td><td></td><td></td></tr>
<tr><td>安全意识、责任意识、服从意识</td><td>10</td><td></td><td></td><td></td></tr>
<tr><td>积极参加教学活动，按时完成学生工作活页</td><td>10</td><td></td><td></td><td></td></tr>
<tr><td>团队合作、与人交流能力</td><td>10</td><td></td><td></td><td></td></tr>
<tr><td>劳动纪律</td><td>5</td><td></td><td></td><td></td></tr>
<tr><td rowspan="4">专业能力考核项目 60%</td><td>专业知识查找及时、准确</td><td>10</td><td></td><td></td><td></td></tr>
<tr><td>操作符合规范</td><td>10</td><td></td><td></td><td></td></tr>
<tr><td>操作熟练度，工作效率</td><td>10</td><td></td><td></td><td></td></tr>
<tr><td>作品验收质量</td><td>30</td><td></td><td></td><td></td></tr>
<tr><td colspan="3">总分</td><td></td><td></td><td></td></tr>
<tr><td>总评</td><td>自评（20%）+互评（20%）+
教师评价（60%）=</td><td>综合等级</td><td colspan="3">教师（签名）:</td></tr>
<tr><td>有益的经验和做法</td><td colspan="5"></td></tr>
<tr><td>总结反思建议</td><td colspan="5"></td></tr>
</table>

相关知识

毕业论文等长文档需要进行分节设置、目录提取、页眉页脚设置、审阅和修订等操作。

2.4.1　分页与分节设置

长文档分页后，分页符之后的内容始终在下一页开始显示。长文档分节后，可以对不同的节采取不同的排版格式，如设置不同的页眉和页脚等。

（1）分页设置

方法一：将光标置于文档中需要分页的位置，单击“插入”选项卡的“分页”，在下拉列表中单击“分页符”，如图2-4-2所示。

方法二：将光标置于文档中需要分页的位置，单击“页面布局”选项卡的“分隔符”，在下拉列表中单击“分页符”，如图2-4-3所示。

提示

可以使用快捷键〈Ctrl〉+〈Enter〉来实现分页。

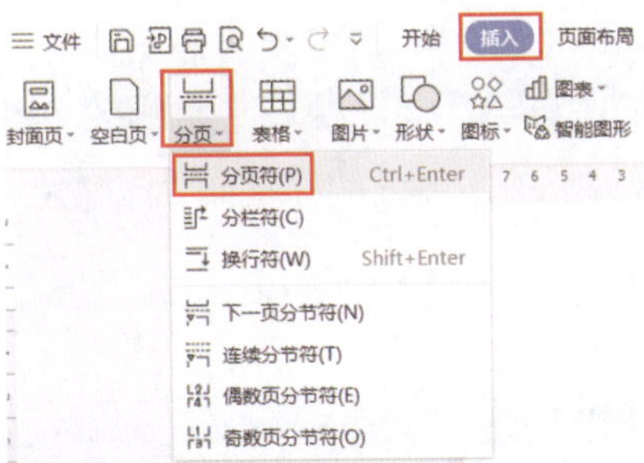

图2-4-2　分页符设置方法一

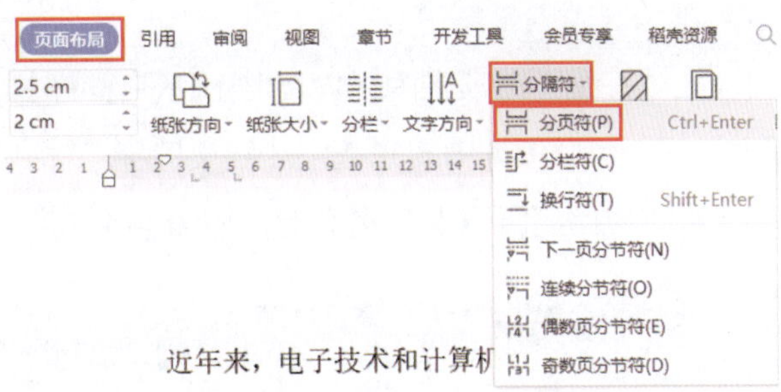

图2-4-3　分页符设置方法二

在“分页符”列表中还包括“分栏符”和“换行符”。插入“分栏符”后，文档中的内容会以光标为分界线，光标之后的内容将从下一栏开始显示。插入“换行符”后，可以使文档中的内容在光标处进行分行。

（2）分节设置

将光标置于文档中需要分节的位置，单击“插入”选项卡的“分页”，在下拉列表中单击“下一页分节符”选项，也可以单击“页面布局”选项卡的“分隔符”，在下拉列表中单击“下一页分节符”即可在光标位置插入分节符，对文档进行分节。分节符之后的内容将从下一页开始显示，如图2-4-4所示。

在“分节符”列表中还包括“连续分节符”“偶数页分节符”和“奇数页分节符”。插入“连续分节符”后，分节符前后两节的内容处于同一页中，适用于前后关联紧密的文本。插入“偶数页分节符”后，分节符之后的内容将会在下一偶数页上显示。插入“奇数页分节符”后，分节符之后的内容将会在下一奇数页上显示。

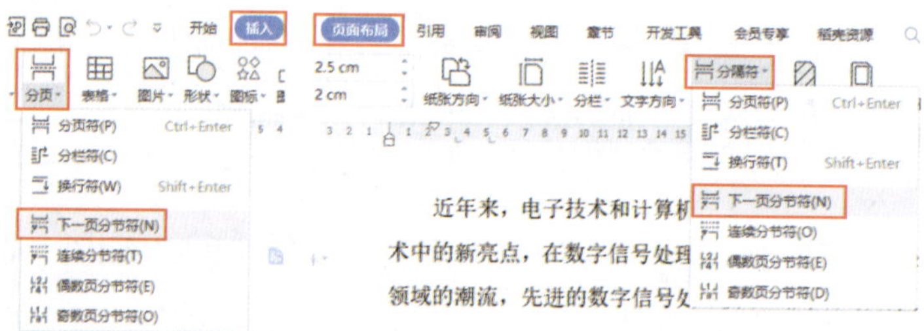

图2-4-4　分节符设置

2.4.2　标题样式设置

文字格式和段落格式统称样式，设置标题样式后，可以避免进行重复的格式化操作，可以使用系统自带的标题样式，也可以自己新建样式。

（1）应用内置样式

在“开始”选项卡内，WPS内置了几种样式，例如“正文”“标题1”“标题2”“标题3”等。可以根据需要先选中需要设置标题样式的文本，单击需要的样式如“标题1”，即可将其应用到所选中的文本上，如图2-4-5所示。

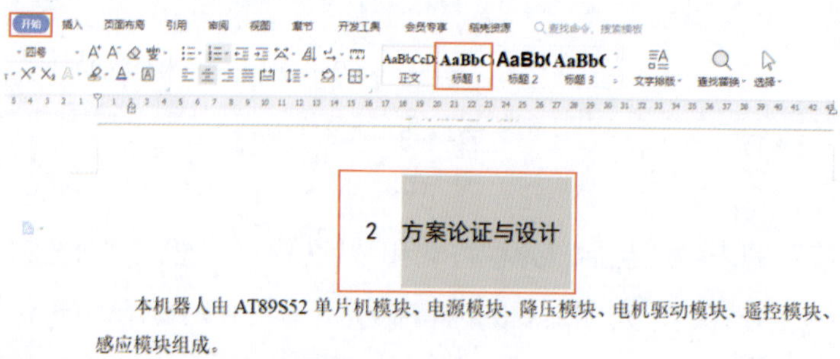

图2-4-5　应用内置样式设置标题

（2）修改样式

WPS文字的内置样式不一定符合我们的要求，这时我们可以对它进行修改。在样式上单击鼠标右键，从弹出的菜单中选择“修改样式”，打开“修改样式”对话框，在对话框里可以对样式的字体、字号、段落格式等进行修改，完成后单击“确定”按钮即可，如图2–4–6所示。

（3）新建样式

除了使用内置样式外，也可以新建一个样式供我们使用。单击“开始”选项中样式右下角的下拉按钮，从下拉列表中选择“新建样式…”，这时会弹出“新建样式”对话框，在“属性”区域可以设置样式名称、样式类型、样式基于、后续段落样式等内容。在“格式”区域，可以设置字体、字号等内容，如图2–4–7所示。单击“格式”按钮，可以在下拉列表中选择“字体…”或“段落…”选项，在弹出对话框中对字体格式和段落格式进行设置。

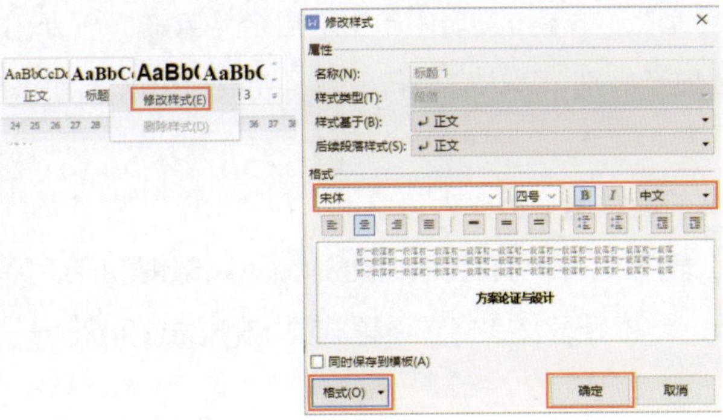

图2–4–6　修改样式

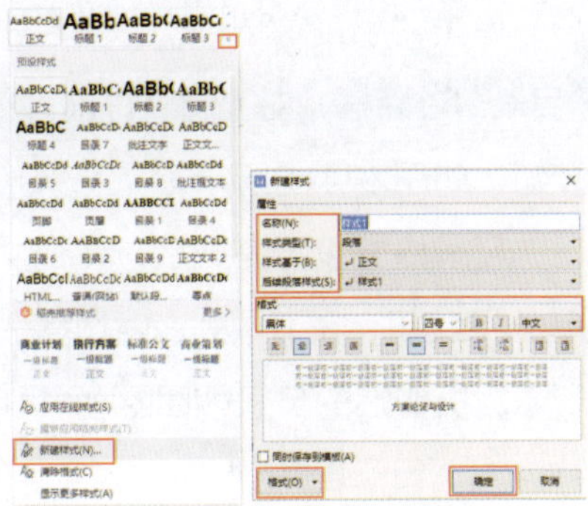

图2–4–7　新建样式

2.4.3　毕业论文目录制作

学生在写毕业论文时，目录是不可缺少的一部分，每个学校对毕业论文的格式要求都不一样，我们以某高职工科专业论文为例来学习如何制作目录。

（1）标题大纲级别设置

首先需要将论文中的目录标题设置大纲级别，才能提取目录。

选中需要设置的一级目录标题，单击鼠标右键，从快捷菜单中单击“段落…”，弹出“段落”对话框，在“大纲级别”的下拉框选项中选中“1级”，单击“确定”按钮即可，如图2–4–8所示。文中其他需要设置的一级目录标题可以用格式刷完成，具体可以参见任务1.1中格式刷的使用。以此类推，可以设置论文中的二级目录和三级目录。

（2）目录提取

前面已经完成了需要设置目录的大纲级别，接下来进行目录的提取。

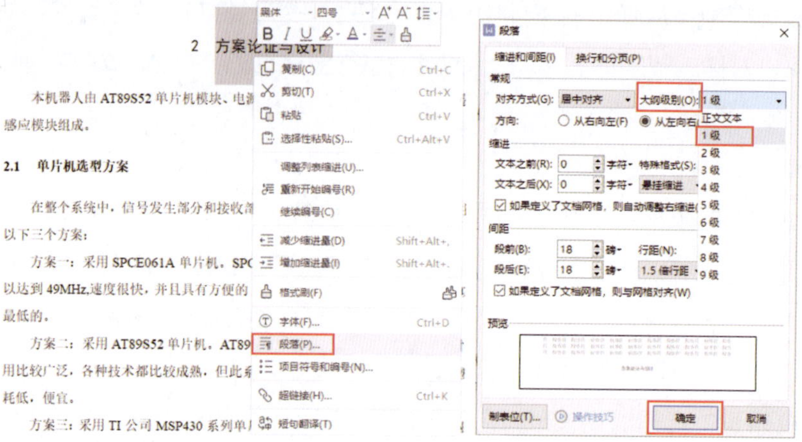

图2-4-8　标题大纲级别设置

单击“引用”选项卡，再单击“目录”，在下拉列表中单击“自定义目录...”，弹出“目录”对话框，对“制表符前导符”“显示级别”等内容进行设置，完成后单击“确定”按钮，如图2-4-9所示。

目录格式设置完成后，在论文正文前面空出一页作为目录页。在“引用”选项卡中单击“目录”，在下拉列表中选择一种目录样式，即可将目录自动提取出来，如图2-4-10所示。提取后的目录如图2-4-11所示，再将目录文字格式设置成要求的格式即可。

（3）目录更新

目录提取后，如果我们对标题做了改动，或者对正文内容做了增删，这时需对目录

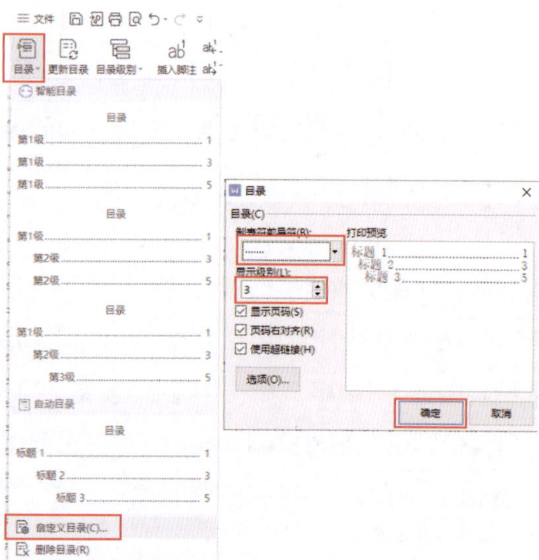

图2-4-9　目录格式设置

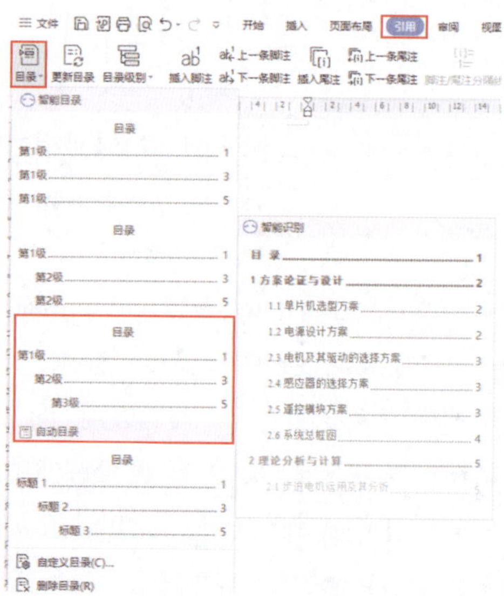

图2-4-10　目录提取

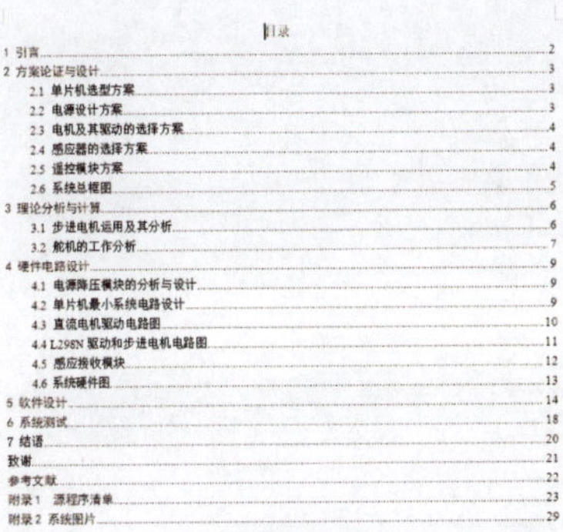

图2-4-11　提取的目录

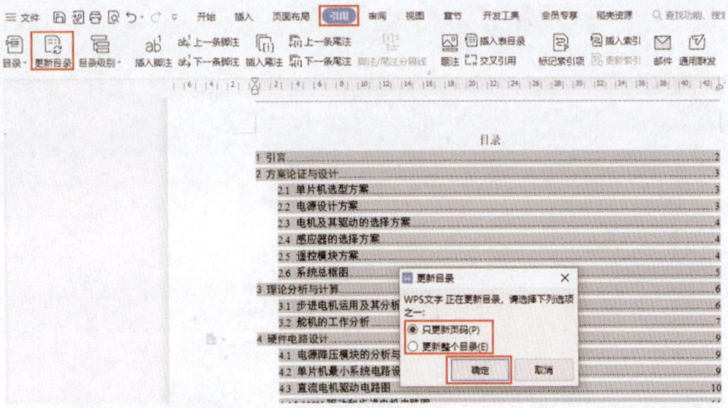

图2-4-12　目录更新

进行更新。先单击目录，这时目录会被选中，再单击“引用”选项卡中的“更新目录”，弹出“更新目录”对话框，选择“只更新页码”或者“更新整个目录”后，单击“确定”按钮即可，如图2-4-12所示。

2.4.4　页眉与页脚设置

在写毕业论文等长文档时，需要为其设置页眉和页脚，以方便读者浏览和阅读。

（1）编辑页眉页脚

单击“插入”选项卡中的“页眉页脚”按钮，这时页眉页脚进入编辑状态，在页眉位置输入页眉内容，在页脚位置输入页脚内容，单击“页眉页脚”选项卡中的“关闭”按钮即可退出，如图2-4-13所示。

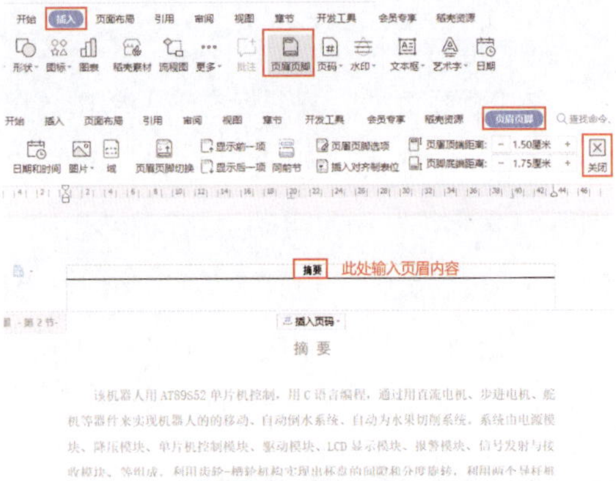

图2-4-13　编辑页眉页脚

提示

在页眉或页脚处双击鼠标左键即可进入页眉页脚编辑状态。

（2）页码格式设置

在“页眉页脚”编辑状态下，单击“页码”选项，在下拉列表的“预设样式”中选择一种需要的格式，如图2-4-14所示。

单击“页码...”，弹出“页码”对话框，可以对页码格式进行详细的设置，包括页

图2-4-14　页码预设样式设置

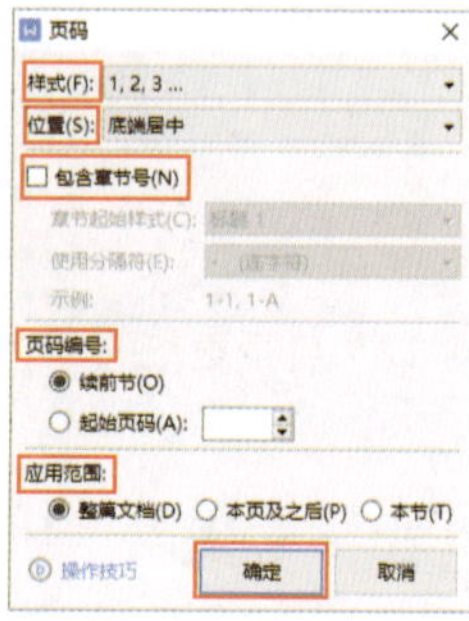

图2-4-15　页码格式设置

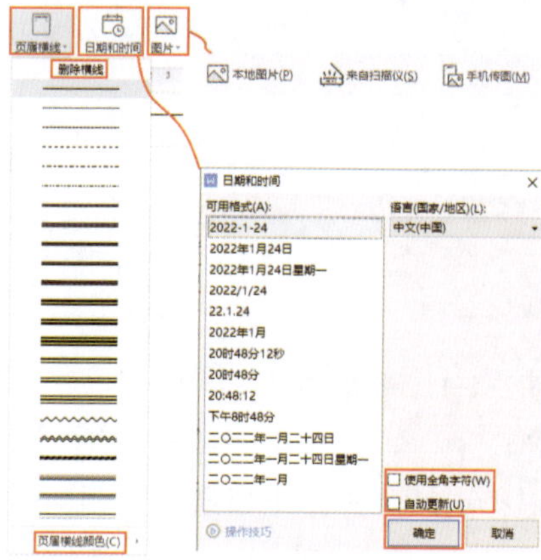

图2-4-16　插入日期时间和图片

码具体样式、位置、是否包含章节号、应用范围等，设置完成后单击“确定”按钮即可，如图2–4–15所示。若要删除页码，单击图2–4–14最下方的“删除页码”即可。

（3）插入日期时间和图片、插入与删除页眉横线

在“页眉页脚”编辑状态下，单击“日期和时间”按钮，打开“日期和时间”对话框，在“可用格式”列表框中选择一种自己需要的日期和时间类型，根据需要是否勾选“使用全角字符”和“自动更新”，然后单击“确定”即可。

在“页眉页脚”编辑状态下，单击“图片”按钮，打开“图片”对话框，在“本地图片”“来自扫描仪”和“手机传图”中选择一个，找到自己需要的图片，单击“打开”按钮即可，如图2–4–16所示。

在“页眉页脚”编辑状态下，单击“页眉横线”按钮，在下拉列表框中选择一种自己需要的横线，可以单击“页眉横线颜色”，选择一种横线颜色。如果需要删除横线，单击“删除横线”即可，如图2–4–17所示。

（4）首页和奇偶页不同的设置

为长文档设置首页不同，可以独立设置首页的页眉和页脚。如果想在奇数页和偶数页插入不同的页眉和页脚，可以设置奇偶页不同。在“页眉页脚”编辑状态下，单击“页眉页脚选项”按钮，打开“页眉页脚设置”对话框。在“页面不同设置”中勾选“首页不同”即可设置首页不同的页眉和页脚。勾选“奇偶页不同”即可设置奇数页和偶数页不同的页眉和页脚。还可以在“显示页眉横线”“页眉/页脚同前节”和“页码”选项中进行相应的设置。设置完成后单击“确定”按钮即可，如图2–4–18所示。

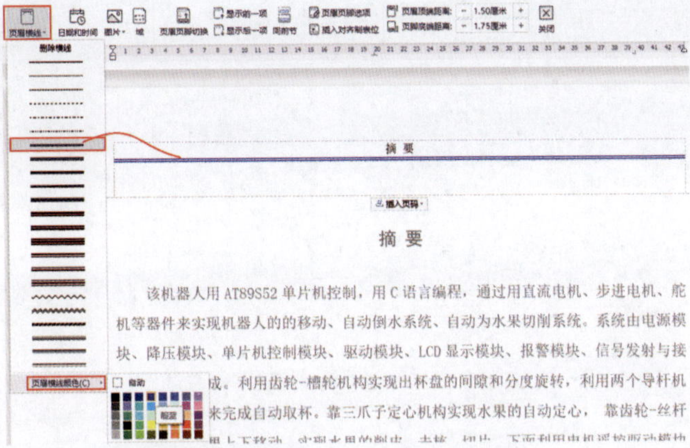

图2-4-17　插入页眉横线

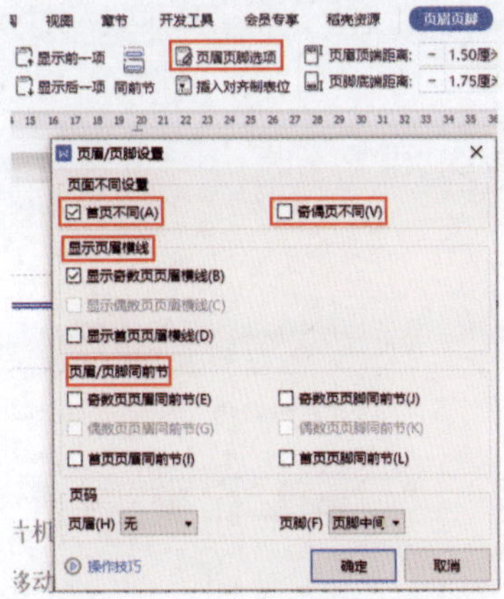

图2-4-18　首页和奇偶页不同设置

2.4.5　文档审阅与修订

毕业论文等长文档编写完成后，需要进行校对并提交给指导教师审阅。指导教师在审阅时往往会在需要修改的地方添加批注和修订文档等。

（1）文档校对

单击“审阅”选项卡中的“文档校对”后会弹出“文档校对”对话框。对话框中会显示文档的页数、字数、中文字符数和非中文单词数等信息，单击“立即校对”按钮即可开始对文档的错误内容进行校对，如图2-4-19所示。

校对完成后会显示出文档中的错误个数、错误类型等信息，此时单击“开始修改文档”按钮就可进入文档修改状态，如图2-4-20和图2-4-21所示。出现错误的地方是否需要替换的对话框，如需要替换单击“替换”按钮，否则单击“忽略”按钮。

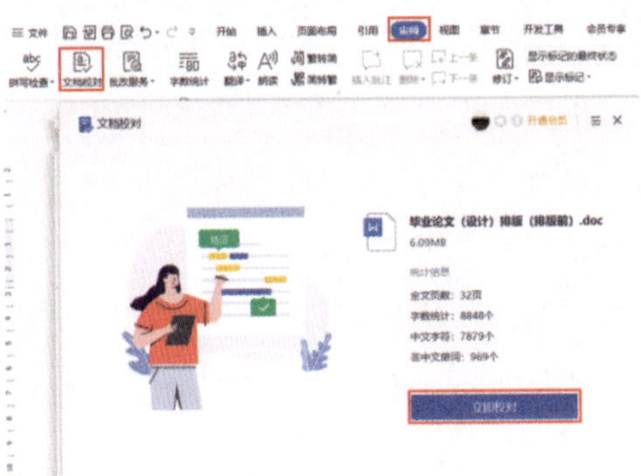

图2-4-19　“文档校对”对话框

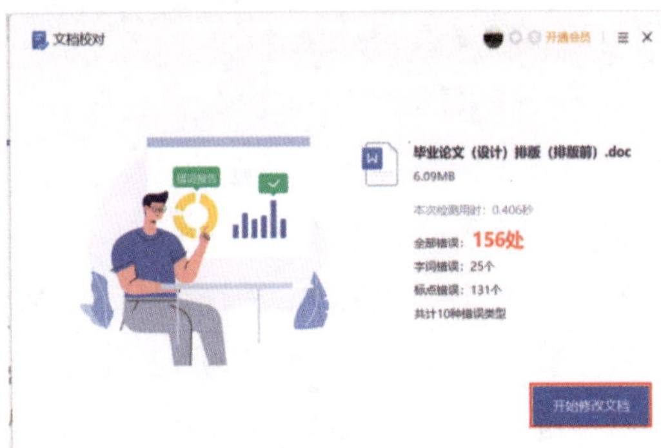

图2-4-20　校对后的错误统计信息

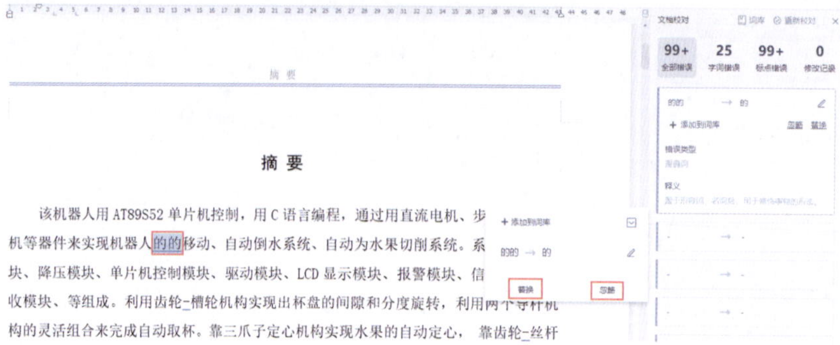

图2-4-21　校对页面

（2）文档添加批注

指导教师对毕业论文进行审阅时，对文中有问题的地方一般需要为其添加批注。首先选中需要添加批注的文本内容，再单击“审阅”选项卡中的“插入批注”按钮，这时会在文档右侧弹出一个批注框，在批注框内输入批注内容即可，如要删除批注，单击“删除”下拉按钮，选择下拉列表中的“删除批注”或者“删除文档中的所有批注”，如要隐藏批注，单击“显示批注”下拉按钮，取消下拉列表中“批注”前的勾选即可，如图2-4-22所示。

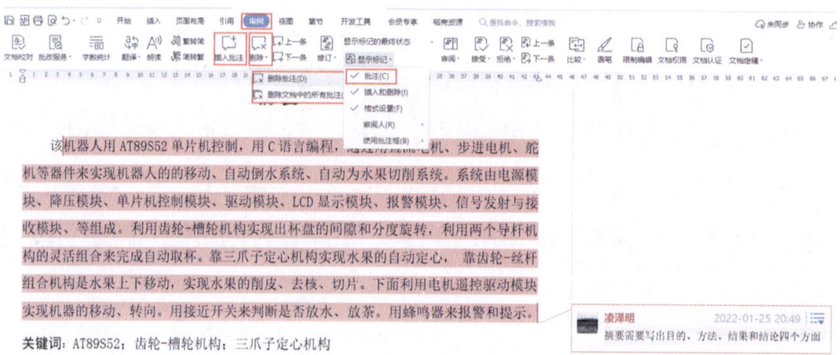

图2-4-22　添加批注

（3）文档修订

指导教师对毕业论文进行审阅时，也可以在需要修改的地方使用“修订”功能进行修改。在修订之前可以先进行修订标记、标记框等设置。单击“修订”下拉按钮，选择“修订选项...”，弹出“修订选项”对话框，可以对插入内容或删除内容的线型、颜色等进行设置，如图2-4-23所示。

修订选项设置完成后，在“审阅”选项卡中单击“修订”按钮，使其为选中状态。

当在文档中添加文本时，添加的文本字体颜色改变并添加下划线；当删除文本时，删除的文本颜色改变并添加删除线；当修改文本时，修改的文本颜色改变并添加删除线，同时修改后的文本颜色改变并添加下划线，如图2-4-24所示。

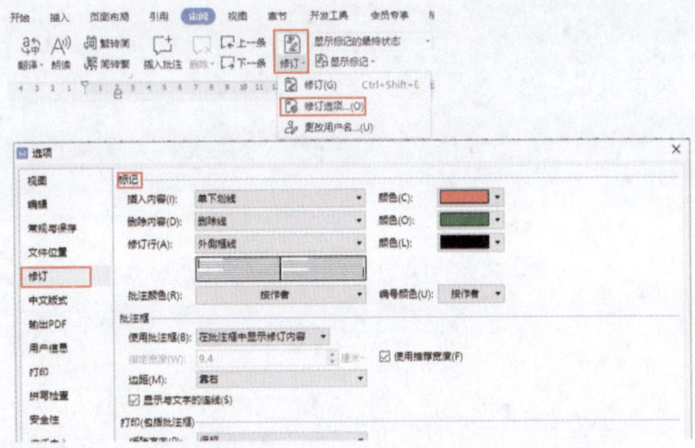

图2-4-23　修订选项设置

学生收到指导教师修改完的论文时，需要选择接受或拒绝修订。单击“审阅”选项卡中的“接受”下拉按钮，选择“接受修订”或“接受对文档所做的所有修订”即可，若解决接受，则单击“拒绝”下拉按钮，选择“拒绝所选修订”或“拒绝对文档所做的所有修订”即可，如图2-4-25所示。

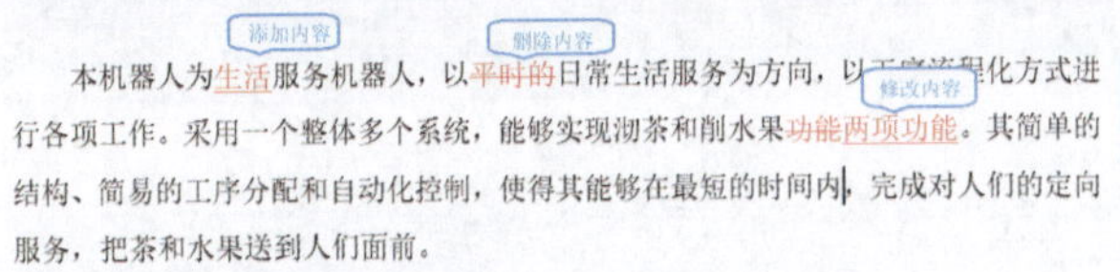

图2-4-24　修订文档示例

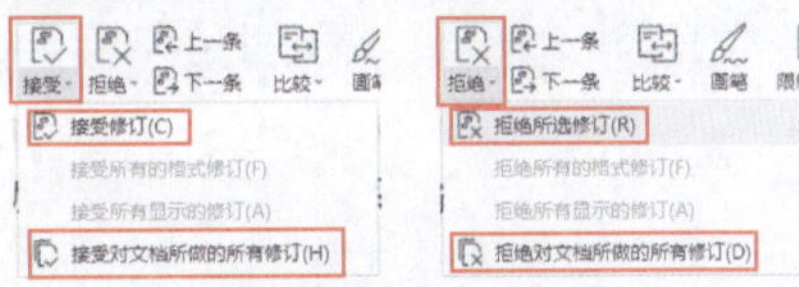

图2-4-25　接受或拒绝修订

巩固练习

张三同学撰写了硕士毕业设计论文（论文已做脱密和结构简化处理，参见素材文档“论文排版巩固练习.docx”），请帮其完善论文排版工作。

1. 设置文档属性摘要的标题为“工学硕士学位论文”，作者为“张三”。
2. 设置上、下页边距为2.5厘米，左、右页边距为3厘米；页眉、页脚距边界均为2厘米；设置“只指定网格”，且每页33行。
3. 对文中使用的样式进行如下调整：

①将“正文”样式的中文字体设置为宋体，西文字体设置为Times New Roman。

②将“标题1”（章标题）、“标题2”（节标题）和“标题3”（条标题）样式的中文字体设置为黑体、西文字体设置为Times New Roman。

③ 将每章的标题设置为自动另起一页，即始终位于下页首行。

4. “章、节、条”三级标题均已预先应用了多级编号，请按下列要求做进一步处理：

① 按下表要求修改编号格式，编号末尾不加点号“.”，编号数字样式均设置为半角阿拉伯数字（1，2，3，…）。

② 各级编号后以空格代替制表符与标题文本隔开。

③ 节标题在章标题之后重新编号，条标题在节标题之后重新编号，例如：第2章的第1节应编号为“2.1”而非“2.2”等。

标题级别	编号格式	编号数字样式	标题编号示例
1（章标题）	第①章	1，2，3…	第1章、第2章……
2（节标题）	①.②		1.1、1.2……n.1、n.2
3（条标题）	①.②.③		1.1.1、1.1.2……n.1.1、n.1.2

5. 对参考文献列表应用自定义的自动编号以代替原先的手动编号，编号用半角阿拉伯数字置于对半角方括号“[]”中，（如“[1]、[2]……”）编号位置设为定格左对齐（对齐位置为0厘米）。然后，将论文第1章正文中的所有引注与对应的参考文献列表编号建立交叉引用关系，以代替原先的手动标示（保持字样不变），并将正文引注设为上角标。

6. 请使用题注功能，按下列要求对第4章中的3张图片分别应用按章连续自动编号，以代替原先的手动编号：

① 图片编号应如“图4–1”等，其中连字符“–”前面的数字代表章号，“–”后面的数字代表图片在本章中出现的次序。

② 图片题注中，标签“图”与编号“4–1”之间要求无空格（该空格需生成题注后再手动删除），编号之后以一个半角空格与图片名称字符间隔开。

③ 修改“图片”样式的段落格式，使正文中的图片始终自动与其题注所在段落位于同一页面中。

④ 在正文中通过交叉引用为图片设置自动引用其图片编号，代替原先的手段编号（保持字样不变）。

7. 参照下图“三线表”样式美化论文第2章中的“表2–1”：

表 2-1 CBC-PA 复合材料的材料参数

材料 CBC-PA	体积密度 g/cm3	孔隙度%	CBC 体积分数 vol.%	PA 体积分数 vol.%
CBC-PA1	0.247	81.9	7.40	10.70
	0.288	79.4	10.20	10.40
CBC-PA3	0.312	78.0	12.00	10.00
	0.314	77.8	12.00	10.20
CBC-PA5	0.319	77.4	12.00	10.60
	0.346	75.9	14.20	9.90

① 根据内容调整表格列宽，并使表格适应窗口大小，即表格左右恰好充满版心。

② 按图示样式合并表格第一列中的相关单元格。

③ 按图示样式设置表格边框，上、下边框线为1.5磅粗黑线，内部横框线为0.5磅细黑线。

④ 设置表格题行（第1行）在表格跨页时能够自动在下页顶端重复出现。

8. 为论文添加目录，具体要求如下：

① 在论文封面页之后、正文之前引用自动目录，包含1～3级标题。

② 使用格式刷将“参考文献”标题段落的字体和段落格式完整应用到“目录”标题段落，并设置“目录”标题段落的大纲级别为“正文文本”。

③ 将目录中的1级标题段落设置为黑体小四号字，2级和3级标题段落设置为宋体小四号字，英文字体全部设置为Times New Roman，并且要求这些格式在更新目录时保持不变。

9. 将论文分为封面页、目录页、正文章节、参考文献页共4个独立的节，每节都从新的一页开始（必要时删除空白页使文档不超过8页），并按要求对各节的页眉页脚独立编排。

① 封面页不设置页眉横线，文档的其余部分应用任意“上粗下细双横线”样式的预设页眉横线。

② 封面页不设置页眉文字，目录页和参考文献页的页眉处添加“工学硕士学位论文”字样，正文章节页的页眉处设置“自动”获取对应章标题（含章编号和标题文本，并以半角空格间隔。例如：正文第1章的页眉字样应为“第1章 绪论”），且页眉字样居中对齐。

③ 封面页不设页码，目录页应用大写罗马数字页码（I，II，III……），正文章节页和参考文献页统一应用半角阿拉伯数字页码（1，2，3……）且从数字1开始连续编码。页码数字在页脚处居中对齐。

10. 论文第3章中的公式段落已预先应用了样式“公式”，请修改该样式的制表位格式，实现将正文公式内容在20字符位置处居中对齐，公式编号在40.5字符位置处右对齐。

11. 为使论文打印时不跑版，请先保存文档，然后使用“输出为PDF”功能，在源文件目录下将其输出为带权限设置的PDF格式文件，权限设置为“禁止更改”和“禁止复制”，权限密码设置为三位数字“123”（无须设置文件打开密码），其他选项保持默认即可。

单元三

WPS表格处理模块

WPS表格是WPS Office 2019中用于数据处理的模块，可以记录数据、制作报表、对数据进行统计和分析等。灵活掌握WPS表格的使用，能够在很大限度上提高工作效率。本单元以学生基本信息表制作、学生成绩数据处理与分析、学生成绩数据图表化展示任务为例，详细介绍了WPS表格的数据基础操作、表格格式设置、公式和函数应用、数据排序、数据筛选、图表和数据透视表的创建与应用等内容。

任务 3.1 学生基本信息表制作

姓名：	学号：	班级：	日期：

任务描述

新学期开学后，班主任让班长王某明利用WPS表格制作本班同学的基本信息表，并以“电子12001班新生基本信息统计表”为文件名进行保存。

任务目标

（1）通过查阅资料，了解WPS表格处理的主要作用。

（2）熟悉WPS表格的界面与基本操作。

（3）能按要求设置单元格格式。

（4）能进行单元格、行、列的相关操作。

（5）能编辑和设置表格数据。

任务书

利用WPS表格，完成图3-1-1所示的学生基本信息表的制作。按要求完成数据并进行编辑，操作要求如下。

（1）输入学生的学号与姓名及各门课程的成绩。

（2）在学号前插入一列为序号，并自动填充序号。

（3）字体设置：标题宋体，18号，加粗居中；正文宋体，11号，居中。

（4）将学号列数据设置为文本格式。

（5）将出生日期设置为年月日格式，如2001年10月28日。

（6）将标题行以外的部分行高设置为35，列宽设置为最合适的列宽。

（7）将所有边框设置为0.5磅单实线。

（8）将工作表名称改成1班信息表。

（9）将1班信息表复制在该工作簿内，并将工作表名称重命名为2班信息表。

（10）以“电子12001班新生基本信息统计表”为文件名保存该工作簿。

	A	B	C	D	E	F	G	H	I	J	K
1	电子12001班新生基本信息统计表										
2	序号	姓名	学号	性别	民族	出生日期	专业名称	缴费情况	生源类别	家庭地址（省、市、县）	学生确认签字
3	1	罗×铃	202017××	男	汉族	2001年9月17日	电子信息工程技术	已缴费	四川省高职	四川省乐山市犍为县××镇××村	
4	2	陶×汀	202016××	男	汉族	2002年1月21日	电子信息工程技术	已缴费	四川省普高	四川省宜宾市筠连县××乡××村	
5	3	杨×萍	202019××	女	汉族	2002年8月17日	电子信息工程技术	已缴费	四川省普高	四川省营山县××街	
6	4	李×毅	202018××	男	汉族	2002年2月24日	电子信息工程技术	已缴费	四川省普高	四川省达州市通川区××镇××村	
7	5	熊×富	202010××	男	汉族	2000年4月6日	电子信息工程技术	已缴费	四川省普高	四川省雷波县××乡××村	
8	6	陈×鹏	202019××	男	汉族	2001年9月8日	电子信息工程技术	已缴费	四川省普高	四川省威远县××镇××村	
9	7	李×	202018××	男	汉族	2002年2月25日	电子信息工程技术	已缴费	四川省普高	四川省雅安市芦山县××乡××村	
10	8	文×灿	202016××	男	汉族	2002年3月12日	电子信息工程技术	已缴费	四川省普高	四川省南充市嘉陵区××镇××村	
11	9	杨×逍	202019××	男	汉族	2002年7月8日	电子信息工程技术	已缴费	四川省普高	四川省平武县××乡××村	
12	10	邓×卓	202013××	男	汉族	2002年7月19日	电子信息工程技术	已缴费	四川省普高	四川省成都市高新区××路	
13	11	曾×刚	202016××	男	汉族	2002年8月22日	电子信息工程技术	已缴费	四川省普高	四川省简阳市××镇××村	
14	12	丹××姆	202014××	女	藏族	2000年8月30日	电子信息工程技术	已缴费	四川普高	四川省甘孜州德格县××乡××村	
15	13	胡×亮	202016××	男	汉族	2002年9月13日	电子信息工程技术	已缴费	四川省普高	四川省叙永县××中学校门卫室	
16	14	蒲×华	202012××	男	汉族	2001年4月13日	电子信息工程技术	已缴费	四川省普高	自贡市富顺县××镇××村	
17	15	陈×容	202019××	女	汉族	2002年9月1日	电子信息工程技术	已缴费	四川省单招	四川省宜宾市翠屏区××乡××村	
18	16	刘×丹	202015××	男	汉族	2001年10月12日	电子信息工程技术	已缴费	四川省单招	资中县××镇××村	
19	18	朱×飞	202011××	男	汉族	2002年4月21日	电子信息工程技术	已缴费	四川省单招	四川省仁寿县××镇××园	

1班信息表

图3-1-1 新生基本信息表效果图

任务分组

班级		组号		指导教师	
组长		学号			
组员	姓名	学号	姓名	学号	
任务分工					

获取信息

引导问题： WPS表格和WPS文字中的表格有哪些相同点和不同点？

工作实施

引导问题 1： 如何对数据进行自动填充？

引导问题 2： 如何设置日期格式？

引导问题 3： 请写出将一个工作表移动或复制到另一个工作簿中的操作步骤。

引导问题 4： 如何保护工作表？

引导问题 5：写出查找和替换的操作步骤。

引导问题 6：如何设置表格边框和填充效果？

引导问题 7：常用的条件格式设置有哪些？

引导问题 8：如何整体套用表格格式？

引导问题 9：在空白工作表的单元格区域中自动填充序列：黑人、中华、佳洁士、云南白药、冷酸灵等牙膏品牌，如何完成该操作？

评价反馈

项目名称	评价内容	分值	评价分数		
			自评	互评	教师评价
职业素养考核项目40%	穿戴规范、整洁	5			
	安全意识、责任意识、服从意识	10			
	积极参加教学活动，按时完成学生工作活页	10			
	团队合作、与人交流能力	10			
	劳动纪律	5			
专业能力考核项目60%	专业知识查找及时、准确	10			
	操作符合规范	10			
	操作熟练度，工作效率	10			
	作品验收质量	30			
总分					
总评	自评（20%）+互评（20%）+教师评价（60%）=	综合等级	教师（签名）:		
有益的经验和做法					
总结反思建议					

相关知识

WPS表格可设置各种不同类型的数据，可以设置表格的不同格式、查找、替换、打印等。利用WPS表格创建的文件称为工作簿，每个工作簿中包含若干张工作表。工作簿是单独存在的文件，而工作表只能在工作簿中创建，不能单独存在。

3.1.1 工作簿的创建与保存

用户首先需要新建一个空白表格，并将表格保存到指定位置，方便后续对表格进行编辑、输出等操作。

（1）工作簿的创建

进入WPS Office，在“首页”界面中单击左面的“+新建”按钮或者上面的“+新建”选项，如图3–1–2所示。

进入界面后选择“新建表格”选项，然后单击“新建空白表格”选项，如图3–1–3所示，即可新建名为“工作簿1”的空白表格。

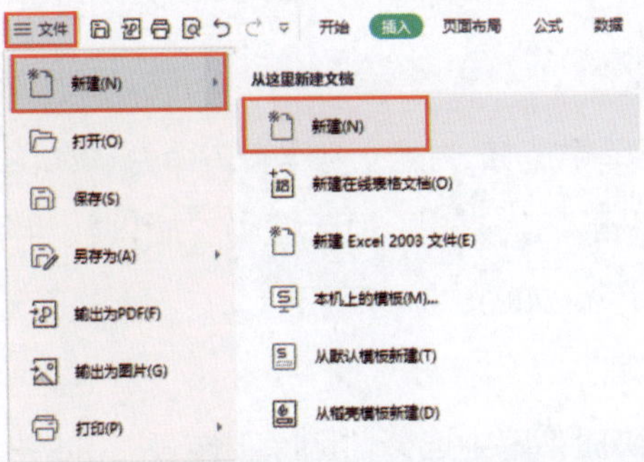

图3–1–2　首页界面

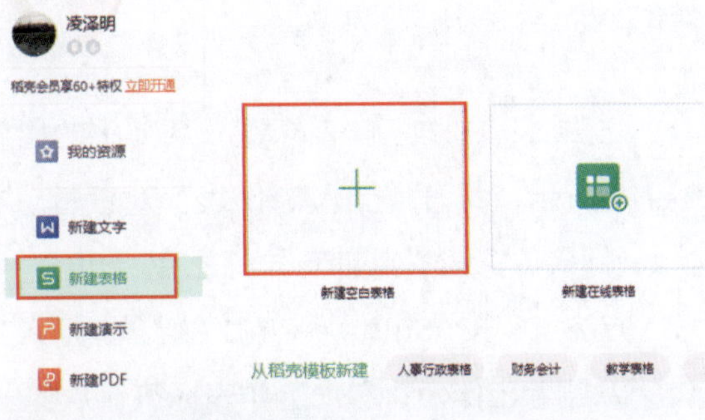

图3–1–3　新建表格

（2）工作簿的保存

表格创建后，需要为文档进行重命名并保存到指定位置。单击上方的保存按钮 ，或者单击“文件”，从下拉列表中单击“保存”选项，即可打开“另存为”对话框，选择文档保存位置，重命名文件名为“电子12001班学生信息表”，单击“保存”按钮即可完成工作簿保存，如图3–1–4所示。

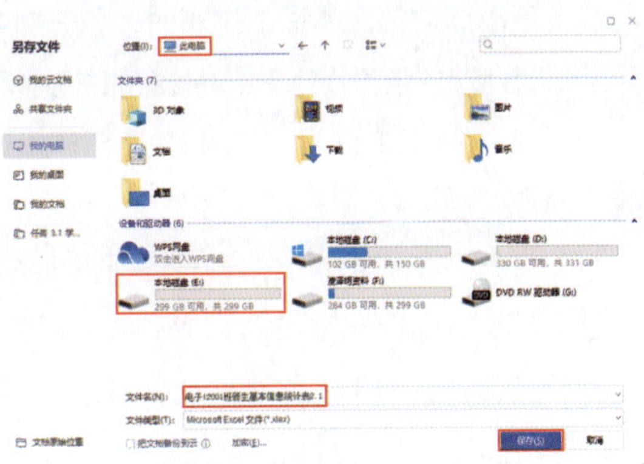

图3–1–4　保存工作簿

3.1.2　工作表的操作

工作表新建完成后，需要对其进行文字录入、表格操作，主要包括工作表的插入与删除、工作表的选择、工作表的隐藏与显示、工作表的移动与复制、工作表标签设置等。

（1）工作表的插入与删除

① 插入工作表：插入工作表的方法有以下三种。

方法一：单击工作表标签名称右侧的“插入工作表”按钮“+”，如图3–1–5所示。

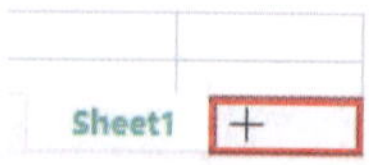

图3-1-5　插入工作表方法一

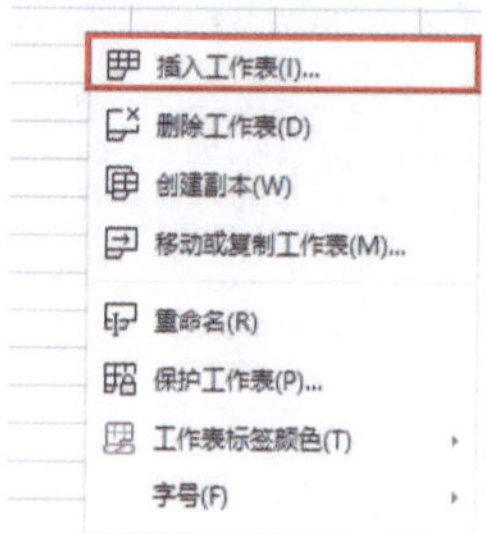

图3-1-6　插入工作表方法二①

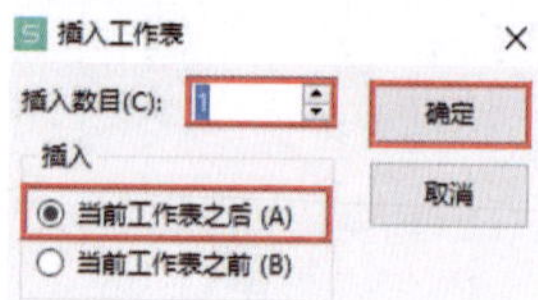

图3-1-7　插入工作表方法二②

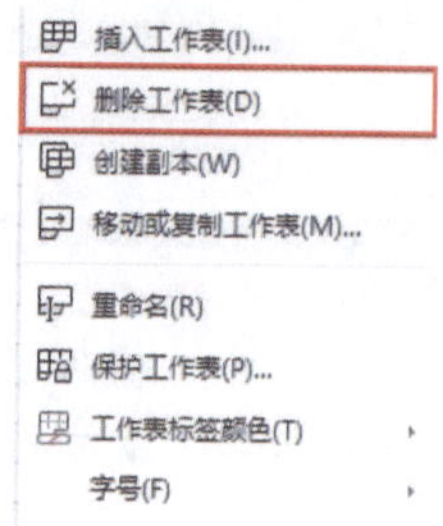

图3-1-8　删除工作表

方法二：右击工作表标签，从弹出的快捷菜单中选择“插入工作表”命令，如图3-1-6所示，打开“插入工作表”对话框。在“插入工作表”对话框中“插入数目”填1，插入位置选“当前工作表之后”，再点“确定”，如图3-1-7所示。

方法三：按〈Shift〉+〈F11〉组合键插入工作表。

② 删除工作表：右击工作表标签，从弹出的快捷菜单中选择“删除工作表”，如图3-1-8所示。

（2）工作表的选择

当工作簿中包含多张工作表时，若想对某个工作表执行操作，需要选中该工作表，若要同时处理多张工作表时，需要同时选中多张工作表。

① 选择单张工作表：选择单张工作表时只需单击工作表标签即可，如图3-1-9所示。

② 选择多张不相邻工作表：选择多张不相邻工作表时需要按住〈Ctrl〉键，再依次单击需要选择的工作表标签，如图3-1-10所示。

③ 选择多张相邻工作表：选择多张相邻工作表时需要先单击选择第一张工作表标签，随后按住〈Shift〉键，单击选择最后一张工作表标签，如图3-1-11所示，即选中了Sheet1、Sheet2和Sheet3工作表。

④ 选择所有工作表：右键单击任意工作表标签，在弹出的菜单中选择“选定全部工作表”，即可选中工作簿中的全部工作表，如图3-1-12所示。

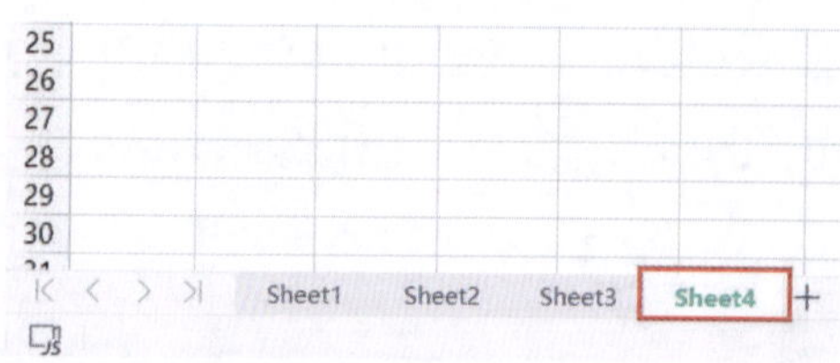

图3-1-9　选择单张工作表

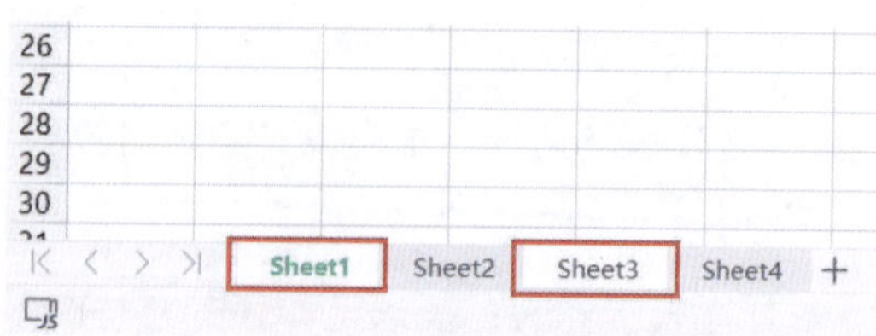

图3-1-10　选择多张不相邻工作表

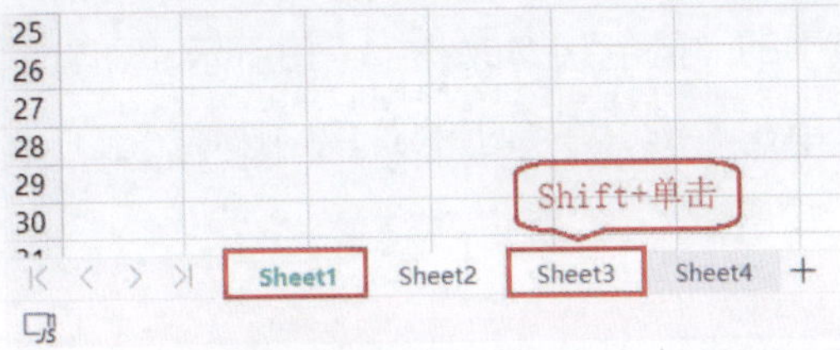

图3-1-11 选择多张相邻工作表

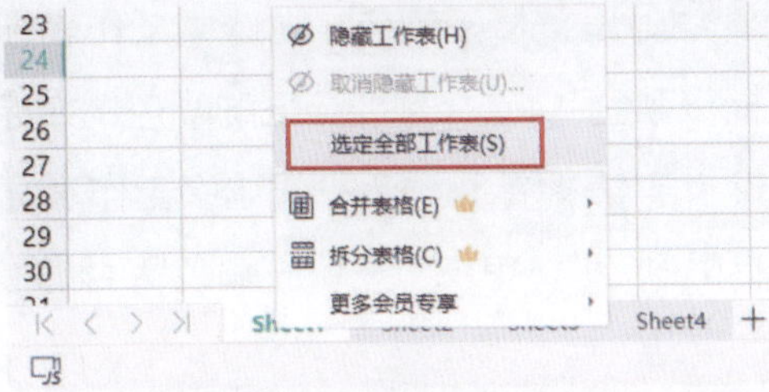

图3-1-12 选择全部工作表

（3）工作表的隐藏与显示

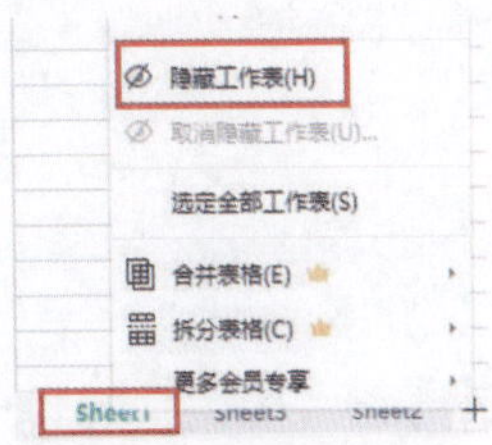

图3-1-13 隐藏工作表

隐藏工作表：右击工作表标签，从弹出的快捷菜单中选择“隐藏工作表”命令，如图3–1–13所示。

显示被隐藏的工作表：右击工作表标签，从弹出的快捷菜单中选择“取消隐藏工作表”命令，如图3–1–14所示。

（4）工作表的移动与复制

移动工作表可以改变工作表在工作簿中的排列顺序，复制工作表可以快速创建副本。

①工作表的移动：先选中要移动的工作表标签，按住鼠标左键，向目标位置拖动，当实心小三角箭头到达新位置后释放鼠标左键，即可实现工作表的移动操作，如图3–1–15所示。

②工作表的复制：类似于移动工作表，先选中要移动的工作表标签，同时按住〈Ctrl〉键和鼠标左键，向目标位置拖动，当实心小三角箭头到达新位置后释放鼠标左键，即可实现工作表的复制操作，得到工作表的副本，如图3–1–16所示。

（5）工作表标签设置

用户可以对工作表进行重命名、标签颜色等设置。

①重命名工作表标签：先选中需要重命名的工作表标签，单击鼠标右键，在弹出的菜单中选中“重命名”，然后写入重命名的标签名称即可，如图3–1–17所示。

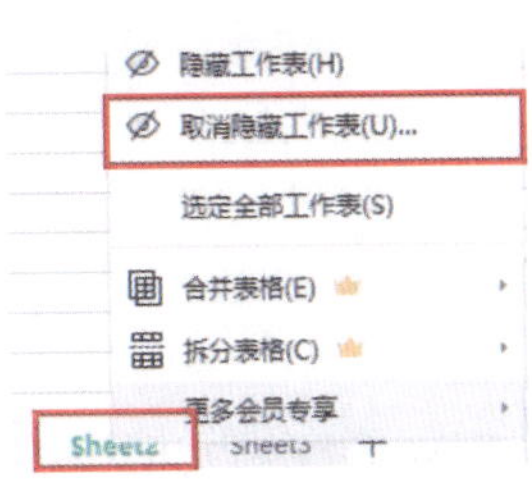

图3-1-14 工作表的显示

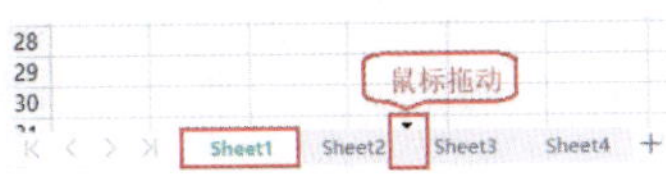

图3-1-15 移动工作表

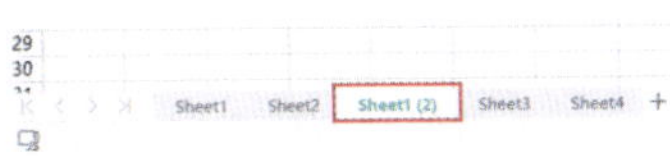

图3-1-16 复制工作表效果

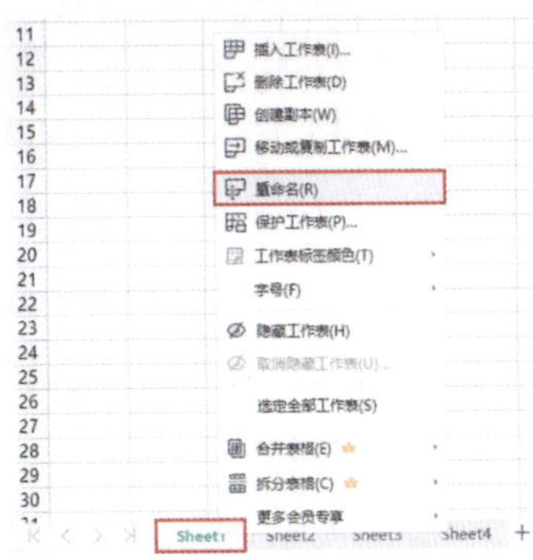

图3-1-17 重命名工作表标签

② 设置标签颜色：先选中工作表标签，单击右键，在弹出的菜单中选中“工作表标签颜色”，选择想要标记的颜色，如标准色中的“蓝色”，如图3-1-18所示。

③ 去掉标签颜色：先选中工作表标签，单击右键，在弹出的菜单中选中“工作表标签颜色”，单击“无填充颜色”，如图3-1-19所示。

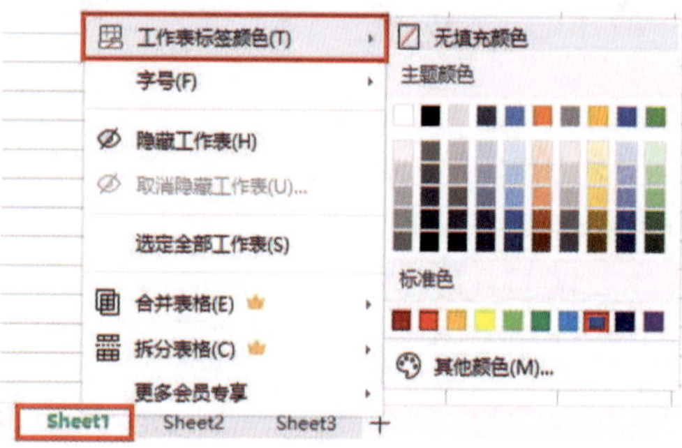

图3-1-18　设置标签颜色

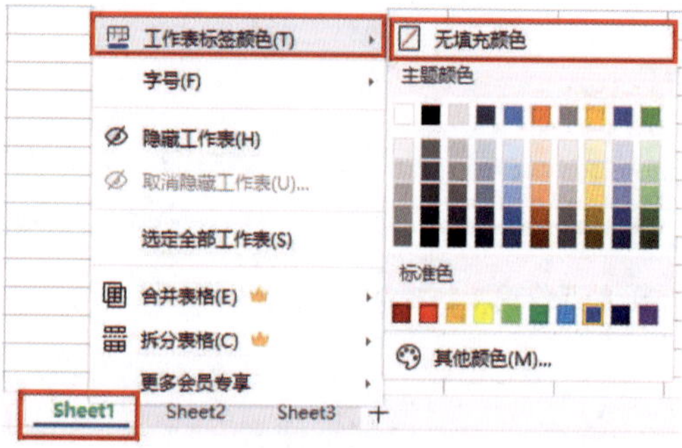

图3-1-19　去掉标签颜色

3.1.3　表格数据输入

WPS表格中包含的数据类型包括文本、数值、百分比、分数、货币、日期和特殊字符等多种类型的数据，其输入方法也有区别。为了提高数据输入的速度，需要掌握一些数据输入技巧。

（1）各种数据类型输入

① 文本型数据输入。

WPS表格中的文本可以是汉字、英文字母、符号、文本型数字、空格和非数字字符的任意组合，系统默认文本数据的对齐方式为左对齐。文本输入方法非常简单，先选定活动单元格，然后输入字符即可。

WPS表格中，单元格默认的宽度是8个字符，也就是四个汉字的宽度。当输入的文本个数超过此值时，如果紧挨该单元格右侧的单元格为空，则超过部分的文本将“侵入”到右侧单元格内显示；如果右侧单元格为非空，则单元格内只显示前几个文本，其余部分会隐藏起来，但只是隐藏并未删除，其完整内容将会显示在编辑栏中。对于内容复杂的单元格，显然在编辑栏上操作更方便。

如果需要在同一个单元格中显示多行文本，执行“开始”→“自动换行”命令，如图3-1-20所示。当输入的文本超过单元格右边界时会自动换行，如需要在单元格中回车换行，应按〈Alt〉+〈Enter〉组合键。

在实际工作中，我们习惯把一些数字作为文本来对待，如电话号码、邮政编码、股票代码等。在WPS表格中规定，文本型数字在输入时必须在它的前面加上一个英文单引号“’”。

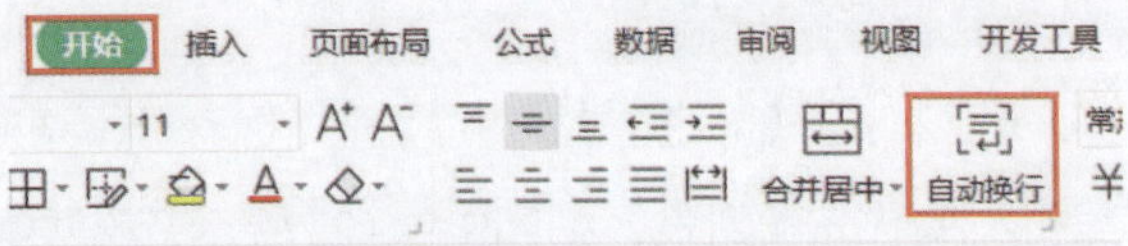

图3-1-20　设置自动换行

② 数值型数据输入。

WPS表格中所有单元格中数字默认的通用格式一般包括整数和小数。如果输入的数字整数部分过长，会自动使用科学记数法来表示该数；小数部分过长也会自动四舍五入表示。例如，在单元格中输入1234567890123后，单元格中将自动显示为1.23457E+12。单元格中输入数字时，有以下规则。

- 正数前面的加号“+”将被省略。
- 负数前面应加一个减号“–”或将数字写在圆括号“( )”中。
- 输入分数时，必须在整数部分和分数之间加一个空格，整数部分为0时，0不能省略，否则会被当作日期。如输入分数1/4时，必须输入：“0 1/4”。

③ 日期型数据输入。

WPS表格中，日期和时间格式规定如表3-1-1所示。

表3-1-1　日期和时间格式

日期格式	示例	时间格式	示例
M/D	4/8	HH:MM	16:50
YY-MM-DD	99-12-30	HH:MM:SS	6:22:55
YY/MM/DD	99/12/30	HH:MM AM/PM	7:40 PM
MM-DD-YY	12-30-99	HH:MM:SS AM/PM	11:40:50 AM
MMM-YY	Jan-92		
DD-MMM-YY	28-Oct-99		
DD-MMM	30-Sep		

按照表3-1-1的格式输入一个日期或时间后，WPS表格会自动将单元格的格式由“通用”格式转化为相应的“日期”或“时间”格式。一个单元格内也可以同时输入日期和时间。

④ 特殊字符输入。

特殊字符输入方式如下：把光标移到需要插入字符的地方，单击“插入”→“符号”，弹出符号列表，如图3-1-21所示，选中需要输入的符号即可。

（2）数据填充

当需要在相邻区域内输入重复数据或有序数据时，可以使用填充功能快速输入。

① 数字序列填充。

在A1单元格中输入数字“1”，将光标放在该单元格右下角，当光标变成“+”形状时按住鼠标左键，向下拖动鼠标，拖动到合适的单元格时松开鼠标即可完成步长值为1的等差序列填充，如图3-1-22所示。

在A1单元格中输入数字“1”，在A2单元格中输入数字“5”，选中A1:A2单元格区域，将光标放在该单元格区域右下角，当光标变成“+”形状时按住鼠标左键，向下拖动鼠标，拖动到合适的单元格时松开鼠标即可完成步长值为4的等差序列填充，如图3-1-23所示。

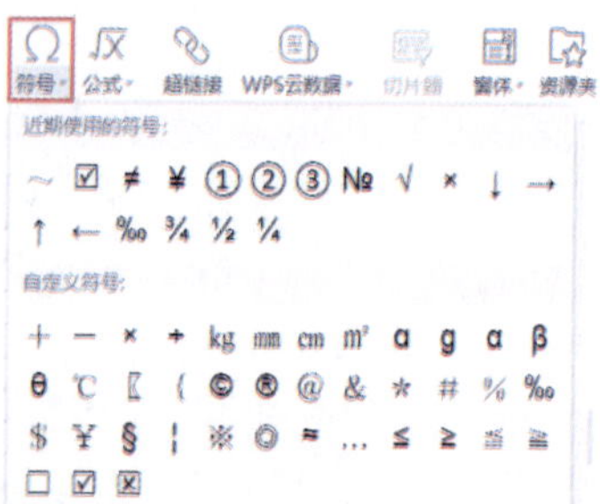

图3-1-21　特殊字符输入

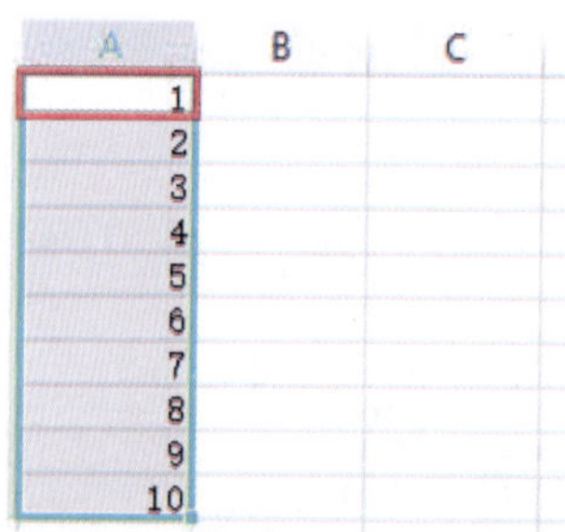

图3-1-22　步长值为1的等差序列填充

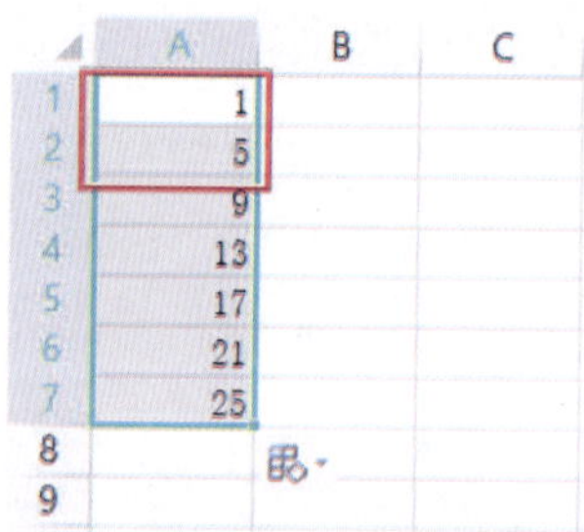

图3-1-23　步长值为4的等差序列填充

② 自定义序列填充。

根据实际工作需要，可以更加快捷地填充固定的序列，方法如下。

首先切换到“文件”选项卡，选择“选项”命令，单击“自定义序列”对话框，输入自定义序列项，每项输入完成后按〈Enter〉键进行分隔，然后单击“添加”，再单击“导入”，最后单击“确定”即可，如图3-1-24所示。

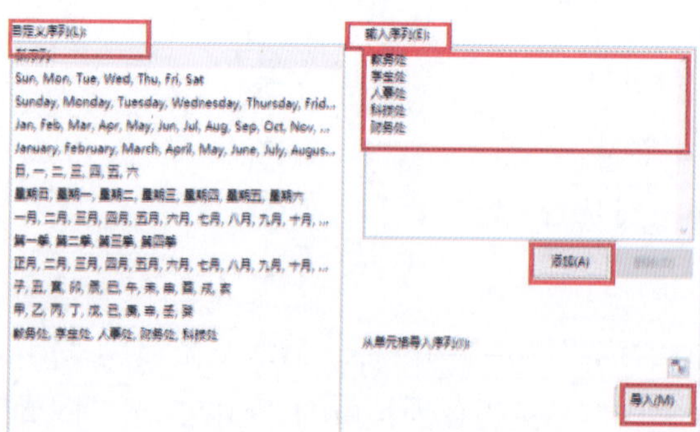

图3-1-24　添加自定义序列

返回到工作表窗口后，在单元格中输入自定义序列的第一个数据，通过拖动控制鼠标的方法进行填充，到达目标位置后，释放鼠标左键即可完成自定义序列的填充，结果如图3-1-25所示。

③ 数据有效性设置。

如录入学生成绩，数据范围应为0～100，录入数据后进行数据有效性设置。选择单元格或单元格区域，然后单击菜单“数据”→“有效性”→“设置”→“允许”→“整数”，单击确定，如图3-1-26所示，则该单元格或单元格区域只能输入0～100的整数，否则会有错误提示，如图3-1-27所示。

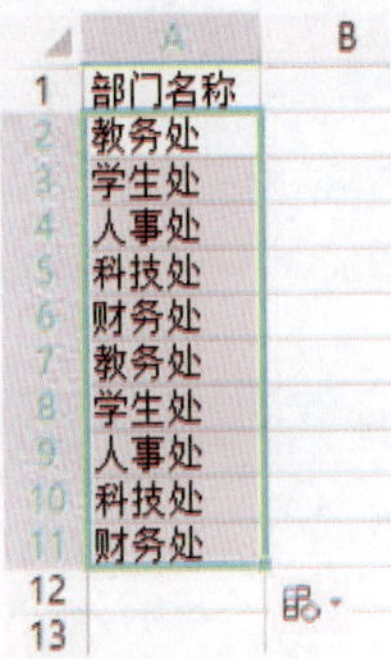

图3-1-25　自定义序列填充

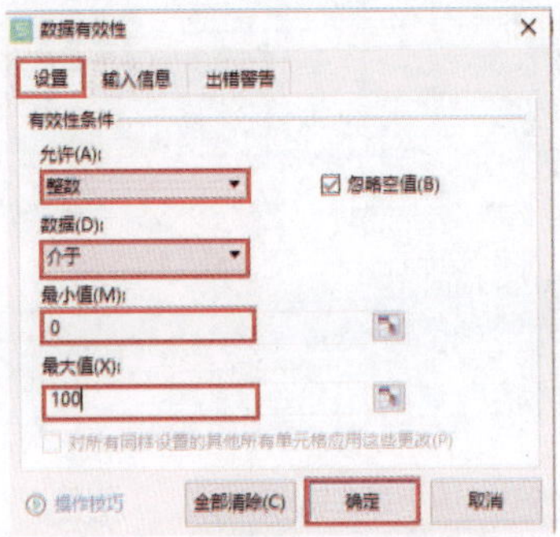

图3-1-26　数据有效性设置

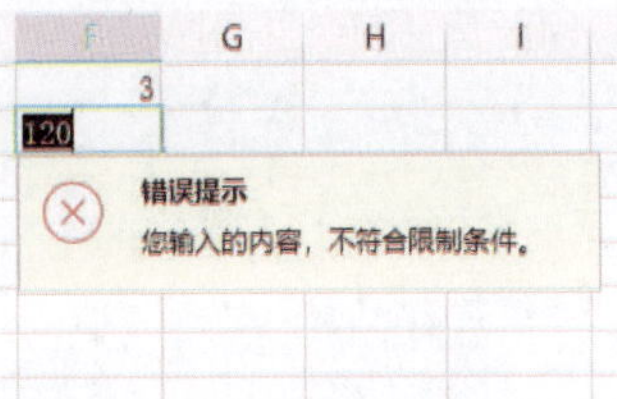

图3-1-27　数据有效性效果

3.1.4　格式设置

在表格中输入数据后，可以设置数据的字体格式、对齐方式、填充效果和边框等，让表格看起来更加美观。

（1）字体格式设置

单击“开始”选项卡中的字体设置，按要求进行字体、字形、字号、颜色等的设置，最后单击确定，如图3-1-28所示。

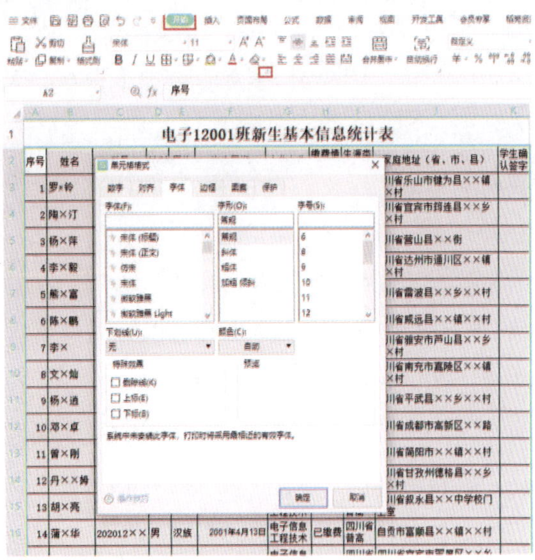

图3-1-28　字体格式设置

（2）对齐方式设置

选中需要设置对齐方式的单元格区域，单击“开始”选项卡中的“单元格设置”，按要求选择水平和垂直对

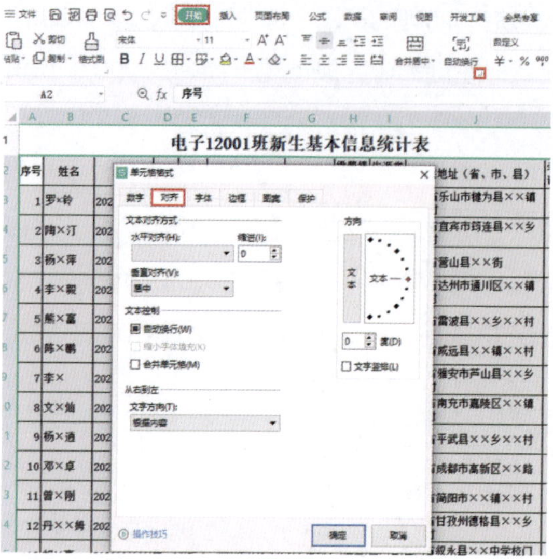

图3-1-29　对齐方式设置

图3-1-30　填充效果设置

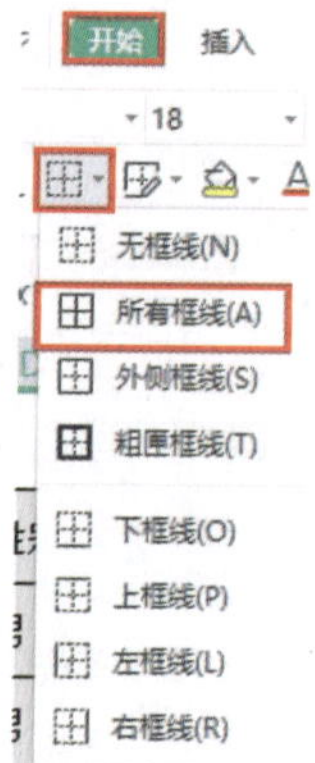

图3-1-31　表格边框设置

齐方式，如图3-1-29所示。

（3）填充效果设置

选择要设置填充效果的区域，在“开始”选项卡中找到“填充颜色”，选择自己所需的颜色即可，如标准色中的“黄色”，如图3-1-30所示。

（4）表格边框设置

默认情况下，工作表中的表格线都是浅色的，称为网格线，它们在打印时并不显示。为了打印带边框线的表格，可以为其添加不同线型的边框，方法为：选择要设置的单元格区域，切换到“开始”选项卡，在“字体”选项组中单击“边框”下拉框，然后选择需要的框线，如选择“所有框线”，如图3-1-31所示。

若没有合适的边框线，选择“其他边框”，在“线条”列表框中选择边框的线条样式，在“颜色”下拉列表框中选择边框的颜色，在“预置”栏中为表格设置内、外边框，最后点确定，如图3-1-32所示。

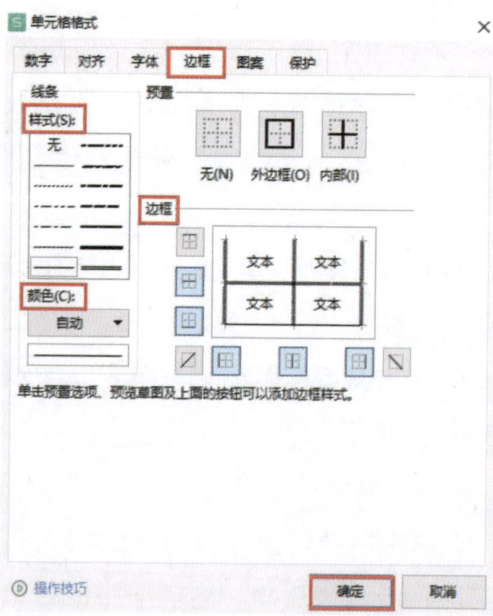

图3-1-32　其他表格边框设置

（5）套用表格格式

选择要设置的区域，单击“开始”选项

卡中的“表格样式”，再单击色系，选择需要的表格样式，最后单击“确定”。若无所需的表格样式，单击“新建表格样式”，如图3-1-33所示。

图3-1-33　套用表格格式

3.1.5　窗口冻结与拆分

有些数据表格比较多，一个窗口不能全部显示，比如成绩表、工资表，往下翻页后便不知道每列代表的含义，即表格第一行的标题栏被遮挡，如需要回顾每列的标题，则还需要往上翻页，这样不便于操作，因此，为解决这种问题，就可以使用窗口冻结功能。

（1）窗口冻结

若需要冻结第1、2行，将光标放到A3单元格，单击菜单栏的“视图”→“冻结窗口”→“冻结至第2行”，如图3-1-34所示。

如果要取消冻结，切换到“视图”选项卡，在窗口选项组中单击“冻结窗格”按钮，从下拉菜单中选择“取消冻结窗格”即可。

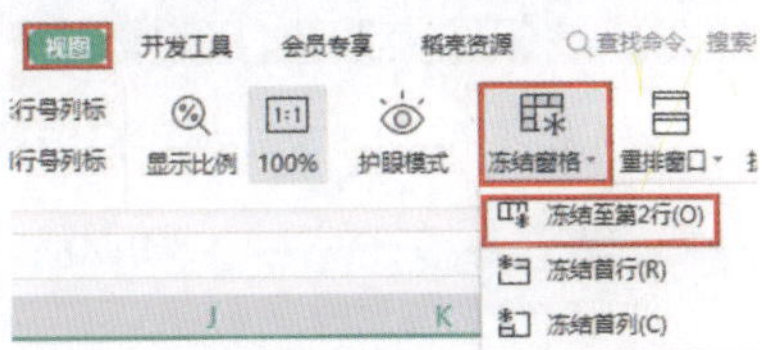

图3-1-34　冻结窗口

（2）窗口拆分

有时数据表格过多过长，不便查看与对比，此时可以使用WPS表格“拆分窗口”功能。它可以将当前工作表窗口拆分为最多四个可设置大小的区域。

将光标放在需要被拆分的地方，切换到“视图”选项卡，单击“拆分窗口”按钮。这样工作表就可以从所选单元格的左上方开始拆分，被拆分的区域相互独立完整。

3.1.6　工作簿和工作表保护

对工作簿和工作表进行保护，可以防止他人编辑表格中内容，也能够避免重要的文件内容泄密，增强文件的安全性。

（1）工作簿保护

单击“审阅”选项卡，再单击“保护工作簿”，输入密码，如123，然后单击“确定”

即可。此时，该工作簿禁止任何操作修改，如图3-1-35所示。

如果要撤销工作簿保护，单击“审阅”选项卡，再单击“撤销工作簿保护”，输入密码123，单击“确定”，如图3-1-36所示。

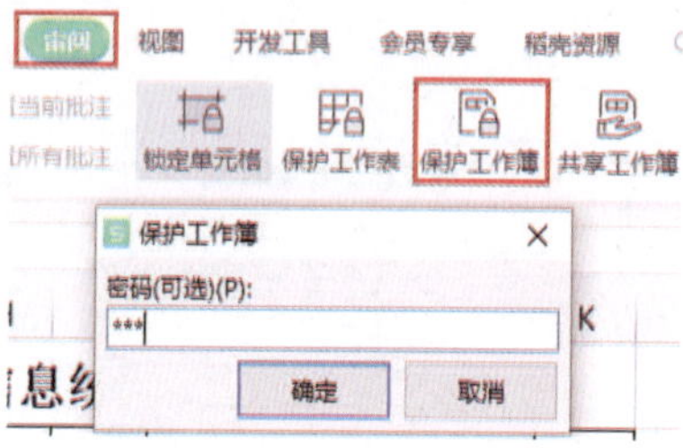

图3-1-35　工作簿保护

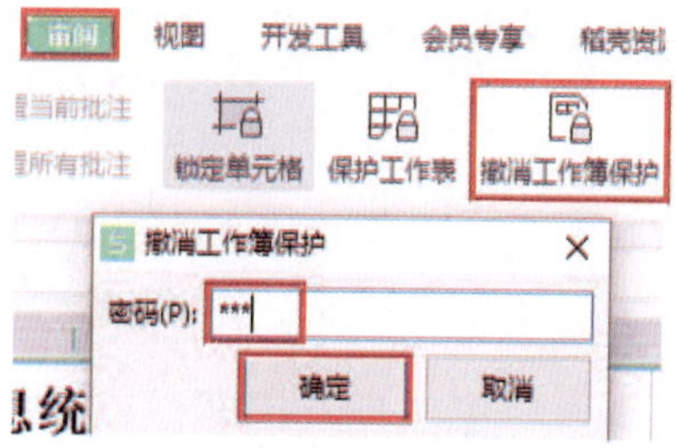

图3-1-36　撤销工作簿保护

（2）工作表保护

鼠标右键单击工作表标签，从弹出的快捷菜单中选择“保护工作表...”，打开“保护工作表”对话框，选择“允许此工作表的所有用户进行”列表内容，如“选定锁定单元格”和“选定未锁定单元格”。

如果要给工作表设定密码，在“密码（可选）”下输入密码，单击“确定”按钮。此时，该工作表禁止任何操作修改，如图3-1-37所示。

如果要撤销工作表保护，鼠标右键单击工作表标签，选择“撤销工作表保护...”，并输入密码，如图3-1-38所示。

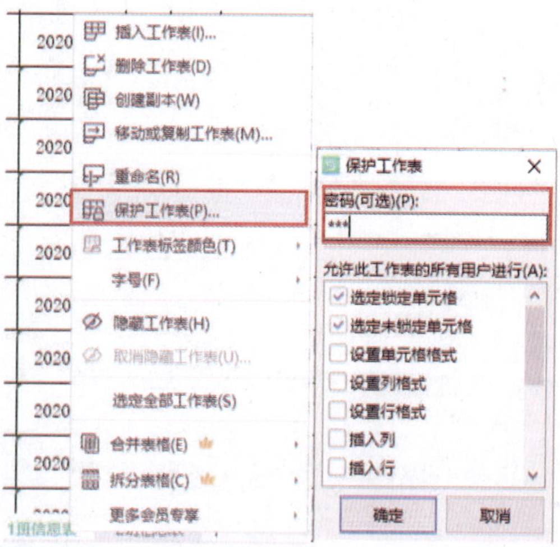

图3-1-37　工作表保护

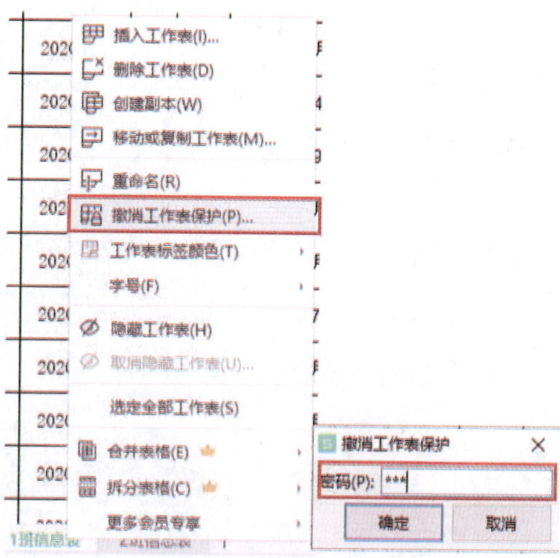

图3-1-38　撤销工作表保护

3.1.7　工作表打印

（1）打印缩放设置

方法一：单击左上角“文件”→“打印”→“打印预览”，再根据要求设置打印缩放，如设置“将整个工作表打印在一页”，如图3-1-39和图3-1-40所示。

方法二：单击“页面布局”选项卡中的“打印缩放”，可以设置“将整个工作表打印在一页”“缩放比例”“自定义缩放”等，实际应用中根据要求设置即可，如图3-1-41所示。

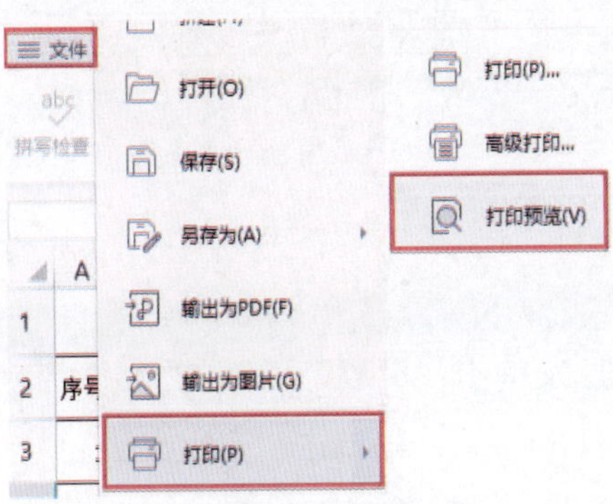

图3-1-39　打印预览

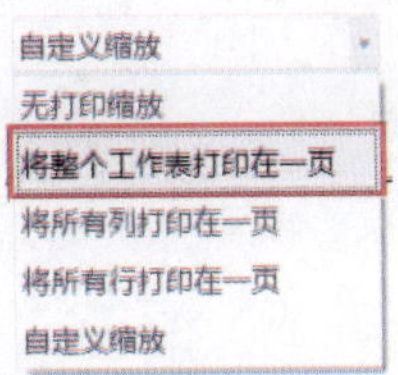

图3-1-40　打印缩放设置一

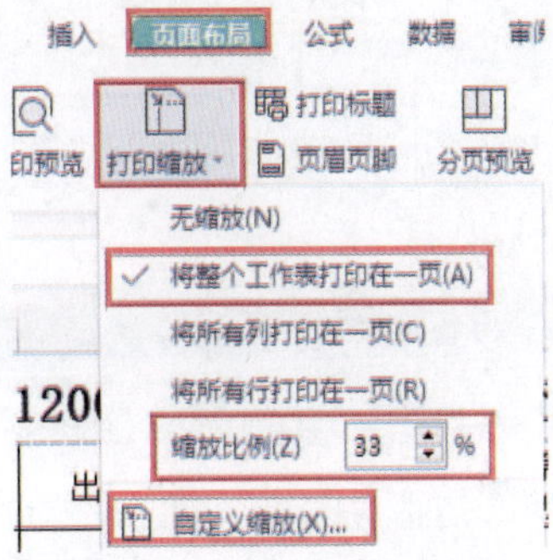

图3-1-41　打印缩放设置二

（2）打印标题设置

单击“页面布局”选项卡中的“打印标题”，从弹出的“页面设置”对话框中单击“工作表”，单击“打印区域”右边的小图标选择打印区域，再单击“顶端标题行”右边的小图标选择打印标题，最后单击打印预览，符合要求再单击打印，不符合要求再重新设置，如图3-1-42所示。

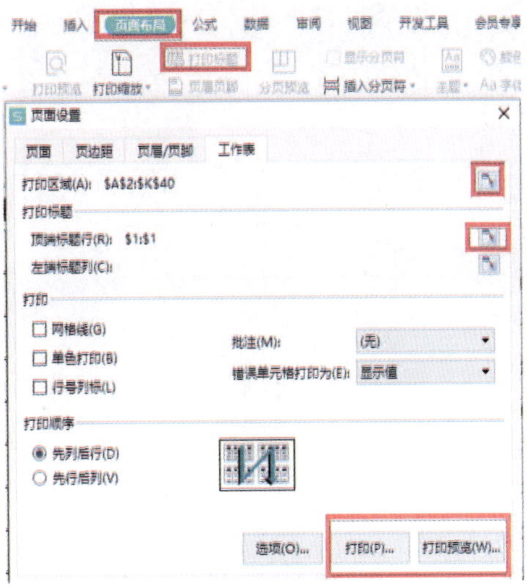

图3-1-42　打印标题设置

（3）打印区域设置

选择“页面布局”选项卡，选择“打印区域”，在下拉选项中选择“设置打印区域”，如图3-1-43所示。

单击“设置打印区域”后，在表格上拖动鼠标，选择需要打印的区域即可，如图3-1-44所示。

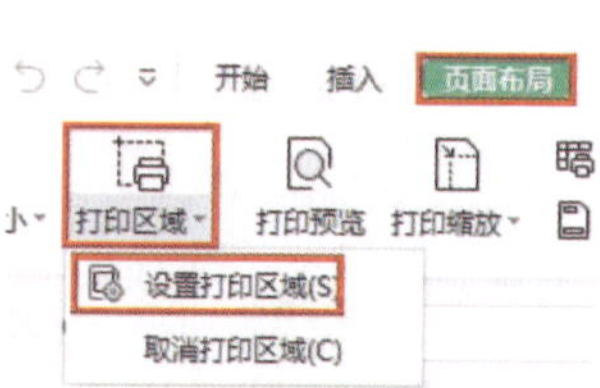

图3-1-43　打印区域设置

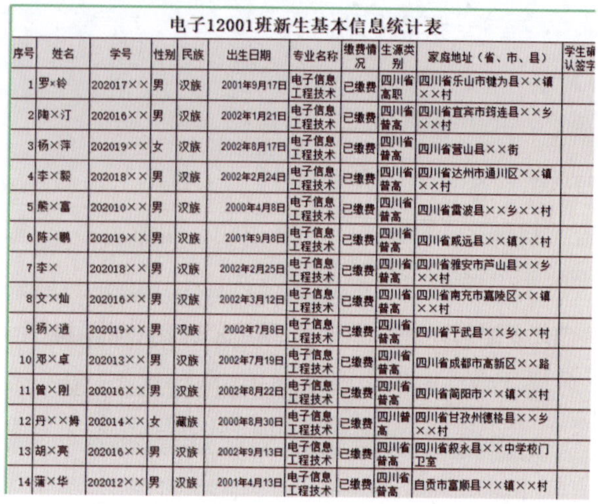

电子12001班新生基本信息统计表

序号	姓名	学号	性别	民族	出生日期	专业名称	缴费情况	生源类别	家庭地址（省、市、县）	学生确认签字
1	罗×铃	202017××	男	汉族	2001年9月17日	电子信息工程技术	已缴费	四川省高职	四川省乐山市犍为县××镇××村	
2	陶×汀	202016××	男	汉族	2002年1月21日	电子信息工程技术	已缴费	四川省普高	四川省宜宾市筠连县××乡××村	
3	杨×萍	202019××	女	汉族	2002年8月17日	电子信息工程技术	已缴费	四川省普高	四川省营山县××街	
4	李×毅	202018××	男	汉族	2002年2月24日	电子信息工程技术	已缴费	四川省普高	四川省达州市通川区××镇××村	
5	熊×富	202010××	男	汉族	2000年4月8日	电子信息工程技术	已缴费	四川省普高	四川省雷波县××乡××村	
6	陈×鹏	202019××	男	汉族	2001年9月8日	电子信息工程技术	已缴费	四川省普高	四川省威远县××镇××村	
7	李×	202018××	男	汉族	2002年2月25日	电子信息工程技术	已缴费	四川省普高	四川省雅安市芦山县××乡××村	
8	文×灿	202016××	男	汉族	2002年3月12日	电子信息工程技术	已缴费	四川省普高	四川省南充市嘉陵区××镇××村	
9	杨×逍	202019××	男	汉族	2002年7月8日	电子信息工程技术	已缴费	四川省普高	四川省平武县××乡××村	
10	邓×卓	202013××	男	汉族	2002年7月19日	电子信息工程技术	已缴费	四川省普高	四川省成都市高新区××路	
11	曾×刚	202016××	男	汉族	2002年8月22日	电子信息工程技术	已缴费	四川省普高	四川省简阳市××镇××村	
12	丹××姆	202014××	女	藏族	2000年8月30日	电子信息工程技术	已缴费	四川普高	四川省甘孜州德格县××乡××村	
13	胡×亮	202016××	男	汉族	2002年9月13日	电子信息工程技术	已缴费	四川省普高	四川省叙永县××中学校门卫室	
14	蒲×华	202012××	男	汉族	2001年4月13日	电子信息工程技术	已缴费	四川省普高	自贡市富顺县××镇××村	

图3-1-44　打印区域选择

（4）页眉页脚设置

单击“页面布局”选项卡，再单击“页眉页脚”，单击“页眉”后面的 ▼ 图标，从下拉框中选择需要设置的页眉方式，若无符合条件的页眉，再单击“自定义页眉”，在“左”“中”“右”选择需要输入页眉的地方进行编辑，最后单击“确定”。用相同的方法设置页脚，如图3-1-45所示。

（5）居中打印设置

单击“页面布局”→“页边距”→“自定义页边距”→勾选居中方式“水平、垂直”→“打印预览”→“确定”，如图3-1-46所示。

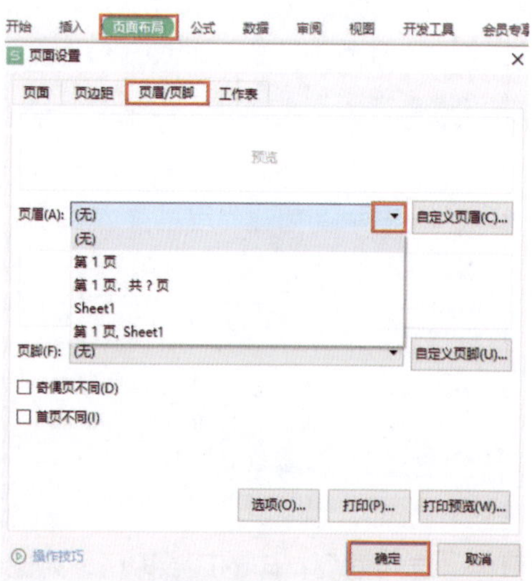

图3-1-45　页眉页脚设置

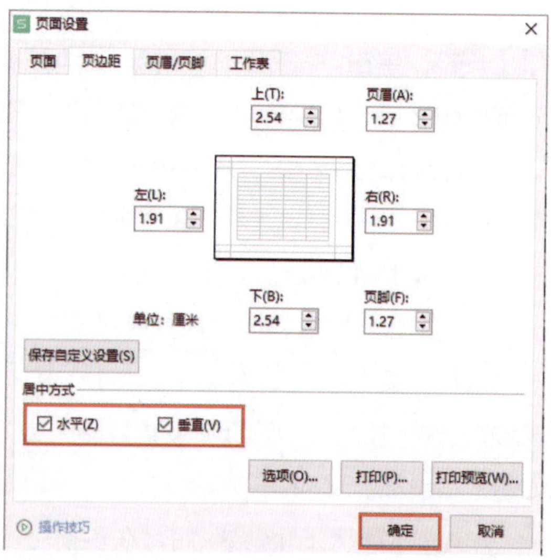

图3-1-46　居中打印设置

巩固练习

新建一工作簿，并作如下操作。

1. 在Sheet1工作表中输入如下内容。

① 在A1单元格中输入：中华人民共和国；以数字字符的形式在B1单元格中输入：88888888；在A2单元格中输入：12345678912345；在A3单元格中输入：2001年12月12日；再向A3单元格中输入：32。

② 用智能填充数据的方法向A4至G4单元格中输入：星期日，星期一，星期二，星期三，星期四，星期五，星期六。

③ 先定义填充序列：车间一、车间二、车间三……车间七，向A5至G5单元格中输入：车间一、车间二、车间三……车间七。

④ 利用智能填充数据的方法向A6至E6单元格中输入等比系列数据：6、24、96、384、1536。

2. 将新建立的工作簿以文件名：操作1，保存在用户文件夹下。打开“操作1”工作簿，并作如下操作。

① 将“Sheet1”工作表更名为“操作1”。

② 将“Sheet2”和“Sheet3”定义成一个工作组，并将该工作组复制到该工作簿中。

③ 将“Sheet2（2）”移动到“Sheet2”之前。

④ 新建一个工作簿并以文件名：操作2，保存在用户文件夹下。

⑤ 将“操作1”工作簿中的“Sheet3”和“Sheet3（2）”复制到“操作2”工作簿中。

⑥ 在“操作1”工作簿中的“Sheet3”之前插入一个工作表，并命名为“操作2”。

⑦ 将“操作2”工作表水平分割成两个工作表。

⑧ 将“操作2”工作表垂直分割成两个工作表。

⑨ 将“操作1”工作簿更名为“操作3”保存在用户文件夹下。

3. 打开“操作3”工作簿，并作如下操作。

① 取消“操作2”工作表水平和垂直分割。

② 置“操作1”工作表为当前。

③ 将A1单元格中内容复制到H1单元格中。

④ 将A1和B1单元格中内容移动到A21和B21单元格中。

⑤ 清除A4单元格中的内容，清除B4单元格中的格式。

⑥ 在第4行之前插入一空行，在第4列之前插入一空列。

⑦ 在B5单元格上方插入一空单元格，在C5单元格左方插入一空单元格。

⑧ 将第5行和第5列删除，将C5单元格中的内容清除。

⑨ 将表中的“车间”全部改为“工厂”。

⑩ 将“操作3”工作簿更名为“操作4”，保存在用户文件夹下。

任务 3.2　学生成绩数据处理

姓名：	学号：	班级：	日期：

任务描述

班长王某明将整理好的WPS表格文件“电子12001班学生考试成绩”发送给了班主任赵老师，如图3-2-1所示。

电子12001班学生考试成绩

序号	学号	姓名	高数	英语	三论	电工	实训
1	12111201	张×芳	90	87	76	80	95
2	12111202	赵×颖	71	65	82	57	75
3	12111203	孙×子	83	55	93	79	85
4	12111204	李×雷	85	74	85	91	65
5	12111205	刘×泽	53	70	81	62	55
6	12111206	赵×东	88	49	63	77	85
7	12111207	王×强	94	61	84	52	85
8	12111208	周×明	76	80	70	85	85
9	12111209	钱×	89	99	96	93	95
10	12111210	孙×刚	77	94	89	90	65

图3-2-1　学生考试成绩表

赵老师接收到文件后，首先对工作表“电子12001班学生考试成绩”中的数据进行统计与分析，利用函数计算出总分、平均分、排名及奖学金等级评定、统计不同分数段的学生数，以及最高平均分、最低平均分，结果如图3-2-2所示。

电子12001班学生考试成绩

序号	学号	姓名	高数	英语	三论	电工	实训	总分	平均分	排名	奖学金
1	12111201	张×芳	90	87	76	80	95	428	85.6	2	二等
2	12111202	赵×颖	71	65	82	57	75	350	70	9	
3	12111203	孙×子	83	55	93	79	85	395	79	6	
4	12111204	李×雷	85	74	85	91	65	400	80	4	三等
5	12111205	刘×泽	53	70	81	62	55	321	64.2	10	
6	12111206	赵×东	88	49	63	77	85	362	72.4	8	
7	12111207	王×强	94	61	84	52	85	376	75.2	7	
8	12111208	周×明	76	80	70	85	85	396	79.2	5	三等
9	12111209	钱×	89	99	96	93	95	472	94.4	1	一等
10	12111210	孙×刚	77	94	89	90	65	415	83	3	二等

课程名称	学分值
高数	4
英语	4
三论	2
电工	6
实训	2
总学分	18

学生平均成绩分段统计		
分数段	人数	比例
90分以上	1	10%
80-89分	3	30%
70-79分	5	50%
60-69分	1	10%
0-59分	0	0%
总计	10	
最高分	94.4	
最低分	64.2	

图3-2-2　学生成绩数据处理效果图

任务目标

（1）理解WPS表格中绝对单元格和相对单元格的含义和应用。

（2）学会WPS表格的公式使用。

（3）学会WPS表格中常用函数的格式和使用。

（4）能利用函数的帮助信息学会不常用函数的使用。

（5）通过成绩分析，了解学习成绩的重要，养成勤学好学的习惯。

任务书

利用WPS表格，打开“电子12001班学生考试成绩”工作表。按要求完成数据输入并进行编辑。

操作要求如下：

（1）打开“电子12001班学生考试成绩”工作簿，将工作表标签重命名为“原始成绩数据”。

（2）在“电子12001班学生考试成绩”工作簿中复制“原始成绩数据”，建立该工作表的副表，并将复制后的工作表重命名为“课程成绩”，以下操作均在“课程成绩”工作表中进行。

（3）在单元格A16、B16中分别输入文本“课程名称”和“学分值”，选定复制单元格区域D2:H2的内容并将其粘贴到A17:A21单元格区域，并录入相应学分值（高数4学分，英语4学分，三论2学分，电工6学分，实训2学分）。

（4）单元格A22中输入文字“总学分”，并利用SUM函数计算出总学分。

（5）在“实训”列后添加列标题“总分”，并利用SUM函数计算出总分。

（6）在“总分”列后添加列标题“平均分”，并利用AVERAGE函数计算出平均分。

（7）在“平均分”列后添加列标题“排名”，利用RANK函数计算出排名。

（8）在“排名”列后添加列标题“奖学金”，利用IF函数计算出奖学金人选，条件为根据排名评选出一、二、三等奖学金分别为一人、两人、三人。

学生平均成绩分段统计		
分数段	人数	比例
90分以上		
80-89分		
70-79分		
60-69分		
0-59分		
总计		
最高分		
最低分		

图3-2-3 建立分段统计表框架

（9）在D16开始的单元格区域建立统计分析表，如图3-2-3所示，利用COUNTIF函数计算出各分数段的人数，利用SUM函数计算总人数，利用MAX和MIN函数计算出最高分和最低分。利用公式“=人数/10”计算出比例。

任务分组

<table>
<tr><td>班级</td><td></td><td>组号</td><td></td><td>指导教师</td><td></td></tr>
<tr><td>组长</td><td></td><td>学号</td><td colspan="3"></td></tr>
<tr><td rowspan="4">组员</td><td>姓名</td><td>学号</td><td>姓名</td><td colspan="2">学号</td></tr>
<tr><td></td><td></td><td></td><td colspan="2"></td></tr>
<tr><td></td><td></td><td></td><td colspan="2"></td></tr>
<tr><td></td><td></td><td></td><td colspan="2"></td></tr>
<tr><td>任务分工</td><td colspan="5"></td></tr>
</table>

获取信息

引导问题：请说明：如果你在处理WPS表格数据时，遇到了一个没有用过的函数，有哪些方法去学会并正确使用它？请用MODE函数举例说明。

工作实施

引导问题 1：如何输入与编辑公式？

引导问题 2：说明SUM和SUMIF函数的区别。

引导问题 3：说明AVERAGE和AVERAGEIF函数的区别。

引导问题 4：说明COUNT和COUNTIF函数的区别。

引导问题 5：举例说明MAX和MIN函数的作用。

引导问题 6：举例说明RANK函数每项参数的含义和引用。

引导问题 7：VLOOKUP函数通常用于哪些数据处理？

引导问题 8：请用一个例子，同时把IF、AND和OR三个函数进行混合使用。

评价反馈

<table>
<tr><th rowspan="2">项目名称</th><th rowspan="2">评价内容</th><th rowspan="2">分值</th><th colspan="3">评价分数</th></tr>
<tr><th>自评</th><th>互评</th><th>教师评价</th></tr>
<tr><td rowspan="5">职业素养
考核项目
40%</td><td>穿戴规范、整洁</td><td>5</td><td></td><td></td><td></td></tr>
<tr><td>安全意识、责任意识、服从意识</td><td>10</td><td></td><td></td><td></td></tr>
<tr><td>积极参加教学活动，按时完成学生工作活页</td><td>10</td><td></td><td></td><td></td></tr>
<tr><td>团队合作、与人交流能力</td><td>10</td><td></td><td></td><td></td></tr>
<tr><td>劳动纪律</td><td>5</td><td></td><td></td><td></td></tr>
<tr><td rowspan="4">专业能力
考核项目
60%</td><td>专业知识查找及时、准确</td><td>10</td><td></td><td></td><td></td></tr>
<tr><td>操作符合规范</td><td>10</td><td></td><td></td><td></td></tr>
<tr><td>操作熟练度，工作效率</td><td>10</td><td></td><td></td><td></td></tr>
<tr><td>作品验收质量</td><td>30</td><td></td><td></td><td></td></tr>
<tr><td colspan="3">总分</td><td></td><td></td><td></td></tr>
<tr><td rowspan="2">总评</td><td rowspan="2">自评（20%）+互评（20%）+
教师评价（60%）=</td><td>综合等级</td><td colspan="3" rowspan="2">教师（签名）：</td></tr>
<tr><td></td></tr>
<tr><td>有益的经验和做法</td><td colspan="5"></td></tr>
<tr><td>总结反思建议</td><td colspan="5"></td></tr>
</table>

相关知识

WPS表格可利用公式、函数等对数据进行统计和处理。

3.2.1 单元格的引用形式

在对WPS表格数据统计分析时，通常涉及选择数据范围，而数据范围的表示是使用单元格地址的引用方式，WPS表格共有相对引用、绝对引用和混合引用三种引用方式。掌握单元格的引用方式能帮助我们更快速的对数据进行批量统计分析。

（1）相对引用

相对引用是最常见的引用。为了快速对不同的数据使用相同函数，经常会对单元格公式进行复制。复制时，公式会随着引用单元格的位置变化而变化。

如图3-2-4所示，A2～A9单元格区域是原始数据，这时选中单元格B2，输入公式“=A2”，这个公式中的“A2”就是相对引用。如果将公式向下填充至B3单元格，则公式中引用的单元格自动变成了A3。同理，如果将公式向下填充至B4单元格，则公式中引用的单元格自动变成了A4。由此可见，相对引用时公式（或函数）和单元格的位置是相对的，单元格会随着公式（或函数）的移动而自动改变。

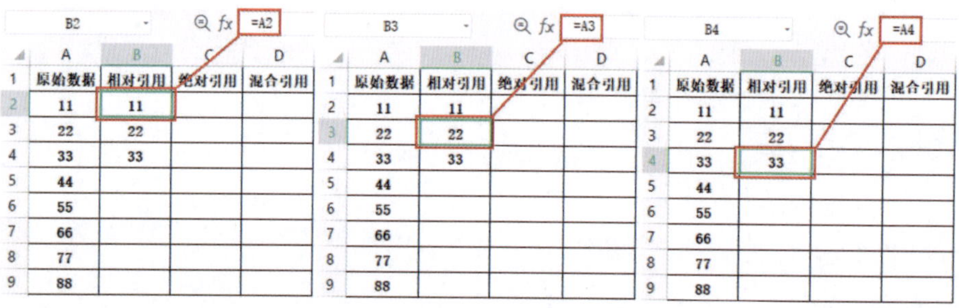

图3-2-4　相对引用

（2）绝对引用

绝对引用是指公式复制到其他单元格后，绝对引用单元格的位置不会改变，也就是列标和行号都不会变化。绝对引用的单元格，列标和行号前都需要添加“$”符号，或使用快捷方式F4，如图3-2-5所示，不管公式（或函数）复制到什么位置，公式中的绝对引用单元格都不会变化，即选择的数据不会改变。

（3）混合引用

混合引用是相对引用和绝对引用的混合，只在列标或行号前添加“$”符号。当复制公式时，所引用的单元格只有未锁定部分（即未添加“$”符号的行号或列标）会发生变化。

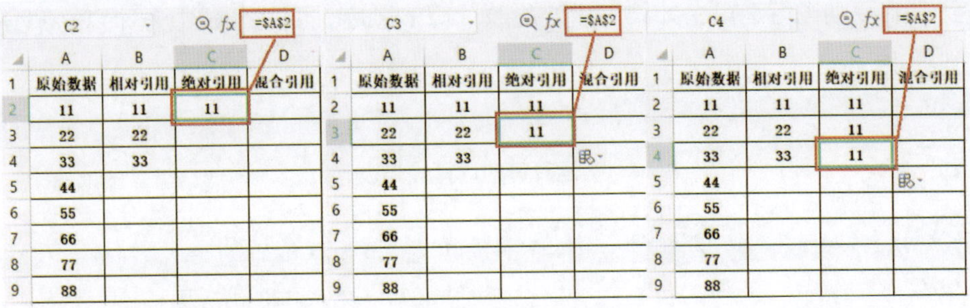

图3-2-5　绝对引用

3.2.2　公式输入与编辑

WPS表格中的公式遵循一个特定的语法，即最前面是“=”号，后面是运算数和运算符。

（1）运算符及作用

①算术运算符。

算术运算符包括加号“+”、减号“-”、乘号“*”、除号“/”、乘方“^”和百分号“%”，用于对数值数据进行四则运算。例如，5%表示0.05，6^2表示36。

②比较运算符。

比较运算符包括等于“=”、大于“>”、小于“<”、大于或等于“>=”、小于或等于“<=”和不等于“〈 〉”，用于对两个数值或文本进行比较，并产生一个逻辑值，如果比较的结果成立，逻辑值为TRUE，否则为FALSE。例如，“7>2”的结果为TRUE，而“7<2”的结果为FALSE。

③文本运算符。

连接运算符“&”用于将两个文本连接起来形成一个连续的文本值。例如，“中国”&“人民”的结果为“中国人民”。

④引用操作符。

引用操作符可以将单元格区域合并计算，包括区域运算符“:”（冒号）和联合运算符“,”（逗号）两种。区域运算符是在指定区域之间，包括两个引用单元格在内的所有单元格进行引用，如A2:A4单元格区域是引用A2、A3、A4共3个单元格。联合运算符可以将多个引用合并为一个引用，如SUM（B2:B6,D3,F5）是对B2、B3、B4、B5、B6、D3和F5共7个单元格进行求和运算。

当用户在公式中同时用到多个运算符时，应该了解运算符的优先级。WPS表格将按照表3-2-1中优先级顺序进行运算。如果公式中包含了相同优先级的运算符，则按照从左到右的原则进行运算。如果用户要更改计算的顺序，要将公式中先计算的部分用圆括号括起来。

表3-2-1　　运算符的运算优先级

优先级	运算符	说明
1	（和）	圆括号，可以改变运算的优先级
2	-	负号，使正数变为负数
3	%	百分号，将数字变为百分数
4	^	乘幂，一个数自乘一次
5	*和/	乘法和除法
6	+和-	加法和减法
7	&	文本运算符
8	=、〈、〉、〉=、〈=、〈〉	比较运算符

（2）公式输入与编辑

公式以“=”开始，后面是用于计算的表达式。表达式是用运算符将常数、单元格和函数连接起来所构成的算式，其中可以使用括号改变运算的顺序。

在单元格或者编辑栏中公式输入完毕后，按〈Enter〉键或单击编辑栏中的“√”按钮，如图3-2-6所示，即可在输入公式的单元格中显示出计算结果，公式内容显示在编辑栏中。

公式输入完成后，选中已输入公式的单元格，将光标放在该单元格右下角，光标变成“+”形状时按住鼠标左键向下拖动，拖动到最后一个具有相同计算公式的单元格后松开鼠标，鼠标拖动过的单元格就被自动填充了公式，如图3-2-7所示。

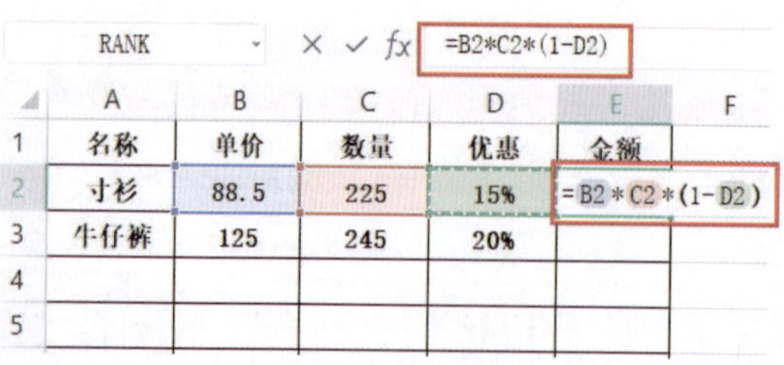

图3-2-6　公式输入

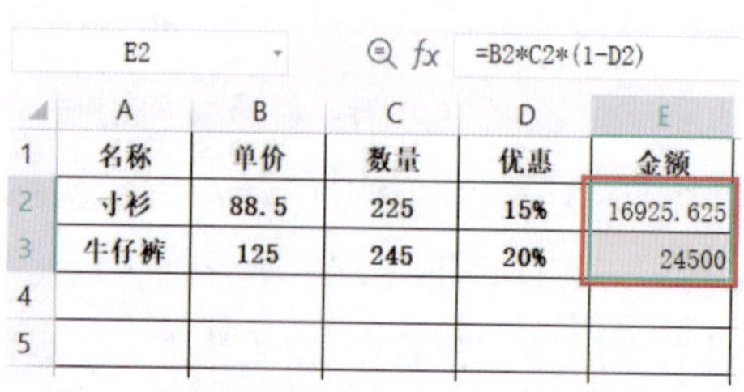

图3-2-7　自动填充公式

3.2.3　常用函数应用

函数是按照特定语法进行计算的一种表达式。WPS表格提供了数学、财务、统计等丰富的函数，用于完成复杂、烦琐的计算或处理工作。

函数的一般形式为“函数名（[参数1]，[参数2]，…）”，其中，函数名是系统保留的名称，参数可以是数字、文本、逻辑值、数组、单元格引用、公式或其他函数。当函数有多个参数时，它们之间用逗号隔开，当函数没有参数时，其圆括号也不能省略。

例如，函数SUM（A1:E6）中有一个参数，表示计算单元格区域A1:E6中的数据之和。

（1）SUM和SUMIF函数

①SUM函数。

一般格式是SUM（计算区域），功能是计算各参数的和，参数可以是数值，也可以是对含有数值的单元格区域的引用。

如在“电子12001班考试成绩”工作簿中“课程成绩”工作表中用SUM函数计算总分，有手动输入函数和使用函数向导输入函数两种方法，后面其他函数只说明使用函数向导输入这一种方法。

手动输入函数操作步骤如下：

第一步：选定要输入函数的单元格I3，输入等号“=”，然后输入函数名的第1个字母S，WPS表格会自动列出以S字母开头的函数名，如图3-2-8所示。

第二步：把鼠标光标放在图3-2-8界面的函数上，用鼠标滚轮往下滑定位到SUM函数，并用鼠标左键双击SUM函数进行选择，如图3-2-9所示。

第三步：选中SUM函数后，单元格内函数名的右侧会自动出现一个“=SUM（ ）”函数，在括号内输入需要求和的单元格地址，本表中应为“D3:H3”，如图3-2-10所示。

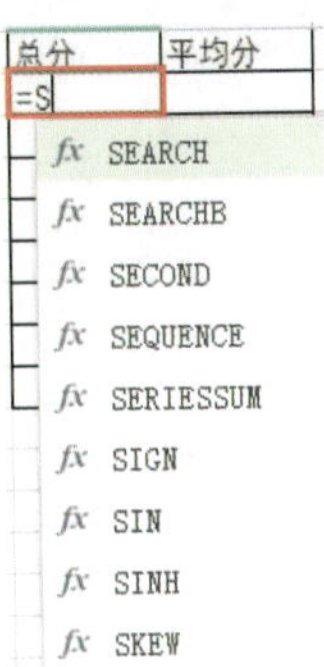

图3-2-8　输入S开头的函数

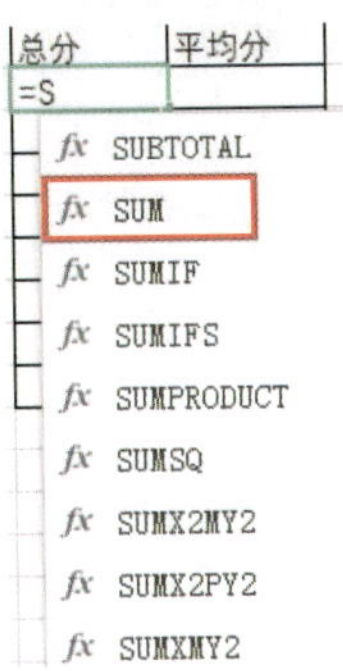

图3-2-9　选中SUM函数

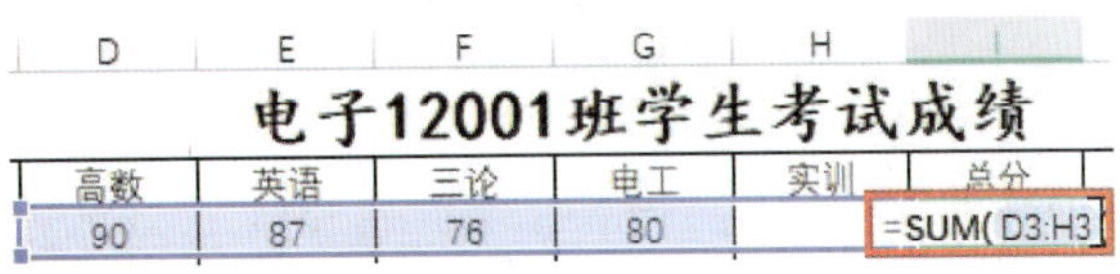

图3-2-10　输入需要求和的单元格地址

第四步：光标放在I3单元格内按下〈Enter〉键，即求出第一位同学的总分。用鼠标单击I3单元格，把鼠标放在单元格右下角变成“+”时往下拖动，可自动填充求出其他同学的总分，如图3-2-11所示。

	A	B	C	D	E	F	G	H	I
1	电子12001班学生考试成绩								
2	序号	学号	姓名	高数	英语	三论	电工	实训	总分
3	1	12111201	张×芳	90	87	76	80	95	428
4	2	12111202	赵×颖	71	65	82	57	75	350
5	3	12111203	孙×子	83	55	93	79	85	395
6	4	12111204	李×雷	85	74	85	91	65	400
7	5	12111205	刘×泽	53	70	81	62	55	321
8	6	12111206	赵×东	88	49	63	77	85	362
9	7	12111207	王×强	94	61	84	52	85	376
10	8	12111208	周×明	76	80	70	85	85	396
11	9	12111209	钱×	89	99	96	93	95	472
12	10	12111210	孙×刚	77	94	89	90	65	415

图3-2-11　自动填充求出所有同学的总分

使用函数向导输入函数操作步骤如下：

当用户记不住函数的名称或参数时，可以使用粘贴函数的方法，即启动函数向导引导建立函数运算公式。

选定需要应用函数的单元格，然后使用下列方法打开“插入函数”对话框，切换到“公式”选项卡，在“常用函数”选项组中单击“插入函数”，从弹出的下拉菜单中选择所需的函数，单击确定，如图3-2-12所示。

弹出的界面如图3-2-13所示，单击“数值1”的方框再单击D3单元格选中高数的数据，依次选中其他各科成绩，最后点确定即可计算出第一位同学的总分。然后再自动填充计算出其他同学的总分。

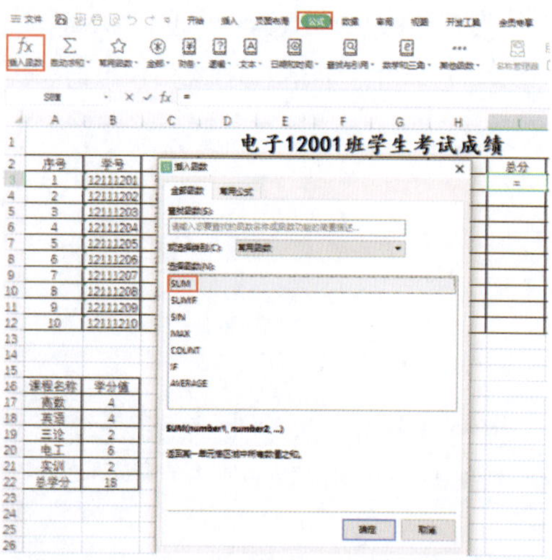

图3-2-12　插入SUM函数

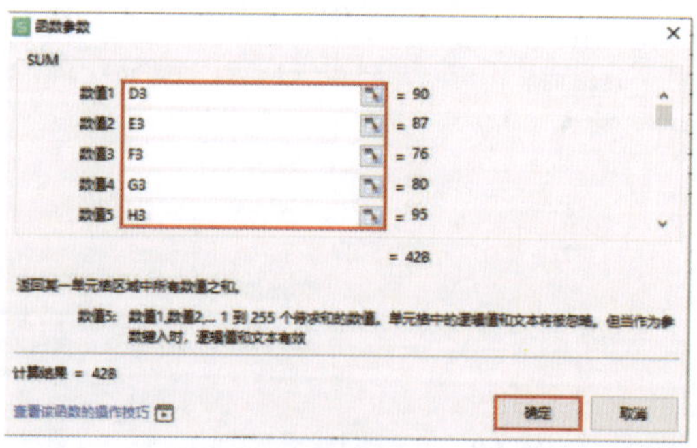

图3-2-13　填写函数参数

② SUMIF函数。

SUMIF函数可以对指定范围内符合条件的数据求和，一般格式是SUMIF（条件判断区域，条件，求和区域）。

例如，我们只对1班学生课程的成绩求和，先单击求和的单元格，再单击编辑栏的 fx 图标，弹出“插入函数”对话框，在“查找函数”中输入“SUMIF”，按〈Enter〉键，在“选择函数”列表中选中“SUMIF”函数，单击确定，如图3-2-14所示。

在函数参数对话框中，在“区域”参数中选中设置参数为“B3:B12”（即全部班级），在“条件”参数中设置参数为“1班”，在“求和区域”参数中设置为“D3:D12”（即全部高数成绩），然后单击“确定”即可，如图3-2-15所示。其他科目分班求和方法类似。

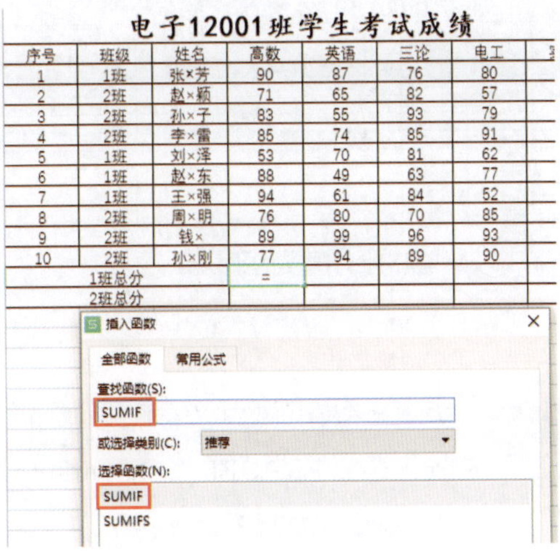

图3-2-14　插入SUMIF函数

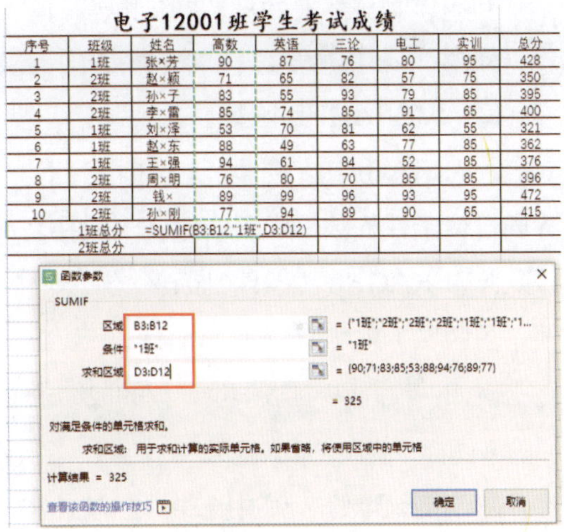

图3-2-15　设置函数参数

（2）AVERAGE和AVERAGEIF函数

① AVERAGE函数。

一般格式是AVERAGE（计算区域），功能是计算各参数的算术平均值。如在“电子12001班考试成绩”工作簿中“课程成绩”工作表中用AVERAGE函数计算平均分。

切换到“公式”选项卡，在“常用函数”选项组中单击“插入函数”，从弹出的下拉菜单中选择AVERAGE函数，如图3-2-16所示，单击确定。弹出如图3-2-17所示界面，鼠标单击数值1后面的图标，再单击D3单元格选中高数成绩，依次选中其他数据，最后单击确定求出第一位同学的平均分。

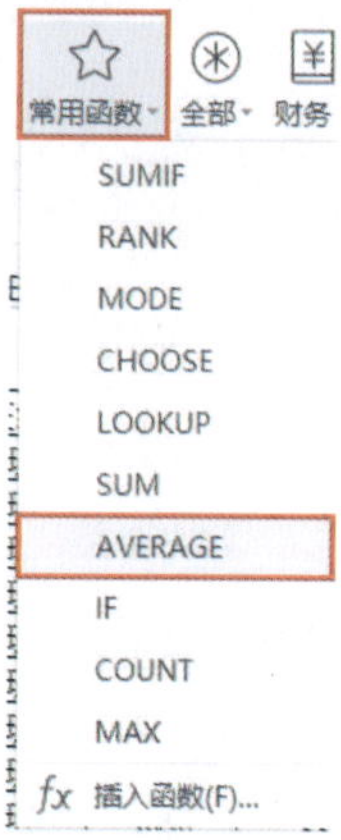

图3-2-16　插入AVERAGE函数

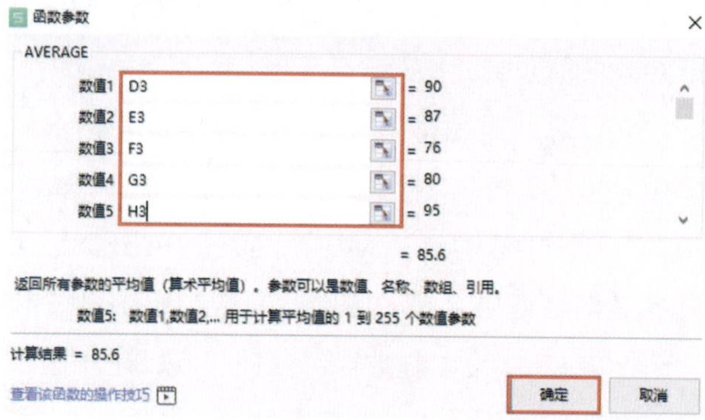

图3-2-17　AVERAGE函数参数设置

利用控制句柄填充其他同学的平均分，如图3-2-18所示。

电子12001班学生考试成绩

序号	学号	姓名	高数	英语	三论	电工	实训	平均分
1	12111201	张×芳	90	87	76	80	95	85.6
2	12111202	赵×颖	71	65	82	57	75	70
3	12111203	孙×子	83	55	93	79	85	79
4	12111204	李×雷	85	74	85	91	65	80
5	12111205	刘×泽	53	70	81	62	55	64.2
6	12111206	赵×东	88	49	63	77	85	72.4
7	12111207	王×强	94	61	84	52	85	75.2
8	12111208	周×明	76	80	70	85	85	79.2
9	12111209	钱×	89	99	96	93	95	94.4
10	12111210	孙×刚	77	94	89	90	65	83

图3-2-18　计算出所有同学的平均分

② AVERAGEIF函数。

AVERAGEIF函数可以对指定范围内符合条件的数据求平均值，一般格式是AVERAGEIF（条件判断区域，条件，求区域）平均值。

例如，我们只对1班学生课程的成绩求平均值，先单击求平均值的单元格，再单击编辑栏的 *fx* 图标，弹出“插入函数”对话框，在“查找函数”中输入“AVERAGEIF”，按〈Enter〉键，在“选择函数”列表中选中“AVERAGEIF”函数，单击确定，如图3-2-19所示。

在函数参数对话框中，在“区域”参数中选中设置参数为“B3:B12”（即全部班级），在“条件”参数中设置参数为“1班”，在“求平均值区域”参数中设置为“D3:D12”（即全部高数成绩），然后单击“确定”即可，如图3-2-20所示。其他科目分班求和方法类似。

（3）COUNT和COUNTIF函数

① COUNT函数。

一般格式是COUNT（计算区域），用于统计区域中包含数字的单元格的个数，错误值或其他无法转换成数字的文字将被忽略。

现以计算学生总人数为例，先单击求总人数的单元格，再单击编辑栏的 *fx* 图标，弹出“插入函数”对话框，在“查找函数”中输入“COUNT”，按〈Enter〉键，在“选择函数”列表中选中“COUNT”函数，单击确定，如图3-2-21所示。

在函数参数对话框中，在“值1”参数中选中设置参数为“I3:I12”，然后单击“确

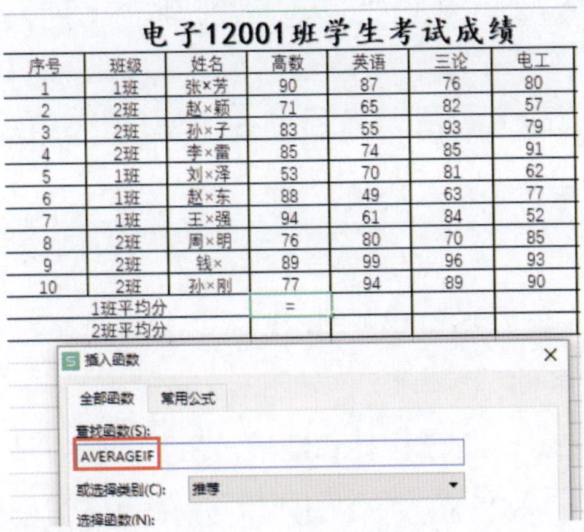

图3-2-19 插入AVERAGEIF函数

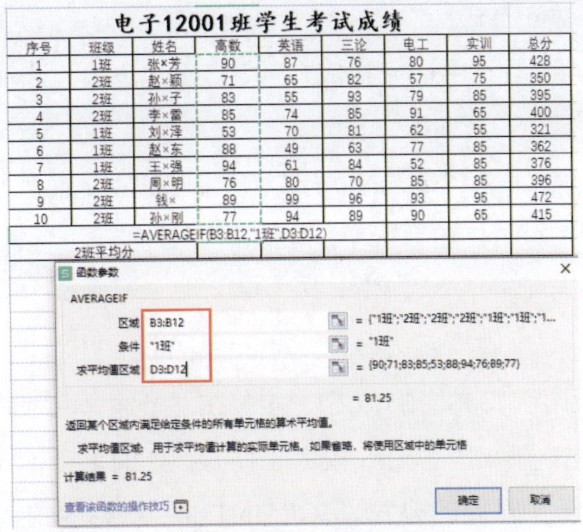

图3-2-20 AVERAGEIF函数参数设置

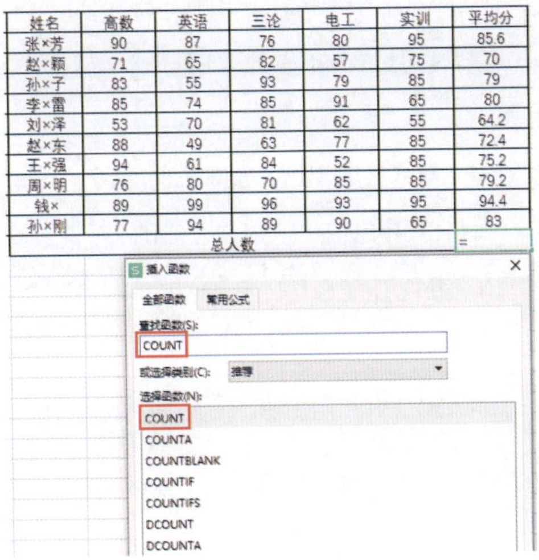

图3-2-21 插入COUNT函数

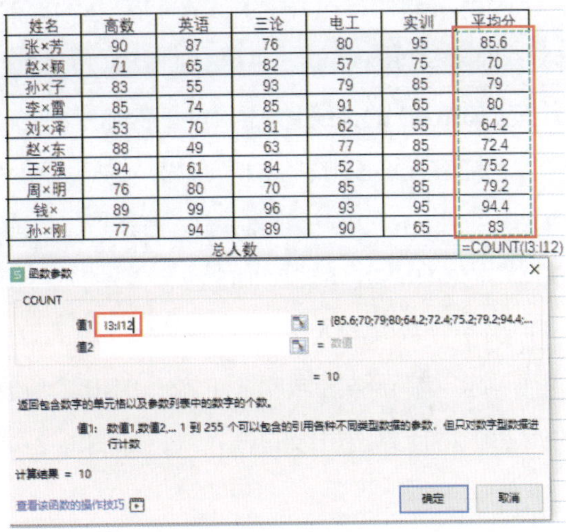

图3-2-22 COUNT函数参数设置

定”即可，如图3-2-22所示。

② COUNTIF函数。

一般格式是COUNTIF（计算区域，条件），用于统计区域内符合指定条件的单元格数目。其中，计算区域表示要计数的非空区域，空值和文本值将被忽略。

如在“电子12001班考试成绩”工作簿中“课程成绩”工作表内计算各分数段的人数。操作步骤如下。

• 在工作表“课程成绩”中D16开始的单元格区域建立统计分析表，如图3-2-23所示，然后为该区域添加边框、设置

学生平均成绩分段统计		
分数段	人数	比例
90分以上		
80-89分		
70-79分		
60-69分		
0-59分		
总计		
最高分		
最低分		

图3-2-23 建立分段统计表的框架图

对齐方式。

• 选中单元格E18，切换到“公式”选项卡，然后单击“插入函数”，打开“插入函数”对话框。

• 将“或选择类别”下拉列表框设置为“统计”，然后在“选择函数”列表中选择“COUNTIF”选项，如图3-2-24所示，接着单击“确定”按钮，打开“函数参数”对话框。

• 在“函数参数”对话框中，在“区域”框中输入J3:J12并单击F4将区域变成绝对引用“$J$3:$J$12”，接着在“条件”框中输入条件“>=90”，如图3-2-25所示，单击“确定”按钮，返回工作表。此时，在单元格E18中显示出计算结果，在编辑框中显示了对应的公式“=COUNTIF（$J$3:$J$12,">=90"）”，统计出平均分在90分以上的人数。

• 再次单击单元格EI8，在编辑框中复制公式，然后在单元格E19中粘贴公式，并修改为“=COUNTIF（$J$3:$J$12,">=80"）–COUNTIF（$J$3:$J$12,">=90"）”，并按〈Enter〉键，统计出平均分在80~89分的人数。

• 将单元格E20、E21、E22中的公式分别设置为“=COUNTIF（$J$3:$J$12,">=70"）–COUNTIF（$J$3:$J$12,">=80"）”“=COUNTIF（$J$3:$J$12,">=60"）–COUNTIF（J$3:$J$12,">= 70"）”和“=COUNTIF（SJS3:SJ$12,"<60"）”，统计出各分数段的人数。

• 选定单元格区域E18:E22，单击“函数库”选项组中的“自动求和”按钮，单元格E23中将计算出班级的总人数，如图3-2-26所示。

图3-2-24　选择COUNTIF函数对话框

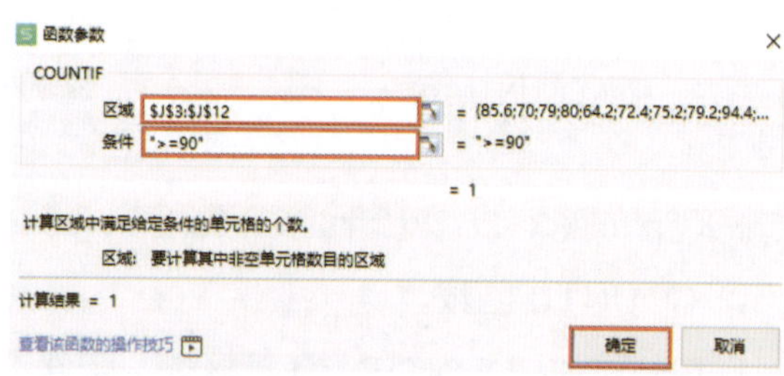

图3-2-25　COUNTIF函数的参数对话框

学生平均成绩分段统计		
分数段	人数	比例
90分以上	1	
80-89分	3	
70-79分	5	
60-69分	1	
0-59分	0	
总计	10	
最高分		
最低分		

图3-2-26　成绩分段统计后的结果

（4）MAX和MIN函数

① MAX函数。

一般格式是MAX（计算区域），功能是返回一组数值中的最大值。

如计算出“课程成绩”工作表中“学生平均成绩分段统计”中的最高分。操作步骤如下。

将光标移至E24中，切换到“公式”选项卡，单击“自动求和”按钮下方的箭头按钮，从弹出的下拉菜单中选择“最大值”命令，然后拖动鼠标选中平均成绩所在的单元格区域J3:J12，按〈Enter〉键计算出平均成绩的最高分，如图3–2–27所示。

② MIN函数。

将光标移至E25中，切换到“公式”选项卡，单击“自动求和”按钮下方的箭头按钮，从弹出的下拉菜单中选择“最小值”命令，然后拖动鼠标选中平均成绩所在的单元格区域J3:J12，按〈Enter〉键计算出平均成绩的最低分，如图3–2–28所示。

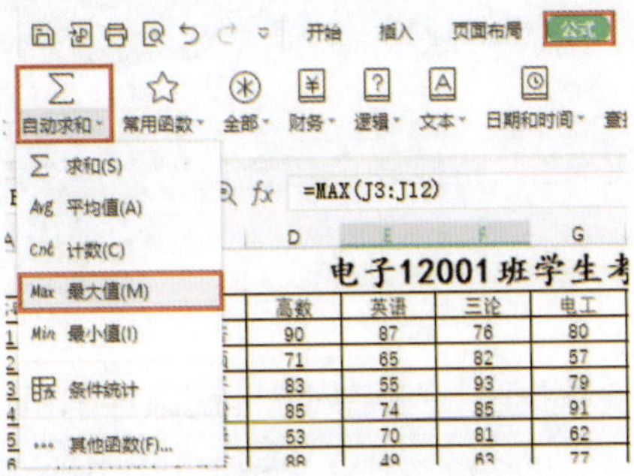

图3–2–27　选择最大值函数对话框

学生平均成绩分段统计		
分数段	人数	比例
90分以上	1	
80-89分	3	
70-79分	5	
60-69分	1	
0-59分	0	
总计	10	
最高分	94.4	
最低分	64.2	

图3–2–28　用MIN函数计算出最低分结果

（5）RANK函数

一般格式是RANK（查找值，参照的区域，排序方式），用于返回某数字在一组数字中相对其他数值的大小排名。当参数“排序方式”省略时，名次基于降序排列。

如在“课程成绩”工作表中按照总分进行排名。操作步骤如下。

① 在单元格K2中输入文本“排名”，然后选中单元格K3，并打开“插入函数”对话框，选择RANK函数，打开“函数参数”对话框。把光标放在“数值”框时，单击单元格I3选中总评成绩，再将光标移至“引用”框，选定工作表区域I3:I12，并将其修改为“$I$3:$I$12”，最后单击“确定”按钮，计算出序号为“1”的学生的排名为第2名，如图3–2–29所示。

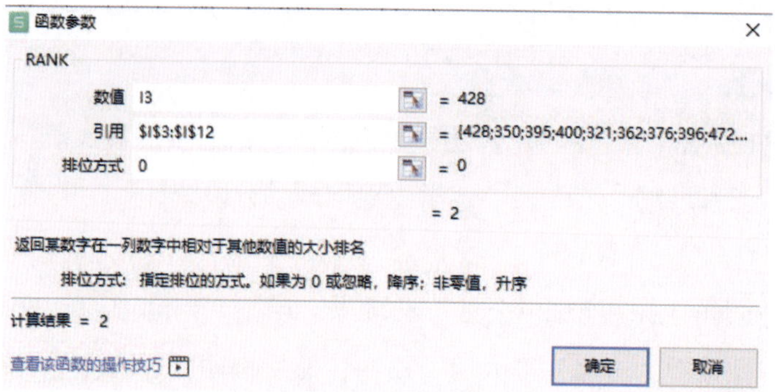

图3-2-29　RANK函数参数对话框

电子12001班学生考试成绩

序号	学号	姓名	高数	英语	三论	电工	实训	总分	平均分	排名
1	12111201	张×芳	90	87	76	80	95	428	85.6	2
2	12111202	赵×颖	71	65	82	57	75	350	70	9
3	12111203	孙×子	83	55	93	79	85	395	79	6
4	12111204	李×雷	85	74	85	91	65	400	80	4
5	12111205	刘×泽	53	70	81	62	55	321	64.2	10
6	12111206	赵×东	88	49	63	77	85	362	72.4	8
7	12111207	王×强	94	61	84	52	85	376	75.2	7
8	12111208	周×明	76	80	70	85	85	396	79.2	5
9	12111209	钱×	89	99	96	93	95	472	94.4	1
10	12111210	孙×刚	77	94	89	90	65	415	83	3

图3-2-30　利用RANK函数计算出所有同学的排名

② 利用控制句柄填充其他学生的排名。将标题设置合并居中，设置表格边框及对齐方式，如图3-2-30所示。

（6）VLOOKUP函数

一般格式是VLOOKUP（查找值，数据表，列序数，匹配条件），可以用来核对数据、多个表格之间快速导入数据等。功能是按列查找，最终返回该列所需查询序列所对应的值，与之对应的HLOOKUP函数是按行查找。

查找值为需要在数据表第一列中进行查找的值。查找值可以为数值、引用或文本字符串。当VLOOKUP函数第一参数省略查找值时，表示用0查找。

数据表为需要在其中查找数据的数据表。使用对区域或区域名称的引用。

列序数为数据表中查找数据的数据列序号。列序数为1时，返回数据表第一列的值，列序数为2时，返回数据表第二列的值，以此类推。如果列序数小于1，函数VLOOKUP返回错误值#VALUE!；如果列序数大于数据表的列数，函数VLOOKUP返回错误值#REF!。

匹配条件为一逻辑值，指明函数VLOOKUP查找时是精确匹配，还是近似匹配。如果为FALSE或0，则返回精确匹配，如果找不到，则返回错误值#N/A。如果匹配条件为TRUE或1，函数VLOOKUP将查找近似匹配值，也就是说，如果找不到精确匹配值，则返回小于查找值的最大数值。应注意VLOOKUP函数在进行近似匹配时的查找规则是从第一个数据开始匹配，没有匹配到一样的值就继续与下一个值进行匹配，直到遇到大于查找值的值，此时返回上一个数据（近似匹配时应对查找值所在列进行升序排列）。如果匹配条件省略，则默认为1。

（7）IF、AND和OR函数

① IF函数。

一般格式是IF（Exp，T，F），其中，第1个参数Exp是可以产生逻辑值的表达式，如果其值为真，则函数的值为表达式T的值，否则函数的值为表达式F的值。

如在“课程成绩”工作表中根据排名计算奖学金。班级一、二、三等奖学金分别为一人、两人、两人。操作步骤如下。

第一步：将文本“奖学金”输入单元格L2中。

第二步：在单元格L3中输入公式“=IF（K3<2,"一等"，IF（K3<4,"二等"，IF（K3<6,"三等"，""）））”，按〈Enter〉键，计算出序号为“1”的学生是否获得了奖学金。如果不满足条件，该单元格中不显示任何字符，如图3-2-31所示。

第三步：利用控制句柄，自动填充其他学生获得奖学金的情况，再设置边框及对齐方式，如图3-2-32所示。

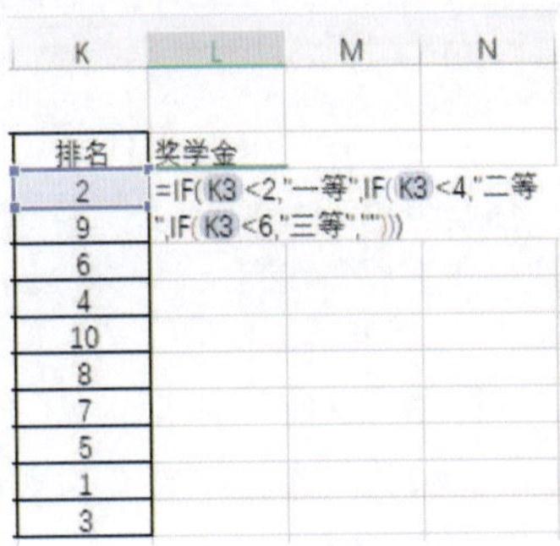

图3-2-31 输入IF函数

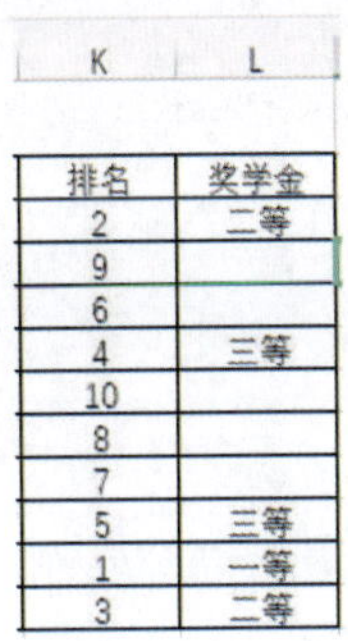

图3-2-32 奖学金评定结果

② AND函数。

一般格式是AND（L1,L2,..），用于判断两个以上条件是否同时具备。例如，AND（5>4,2<6）的结果为TRUE。

③ OR函数。

一般格式是OR（L1,L2,..），用于判断多个条件是否具备之一。例如，OR（1>3,7<9）的结果为TRUE。

巩固练习

1. 新建一个工作簿，取名为“练习”，将Sheet1改名为“销售表”，输入如图3–2–33所示内容，要求如下。

	A	B	C	D	E	F	G	H	I	J	K
1	销售表										
2	月份	货物A			货物B			货物C			月销售额
3		单价	数量	金额	单价	数量	金额	单价	数量	金额	
4	1	200	10		400	10		100	40		
5	2	201			400			110			
6	3	202			400			120			
7	4	203			400			130			
8	5	204			400			100			
9	6	205			400			110			
10	7	206			420			120			
11	8	207			420			130			
12	9	208			420			100			
13	10	209			420			110			
14	11	210			420			120			
15	12	211			420			130			
16	合计										

图3–2–33　销售表

①“月份”数据自动填充；“货物A”的单价自动填充，“货物B”的单价分两次填充；“货物C”的单价以1～4月为基本数据进行复制。

②“货物A”的“数量”以10为起点，按步长值为5填充等差序列；“货物B”的“数量”以10为起点，按步长值为2填充等比序列，最多为100，然后重复填充；“货物C”的“数量”以40为起点，重复填充数据。

2. 打开“练习”工作簿，对其中的“销售表”进行如下操作。

货物A、货物B、货物C的金额=单价×数量，利用公式复制实现数据填充；分别对货物A、货物B、货物C的“数量”“金额”以及“月销售额”进行求和，并把结果填写在“合计”一栏对应的单元格中；分别计算货物A、货物B、货物C的“单价”平均值，并把结果填写在“合计”一栏对应的单元格中。

3. 建立如图3–2–34所示的“职工工资表”，并按下列要求进行计算操作。

① 销售额超过5000的职工按10%提成，其他职工按5%提成；

② 统计销售额为5678的职工人数，并将其放在D12单元格；

③ 计算销售额为5678的职工提成之和，并将其放在D13单元格；

④ 计算每个职工的“实发工资”（实发工资=基本工资+提成），并将其放在相应单元格中；

	A	B	C	D	E	F
1	职工工资表					
2	姓名	销售额	基本工资	提成	实发工资	
3	张×	5678	2600			
4	李×	3458	1000			
5	王×	2356	800			
6	赵×	5678	2500			
7	田×	4567	2000			
8	刘××	8756	3000			
9	合计					
10	平均值					
11						
12	销售额为5678的职工人数				平均实发工资	
13	销售额为5678的职工提成和				最高实发工资	

图3-2-34　职工工资表

⑤ 计算所有职工的“销售额”“基本工资”“提成”和“实发工资”的合计，并分别将其放在“合计”所在行相应的单元格中；

⑥ 计算所有职工“实发工资”的平均值，并将其放在F12单元格；

⑦ 求“实发工资”最高值，结果放在F13单元格；

⑧ 分别求出“销售额”“基本工资”“提成”和“实发工资”的平均值；

⑨ 设置表格的边框及对齐方式；

⑩ 以“职工工资表”为工作簿名保存于自己的文件夹。

任务 3.3　学生成绩数据分析

姓名：	学号：	班级：	日期：

任务描述

国家励志奖学金评定工作已经开始了，按照文件要求，每个班有2名国家励志奖学金名额，请各班按照评选条件推荐2名同学申请国家励志奖学金，请你根据评选条件制作表格，通过排序、筛选和分类汇总等WPS表格功能实现推荐国家励志奖学金获得者。

任务目标

（1）通过查阅资料，了解WPS表格的数据管理功能，提高办公效率。

（2）学会对表格数据进行排序。

（3）学会对表格数据进行筛选。

（4）学会对表格数据进行分类汇总。

（5）学会筛选班级，并根据成绩进行排名。

（6）通过国家励志奖学金的评选活动，激发家庭经济困难学生的学习激情，培养其不怕困难、勇于争优的精神。

任务书

利用WPS表格处理，完成图3–3–1的国家励志奖学金同学推荐。按要求完成数据的输入和公式的使用，通过排序、筛选和分类汇总等功能推荐国家励志奖学金获得者。操作要求如下：

（1）计算所有学生的“考核成绩排名范围”和“综合考评成绩排名范围”。

（2）按照“考核成绩排名”进行从小到大排序。

（3）筛选“是否为贫困生”列中所有的贫困生同学。

（4）筛选出“考核成绩排名范围”和“综合考评成绩排名范围”均在前30%以内的同学。

（5）根据筛选出的结果推选国家励志奖学金获得者。

学号	姓名	性别	班级	考核成绩	考核成绩排名范围	综合考评成绩	综合考评成绩排名范围	是否有校级奖项	贫困类型
202010XXX	赖X罗	女	软件12002	74.00	66.67%	72.70	52.78%	是	非贫困生
202011XXX	田X睿	男	软件12001	87.67	2.78%	80.35	5.56%	否	贫困生
202011XXX	唐X新	男	软件12001	75.67	50.00%	72.45	58.33%	否	贫困生
202011XXX	杨X明	男	软件12001	74.67	63.89%	78.45	8.33%	否	非贫困生
202011XXX	刘X青	男	软件12001	84.67	5.56%	78.45	8.33%	是	非贫困生
202012XXX	徐X恒	男	软件12002	78.33	27.78%	69.10	94.44%	否	贫困生
202012XXX	钱X军	男	软件12001	75.00	58.33%	73.05	44.44%	否	贫困生
202012XXX	陈X利	女	软件12001	79.00	22.22%	74.00	38.89%	否	贫困生
202012XXX	吉石X熙	女	软件12001	81.33	11.11%	75.30	25.00%	是	贫困生
202012XXX	杨X杰	男	软件12001	81.33	11.11%	72.40	61.11%	否	非贫困生
202012XXX	刘X香	女	软件12001	75.00	58.33%	67.90	100.00%	否	贫困生
202012XXX	唐X雅	女	软件12001	70.33	86.11%	72.10	63.89%	否	非贫困生
202012XXX	胥X利	女	软件12002	72.33	75.00%	70.30	86.11%	否	贫困生
202013XXX	陈X建	男	软件12002	71.00	83.33%	74.55	30.56%	是	贫困生
202014XXX	严X琳	女	软件12002	84.67	5.56%	86.20	2.78%	否	贫困生
202015XXX	李X锐	男	软件12001	65.33	91.67%	70.75	72.22%	否	贫困生
202015XXX	邓X慧	女	软件12002	78.33	27.78%	70.70	75.00%	否	贫困生
202015XXX	赵X均	男	软件12002	72.33	75.00%	73.10	41.67%	否	非贫困生
202016XXX	潘X杰	男	软件12002	79.00	22.22%	74.90	27.78%	是	贫困生
202016XXX	何X春	男	软件12002	75.67	50.00%	70.35	83.33%	否	贫困生
202016XXX	陈X英	女	软件12002	70.00	88.89%	70.65	77.78%	否	非贫困生
202017XXX	黄X永	男	软件12002	59.67	100.00%	74.35	33.33%	否	非贫困生
202017XXX	邹X雄	男	软件12001	77.00	41.67%	73.00	47.22%	否	非贫困生
202018XXX	覃X涌	男	软件12002	64.67	97.22%	74.30	36.11%	否	非贫困生
202018XXX	曾X义	男	软件12002	79.67	19.44%	72.55	55.56%	是	贫困生
202018XXX	刘X强	男	软件12001	65.33	91.67%	76.55	19.44%	否	非贫困生
202018XXX	刘X茂	男	软件12001	73.00	69.44%	72.90	50.00%	否	贫困生
202018XXX	樊X桂	女	软件12001	71.33	80.56%	69.45	91.67%	否	贫困生
202018XXX	刘X源	男	软件12001	76.00	47.22%	70.65	77.78%	是	贫困生
202018XXX	姚X晚	男	软件12002	81.00	16.67%	78.25	13.89%	否	贫困生
202018XXX	刘X恩	女	软件12002	78.00	33.33%	75.65	22.22%	否	非贫困生
202019XXX	钟X美	女	软件12001	77.33	38.89%	69.85	88.89%	否	非贫困生
202019XXX	郭X昕	男	软件12001	77.67	36.11%	71.05	66.67%	否	非贫困生
202019XXX	龚X平	女	软件12002	76.33	44.44%	68.10	97.22%	否	贫困生
202019XXX	罗X波	男	软件12002	75.33	55.56%	76.95	16.67%	否	非贫困生
202019XXX	刘X俊	男	软件12002	72.67	72.22%	70.90	69.44%	否	贫困生

图3-3-1　国家励志奖学金推荐表

任务分组

班级		组号		指导教师	
组长		学号			
组员	姓名	学号	姓名	学号	
任务分工					

获取信息

引导问题：以小组为单位上网查询，为了资助贫困大学生，国家出台了哪些政策？谈谈你对这些政策的感悟，为了报答国家，你在大学期间准备怎么办？

工作实施

引导问题1：排序方式有几种？分别怎么实现？

引导问题2：筛选的功能是什么？能对哪些类型的数据进行筛选？怎么实现自动筛选和高级筛选？

引导问题3：分类汇总的功能是什么？应用在哪些场景？

引导问题4：小组成员间讨论：按照国家励志奖学金评选条件，通过哪些操作可以推选出国家励志奖学金获得者？

引导问题 5：如何对“考核成绩排名范围”进行从小到大排序？

引导问题 6：如何筛选出所有的贫困生同学？

引导问题 7：如何筛选出“考核成绩排名范围”和“综合考评成绩排名范围”均在前 30% 的同学？

引导问题 8：如何按班级分类计算班级人数及班级“综合考评成绩平均分”？

评价反馈

<table>
<tr><th rowspan="2">项目名称</th><th rowspan="2">评价内容</th><th rowspan="2">分值</th><th colspan="3">评价分数</th></tr>
<tr><th>自评</th><th>互评</th><th>教师评价</th></tr>
<tr><td rowspan="5">职业素养考核项目 40%</td><td>穿戴规范、整洁</td><td>5</td><td></td><td></td><td></td></tr>
<tr><td>安全意识、责任意识、服从意识</td><td>10</td><td></td><td></td><td></td></tr>
<tr><td>积极参加教学活动，按时完成学生工作活页</td><td>10</td><td></td><td></td><td></td></tr>
<tr><td>团队合作、与人交流能力</td><td>10</td><td></td><td></td><td></td></tr>
<tr><td>劳动纪律</td><td>5</td><td></td><td></td><td></td></tr>
</table>

续表

项目名称	评价内容		分值	评价分数		
				自评	互评	教师评价
专业能力考核项目60%	专业知识查找及时、准确		10			
	操作符合规范		10			
	操作熟练度，工作效率		10			
	作品验收质量		30			
总分						
总评	自评（20%）+互评（20%）+教师评价（60%）=	综合等级	教师（签名）:			
有益的经验和做法						
总结反思建议						

相关知识

WPS表格可以对数据进行排序、筛选、查找、替换以及分类汇总等处理。

3.3.1 数据排序

数据排序功能位于“开始”选项卡下，如图3-3-2所示。

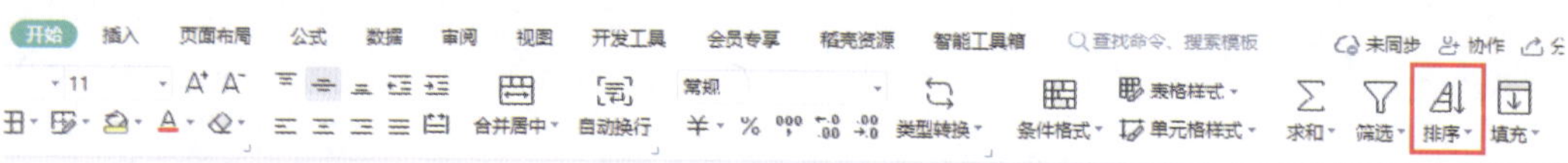

图3-3-2 “开始”选项卡

数据排序是数据分析中最基本的功能，在进行数据分析前大多都要先排序。排序是将表格数据按某种条件进行有规律次序显示。可以对一列或多列中的数据按文本、数字以及日期和时间的升序或降序进行排序，还可以按自定义序列中的数值、单元格颜色、字体颜色、条件格式图标进行排序，排序方式也可以是“升序”“降序”和“自定义排序”。

（1）升序

升序是对某列数据的关键字按照从小到大的排序方法排列，操作方法如下。

① 选中要排序列中的任一单元格；

② 单击“开始”→“排序”下拉按钮，在弹出菜单中选择进行“升序”操作；也可单击“数据”→“排序”功能区的弹出菜单中的选择“升序”，如图3-3-3所示。

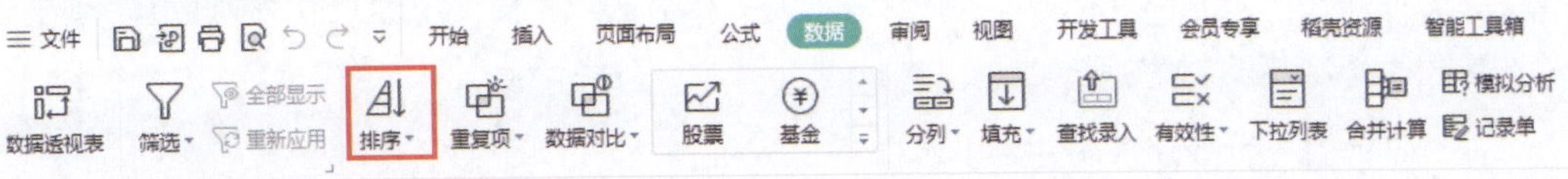

图3-3-3 “数据”选项卡

WPS表格常见数据升序规则为：

- 数字：从小到大。
- 文本：按照字母顺序a～z排列，如是中文文本，则按照首个汉字的拼音字母顺序排列。
- 日期和时间：从先到后。

（2）降序

“降序”与“升序”相反，是对某列数据的关键字按照从大到小的排序方法排列。操作方法与“升序”类似，只需在弹出菜单中选择“降序”即可。

（3）自定义排序

“升序”和“降序”都只能直接根据数字、文本、日期和时间进行排序，如果需要针对特定的行或者列设置不同的排序方式，如单元格颜色、字体颜色等，则可使用“自定义排序”功能。

设置“自定义排序”的操作步骤如下：

① 选定需排序的数据清单；

② 单击“开始”→“排序”下拉按钮，在弹出菜单中选择进行“自定义排序”操作，弹出“排序”对话框；也可单击“数据”→“排序”功能区的弹出菜单中选择“自定义排序”，也可弹出“排序”对话框，如图3-3-4所示。

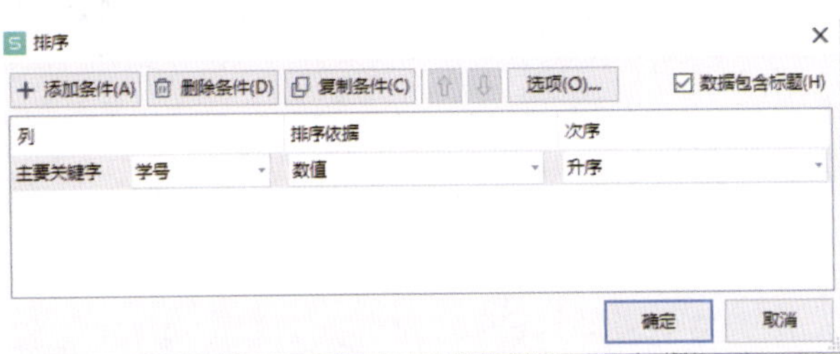

图3-3-4 “排序”对话框

③ 在对话框中的每个选项下拉列表中，按自己的需要设置好关键字、排序依据和次序。

提示

在“排序”对话框中“数据包含标题”勾选与否决定在排序时是否将列名也进行排序，勾选则不将列名进行排序，即列名保留在第一行不变，其他数据按照关键字排序，不勾选则将列名融入关键字一起排序。

④ 若需要添加其他排序条件时，可单击“添加条件”按钮，或者单击“复制条件”按键，再按上一步操作设置好排序条件的各个选项。每次排序都只有一个主要关键字，次要关键字即为“添加条件”，且没有具体限制。各排序条件的顺序也可以通过单击对话框上的调序按钮来调整。

提示

排序条件的顺序是决定本次排序执行的先后次序，只有当前一个条件无法满足时，后面的条件才会生效。比如主要关键字设置为班级，进行升序排序，次要关键字为考核成绩，进行降序排序，得到的结果即为先对班级进行排序，然后在班级内部对考试成绩进行排序，如图3-3-5所示。

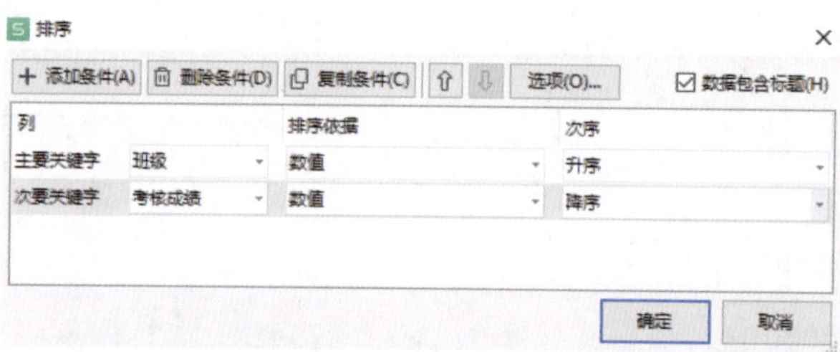

图3-3-5 “自定义排序”

⑤ 设置好所有条件后，单击“确定”按钮即可。

3.3.2 数据筛选

筛选是查找和处理数据清单中数据子集的快捷方法。筛选后的数据仅显示满足筛选条件的数据记录，但其他数据并不是被删除了，而是暂时隐藏，筛选后的数据可以进行编辑、设置格式、制作图表和打印等。筛选可实现“内容筛选”“颜色筛选”“文本筛选”和“数字筛选”，“内容筛选”和“颜色筛选”相对简单，只需从下拉列表中选择需要筛选的字段内容，使用方便；而“数字筛选”和“文本筛选”适用于复杂条件，可满足更多需求。

（1）内容筛选

内容筛选是经常使用的功能之一，操作方法如下。

① 单击数据清单中任一单元格。

② 单击“开始”→“筛选”下拉按钮，在弹出菜单中选择“筛选”命令；或者单击“数据”→“自动筛选”命令按钮。数据清单中每个字段名右下侧会出现下拉箭头标志▾。

③ 单击某个下拉箭头弹出筛选条件列表，可为数据清单设置筛选条件，如图3–3–6所示。

④ 选择需要的筛选条件。比如：只选“贫困生”；表示设置的筛选条件为贫困类型=“贫困生”，数据清单只显示贫困生的数据记录，其他不满足筛选条件的记录暂时隐藏，如图3–3–7所示。

⑤ 设置完成后单击“确定”按钮，筛选结果如图3–3–8所示。

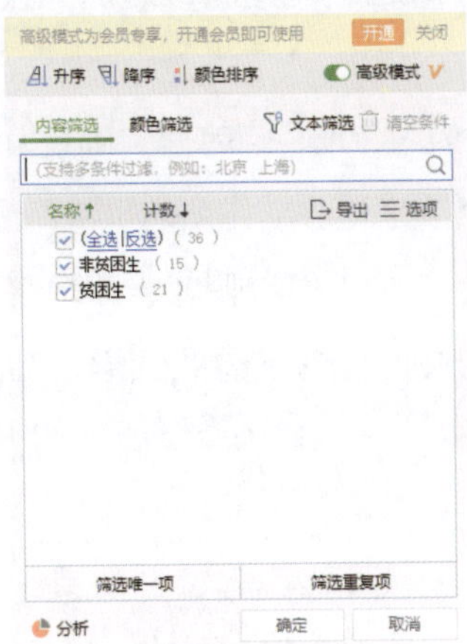

图3–3–6　筛选条件列表

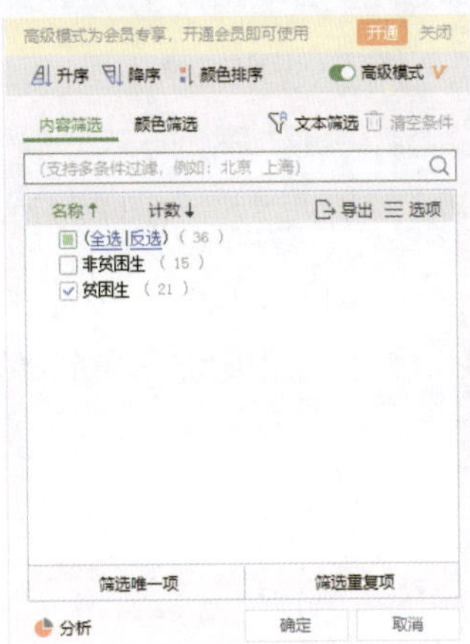

图3–3–7　筛选贫困生

学号	姓名	性别	班级	考核成绩	考核成绩排名范围	综合考评成绩	综合考评成绩排名范围	是否有校级奖项	贫困类型
202011XXX	田X睿	男	软件12001	87.67	2.78%	80.35	5.56%	否	贫困生
202012XXX	吉XX熙	女	软件12001	81.33	11.11%	75.30	25.00%	是	贫困生
202012XXX	陈X利	女	软件12001	79.00	22.22%	74.00	38.89%	否	贫困生
202018XXX	刘X	男	软件12001	76.00	47.22%	70.65	77.78%	是	贫困生
202011XXX	唐XX	男	软件12001	75.67	50.00%	72.45	58.33%	否	贫困生
202012XXX	钱X军	男	软件12001	75.00	58.33%	73.05	44.44%	否	贫困生
202012XXX	刘X香	女	软件12001	75.00	58.33%	67.90	100.00%	否	贫困生
202018XXX	刘X茂	男	软件12001	73.00	69.44%	72.90	50.00%	否	贫困生
202018XXX	樊X	女	软件12001	71.33	80.56%	69.45	91.67%	否	贫困生
202015XXX	李X锐	男	软件12001	65.33	91.67%	70.75	72.22%	否	贫困生
202014XXX	严X琳	女	软件12002	84.67	5.56%	86.20	2.78%	否	贫困生
202018XXX	姚X晚	男	软件12002	81.00	16.67%	78.25	13.89%	否	贫困生
202018XXX	曾XX	男	软件12002	79.67	19.44%	72.55	55.56%	是	贫困生
202016XXX	潘X杰	男	软件12002	79.00	22.22%	74.90	27.78%	是	贫困生
202012XXX	徐X恒	男	软件12002	78.33	27.78%	69.10	94.44%	否	贫困生
202015XXX	邓XX	女	软件12002	78.33	27.78%	70.70	75.00%	否	贫困生
202019XXX	龚X平	女	软件12002	76.33	44.44%	68.10	97.22%	否	贫困生
202016XXX	何X春	男	软件12002	75.67	50.00%	70.35	83.33%	否	贫困生
202019XXX	刘X俊	男	软件12002	72.67	72.22%	70.90	69.44%	否	贫困生
202012XXX	胥XX	女	软件12002	72.33	75.00%	70.30	86.11%	否	贫困生
202013XXX	陈XX	男	软件12002	71.00	83.33%	74.55	30.56%	是	贫困生

图3–3–8　筛选结果

提示

如果要让数据全部显示，只需再次单击已筛选字段名旁边的下拉按钮，在下拉框中选择“清空条件”，全部显示所有记录。

（2）数字筛选

当遇到复杂的数字筛选条件时，需采用“数字筛选”来实现。

“数字筛选”条件包括数学中的基本条件表达式，如大于、等于、小于、小于或等于、介于等，除基本条件表达式以外，还包括前十项、高于平均值、低于平均值和自定义筛选，通常自定义筛选用于更加复杂的筛选条件。

例如：筛选出“考核成绩排名范围”和“综合考评成绩排名范围”均在前30%以内的同学，其操作步骤如下。

① 单击“开始”→“筛选”下拉按钮，在弹出菜单中选择“筛选”命令；或者单击“数据”→“自动筛选”命令按钮。数据清单中每个字段名右下侧会出现下拉箭头标志。

② 单击“考核成绩排名范围”下拉箭头弹出筛选条件列表，选择“数字筛选”中的“小于或等于”，如图3-3-9所示。

③ 在弹出的“自定义自动筛选方式”框中输入“30%”，单击“确定”按钮，即可筛选出“考核成绩排名范围”在前30%以内的学生如图3-3-10所示。

④ 对“综合考评成绩排名范围”列进行如上步骤②和步骤③，即可筛选出“考核成绩排名范围”和“综合考评成绩排名范围”均在前30%以内的同学，筛选结果如图3-3-11所示。

图3-3-9　考核成绩排名范围筛选

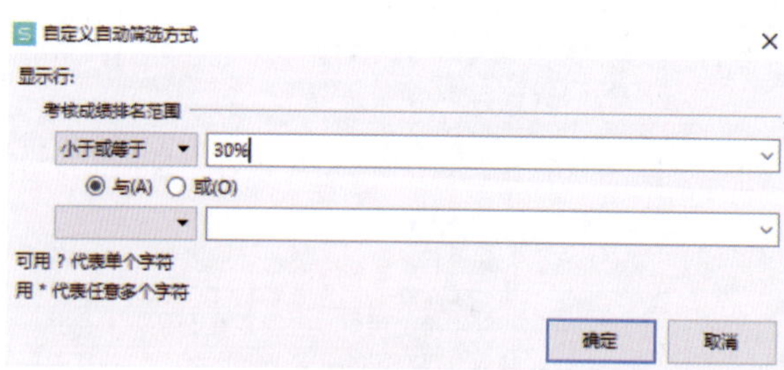

图3-3-10　自定义自动筛选方式

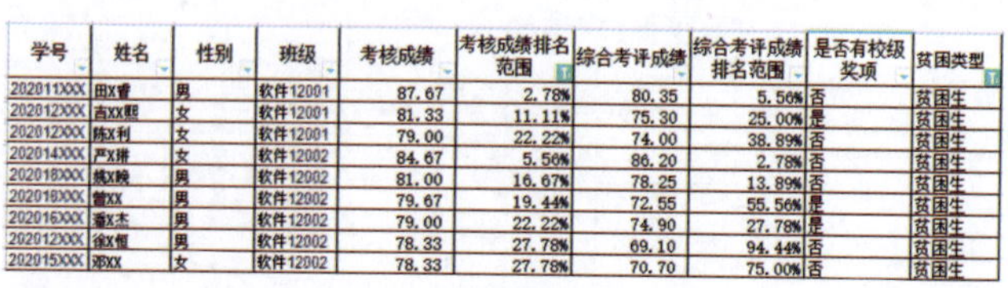

学号	姓名	性别	班级	考核成绩	考核成绩排名范围	综合考评成绩	综合考评成绩排名范围	是否有校级奖项	贫困类型
202011XXX	田X曾	男	软件12001	87.67	2.78%	80.35	5.56%	否	贫困生
202012XXX	吉XX熙	女	软件12001	81.33	11.11%	75.30	25.00%	是	贫困生
202012XXX	陈X利	女	软件12001	79.00	22.22%	74.00	38.89%	否	贫困生
202014XXX	严X排	女	软件12002	84.67	5.56%	86.20	2.78%	否	贫困生
202018XXX	姚X映	男	软件12002	81.00	16.67%	78.25	13.89%	否	贫困生
202018XXX	曾XX	男	软件12002	79.67	19.44%	72.55	55.56%	是	贫困生
202016XXX	番X杰	男	软件12002	79.00	22.22%	74.90	27.78%	是	贫困生
202012XXX	徐X恒	男	软件12002	78.33	27.78%	69.10	94.44%	否	贫困生
202015XXX	邓XX	女	软件12002	78.33	27.78%	70.70	75.00%	否	贫困生

图3-3-11　筛选出符合励志奖学金申请条件的同学

要同时筛选“考核成绩排名范围”和“综合考评成绩排名范围”均在前30%以内的同学除了上述方法可筛选以外，还可通过“高级筛选”实现。操作步骤如下。

考核成绩排名范围	综合考评成绩排名范围
<=30%	<=30%

图3-3-12　输入筛选条件

① 在空白单元格中创建条件区域，如图3-3-12所示。条件区域中设置的筛选条件为：考核成绩排名范围 <=30%，综合考评成绩排名范围 <=30%。

② 单击“开始”→“筛选”下拉按钮，在弹出菜单中选择“高级筛选”命令；弹出“高级筛选”对话框，如图3-3-13所示。

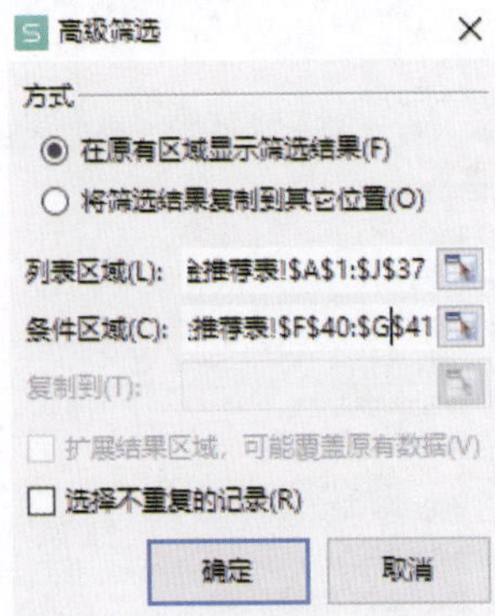

图3-3-13　“高级筛选”对话框

③ 默认情况下数据清单整个区域被一虚线框选，单元格范围显示在对话框中的“列表区域”内。

④ 选择筛选结果显示位置。

⑤ 单击“条件区域”右侧的拾取按钮，用鼠标拖动选择手工创建的条件区域，条件区域的范围值会被自动填充。

⑥ 完成设置后单击“确定”，筛选结果如图3-3-14所示。

学号	姓名	性别	班级	考核成绩	考核成绩排名范围	综合考评成绩	综合考评成绩排名范围	是否有校级奖项	贫困类型
202011XXX	田X睿	男	软件12001	87.67	2.78%	80.35	5.56%	否	贫困生
202011XXX	刘X清	男	软件12001	84.67	5.56%	78.45	8.33%	是	非贫困生
202012XXX	吉XX熙	女	软件12001	81.33	11.11%	75.30	25.00%	是	贫困生
202014XXX	严X琳	女	软件12002	84.67	5.56%	86.20	2.78%	否	贫困生
202018XXX	姚X晚	男	软件12002	81.00	16.67%	78.25	13.89%	否	贫困生
202016XXX	潘X杰	男	软件12002	79.00	22.22%	74.90	27.78%	是	贫困生

图3-3-14　筛选结果

3.3.3　分类汇总

实际应用中，将数据清单进行数据化后，还需要按照某一标准进行分类，然后在分完类的基础上对各类别相关数据分别进行求和、求平均数、求个数、求最大值、求最小值等方法的汇总。

以“学生成绩表”为例，汇总软件12001班和软件12002班级考核成绩的平均值，操作步骤如下：

① 单击“数据”→“筛选”功能区中的“升序”按钮，对数据清单先按分类字段进行排序。

② 单击“数据”→“分类汇总”按钮，整个数据清单默认会被自动选中，反色显示，

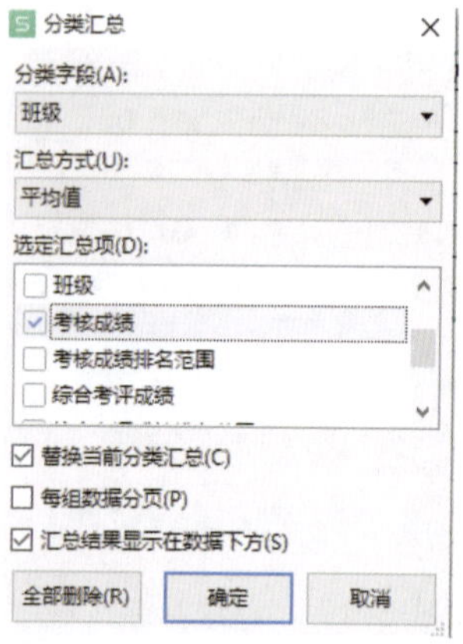

图3-3-15 “分类汇总”对话框

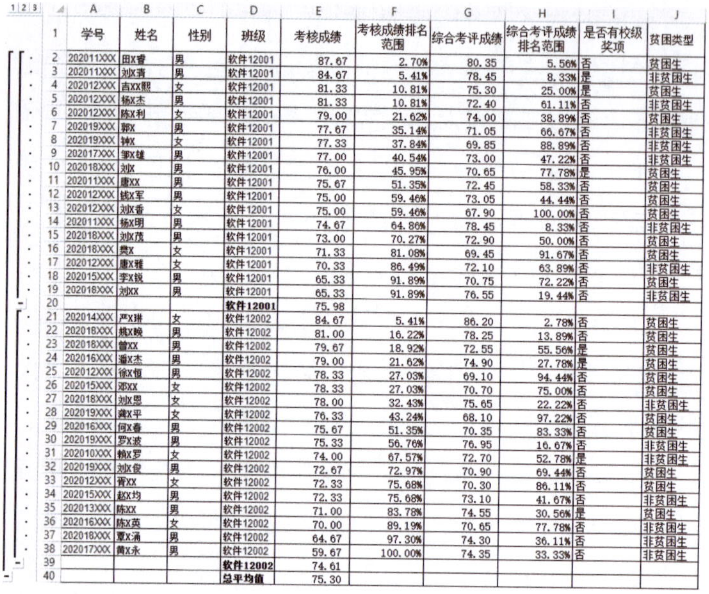

	A	B	C	D	E	F	G	H	I	J
1	学号	姓名	性别	班级	考核成绩	考核成绩排名范围	综合考评成绩	综合考评成绩排名范围	是否有校级奖项	贫困类型
2	202011XXX	田X睿	男	软件12001	87.67	2.70%	80.35	5.56%	否	贫困生
3	202011XXX	刘X清	男	软件12001	84.67	5.41%	78.45	8.33%	是	非贫困生
4	202012XXX	吉XX熙	女	软件12001	81.33	10.81%	75.30	25.00%	是	贫困生
5	202012XXX	杨X杰	男	软件12001	81.33	10.81%	72.40	61.11%	否	非贫困生
6	202012XXX	陈X利	女	软件12001	79.00	21.62%	74.00	38.89%	否	贫困生
7	202019XXX	郭X	男	软件12001	77.67	35.14%	71.05	66.67%	否	非贫困生
8	202019XXX	钟X	女	软件12001	77.33	37.84%	69.85	88.89%	否	非贫困生
9	202017XXX	邹X雄	男	软件12001	77.00	40.54%	73.00	47.22%	否	非贫困生
10	202018XXX	刘X	男	软件12001	76.00	45.95%	70.65	77.78%	是	贫困生
11	202011XXX	康XX	男	软件12001	75.67	51.35%	72.45	58.33%	否	贫困生
12	202012XXX	钱X军	男	软件12001	75.00	59.46%	73.05	44.44%	否	贫困生
13	202012XXX	刘X香	女	软件12001	75.00	59.46%	67.90	100.00%	否	贫困生
14	202011XXX	杨X明	男	软件12001	74.67	64.86%	78.45	8.33%	否	非贫困生
15	202018XXX	刘X茂	男	软件12001	73.00	70.27%	72.90	50.00%	否	贫困生
16	202018XXX	樊X	女	软件12001	71.33	81.08%	69.45	91.67%	否	贫困生
17	202012XXX	康X雅	女	软件12001	70.33	86.49%	72.10	63.89%	否	非贫困生
18	202015XXX	李X锐	男	软件12001	65.33	91.89%	70.75	72.22%	否	贫困生
19	202018XXX	刘XX	男	软件12001	65.33	91.89%	76.55	19.44%	否	非贫困生
20				软件12001	75.98					
21	202014XXX	严X琳	女	软件12002	84.67	5.41%	86.20	2.78%	否	贫困生
22	202018XXX	姚X晚	男	软件12002	81.00	16.22%	78.25	13.89%	否	贫困生
23	202018XXX	曾XX	男	软件12002	79.67	18.92%	72.55	55.56%	是	贫困生
24	202016XXX	潘X杰	男	软件12002	79.00	21.62%	74.90	27.78%	是	贫困生
25	202012XXX	徐X恒	男	软件12002	78.33	27.03%	69.10	94.44%	否	贫困生
26	202015XXX	邓XX	女	软件12002	78.33	27.03%	70.70	75.00%	否	贫困生
27	202018XXX	刘X恩	女	软件12002	78.00	32.43%	75.65	22.22%	否	非贫困生
28	202019XXX	龚X平	女	软件12002	76.33	43.24%	68.10	97.22%	否	贫困生
29	202016XXX	何X春	男	软件12002	75.67	51.35%	70.35	83.33%	否	贫困生
30	202019XXX	罗X波	男	软件12002	75.33	56.76%	76.95	16.67%	否	非贫困生
31	202010XXX	赖X罗	女	软件12002	74.00	67.57%	72.70	52.78%	是	非贫困生
32	202019XXX	刘X俊	男	软件12002	72.67	72.97%	70.90	69.44%	否	贫困生
33	202012XXX	胥XX	女	软件12002	72.33	75.68%	70.30	86.11%	否	贫困生
34	202015XXX	赵X均	男	软件12002	72.33	75.68%	73.10	41.67%	否	非贫困生
35	202013XXX	陈XX	男	软件12002	71.00	83.78%	74.55	30.56%	是	贫困生
36	202016XXX	陈X英	女	软件12002	70.00	89.19%	70.65	77.78%	否	非贫困生
37	202018XXX	覃X涌	男	软件12002	64.67	97.30%	74.30	36.11%	否	非贫困生
38	202017XXX	黄X永	男	软件12002	59.67	100.00%	74.35	33.33%	否	非贫困生
39				软件12002	74.61					
40				总平均值	75.30					

图3-3-16 分类汇总结果

并弹出“分类汇总”对话框，如图3-3-15所示。

③ 在“分类汇总”对话框中设置“分类字段”值；选择汇总方式：求平均值、计数、平均等；选定汇总项。这里分别选择：“班级”“平均值”“考核成绩”。

④ 选择汇总的显示方式和显示位置。

⑤ 单击“确定”按钮，分类汇总结果如图3-3-16所示。

单击分类汇总表左侧的“+”“–”或“1”“2”“3”能折叠或展开显示汇总内容，实现不同的分级显示效果。单击“数据”选项卡中“分级显示”组中的“+”“–”按钮，同样可以隐藏或显示明细数据。

如果要取消分类汇总，返回正常数据清单显示方式，只需单击“全部删除”即可。

巩固练习

某学院学生的试卷评阅工作已结束，现已将502名学生的基本信息和他们的各科成绩录入到了名称为“成绩表”的工作表中。这502名学生分别属于“一班”“二班”……“六班”这6个班级，学号是每个学生的唯一标识。

“成绩表”中学生的基本信息包括：学号、姓名、性别和班级；“成绩”包括：

高等数学、大学英语、逻辑学、应用文写作和程序设计基础5门课。

现需要对学生的成绩进行分析和处理，请按要求实现相应操作。

（1）现在需要筛选出平均分在80～90分（含80分和90分），且班级为“二班”的“男生”。请利用自动筛选功能在“成绩表”中实现这一操作。

（2）“成绩筛选”表中存放的是502名学生的原始成绩，现需要一次性筛选出二班和六班“高等数学”成绩在95分以上（含95分）的所有学生。请利用高级筛选功能在当前表中实现这一操作。

说明：构造条件区域时，要求在工作表的最上面插入5个空行，使原先表中“学号”“姓名”“性别”……所在行成为工作表的第6行，且条件区域的起始位置为A1单元格。

（3）“成绩汇总”表中存放的是502名学生的原始成绩，现需要对表中数据进行分类汇总分析，具体要求是按“性别”分类统计男生和女生的“高等数学”和“应用文写作”这两门课程的平均分，且最终显示级别为“2”的分级汇总结果。

原始数据为ET.xlsx。

任务 3.4　学生成绩数据图表化展示

姓名：	学号：	班级：	日期：

任务描述

技能工作室报名已结束，根据个人意向，学生报名了大数据、Web前端、软件测试、移动应用开发、网络构建和信息安全六个方向，现需对每个方向占比及学生成绩进行图表化展示，以便更好地掌握学生的兴趣及基础，为技能培养设计更为精准的方案，为毕业后从事工作方向提供正确指导。

任务目标

（1）熟知WPS表格的图表类型及应用场景。

（2）熟知WPS表格图表中的元素。

（3）熟知透视表和透视图的功能及应用。

（4）学会根据不同的表格数据创建不同的图表。

（5）学会美化图表。

（6）学会使用透视表。

（7）学会根据工作室方向分析各个方向的人数占比。

（8）学生能根据自身的兴趣爱好和特长规划自己的职业方向，强化自己的职业能力，规划好自己的人生。

任务书

（1）利用WPS表格绘制图形功能，绘制两个班级的各科成绩分析对比图，并对绘制的图形进行美化。

操作要求如下。

① 计算各班工程应用数学、职场通用英语和应用文写作的班级平均分；

② 根据班级平均分绘制成绩分析柱状图；

③ 更改柱状图样式为“样式7”；

④ 设置柱状图的纵坐标起始值为60，终值为90；

⑤ 设置柱状图中软件12001平均值显示颜色为“培安紫，文本2，深色25%”；软件12002平均值显示颜色为“培安紫，文本2，浅色40%”；

⑥ 更改图形标题为“班级成绩分析对比”，如图3-4-1所示。

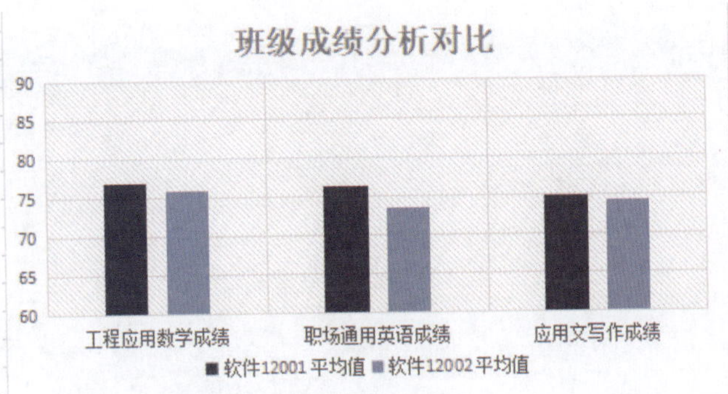

图3-4-1　班级成绩分析对比

（2）利用WPS表格透视表功能，统计工作室不同技能方向报名人数，并绘制工作室技能方向比例图。

操作要求如下：

① 对成绩数据清单创建透视表；

② 将“工作室方向”添加到数据透视表的列标签和值，如图3-4-2所示；

③ 对透视表创建数据透视图；

④ 选择饼图中稻壳图标中ID20462196的饼图；

⑤ 对插入的图表设置样式为“样式7”；

⑥ 修改图表标题为“工作室技能方向分析”，如图3-4-3所示。

工作室方向	计数项：工作室方向
web前端	7
大数据	9
软件测试	8
网络构建	3
信息安全	3
移动应用开发	6
总计	**36**

图3-4-2　工作室方向数据透视表

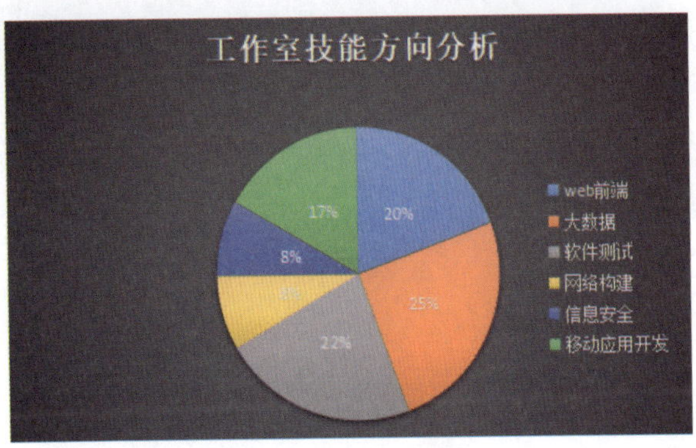

图3-4-3　工作室技能方向分析饼图

任务分组

<table>
<tr><td>班级</td><td></td><td>组号</td><td></td><td>指导教师</td><td></td></tr>
<tr><td>组长</td><td></td><td>学号</td><td colspan="3"></td></tr>
<tr><td rowspan="4">组员</td><td>姓名</td><td>学号</td><td>姓名</td><td colspan="2">学号</td></tr>
<tr><td></td><td></td><td></td><td colspan="2"></td></tr>
<tr><td></td><td></td><td></td><td colspan="2"></td></tr>
<tr><td></td><td></td><td></td><td colspan="2"></td></tr>
<tr><td colspan="6">任务分工</td></tr>
<tr><td colspan="6"></td></tr>
</table>

获取信息

引导问题 1： 以小组为单位讨论你所学专业有哪些职业方向，每个职业方向对应的单位类型有哪些？你擅长什么？毕业后你准备从事什么样的工作，现在应该从哪些方面努力？

引导问题 2： WPS 表格图表类型有几种？应用场景分别是什么？

引导问题 3： WPS 表格图表的组成元素有哪些？

引导问题 4： 数据透视表是什么？可以利用数据透视表实现什么功能？

工作实施

引导问题 1： 小组成员间讨论：对班级平均成绩分析可以用哪些图表表示？

引导问题 2： 如何绘制柱状图？

引导问题 3： 如何修改图表样式？

引导问题 4： 如何修改柱状图中的数据、横（分类）、纵（值）坐标轴及图表标题？

引导问题 5： 请写出创建数据透视表的步骤。

引导问题 6：如何设置数据透视表中的行标签、列标签及值？

引导问题 7：如何创建数据透视图？

引导问题 8：如何创建饼图？

评价反馈

<table>
<tr><th rowspan="2">项目名称</th><th rowspan="2">评价内容</th><th rowspan="2">分值</th><th colspan="3">评价分数</th></tr>
<tr><th>自评</th><th>互评</th><th>教师评价</th></tr>
<tr><td rowspan="5">职业素养考核项目40%</td><td>穿戴规范、整洁</td><td>5</td><td></td><td></td><td></td></tr>
<tr><td>安全意识、责任意识、服从意识</td><td>10</td><td></td><td></td><td></td></tr>
<tr><td>积极参加教学活动，按时完成学生工作活页</td><td>10</td><td></td><td></td><td></td></tr>
<tr><td>团队合作、与人交流能力</td><td>10</td><td></td><td></td><td></td></tr>
<tr><td>劳动纪律</td><td>5</td><td></td><td></td><td></td></tr>
<tr><td rowspan="4">专业能力考核项目60%</td><td>专业知识查找及时、准确</td><td>10</td><td></td><td></td><td></td></tr>
<tr><td>操作符合规范</td><td>10</td><td></td><td></td><td></td></tr>
<tr><td>操作熟练度，工作效率</td><td>10</td><td></td><td></td><td></td></tr>
<tr><td>作品验收质量</td><td>30</td><td></td><td></td><td></td></tr>
<tr><td colspan="3">总分</td><td></td><td></td><td></td></tr>
<tr><td rowspan="2">总评</td><td rowspan="2">自评（20%）+互评（20%）+教师评价（60%）=</td><td>综合等级</td><td colspan="3" rowspan="2">教师（签名）:</td></tr>
<tr><td></td></tr>
<tr><td>有益的经验和做法</td><td colspan="5"></td></tr>
<tr><td>总结反思建议</td><td colspan="5"></td></tr>
</table>

相关知识

WPS表格不仅可以方便记录数据，而且可以通过图形化的方式更加直观展示统计信息属性（时间性、数量性等），也可以利用数据透视功能快速对数据进行汇总、分析，使用多维方式展现数据。

3.4.1 图表的创建和编辑

（1）图表的类型

WPS表格的图表有两类：一类是全部图表，WPS嵌入的默认图表，可离线使用；另一类是在线图表，有更加美观的图表模板，但需在线使用。

WPS表格默认图表也支持许多种类型，用户可以根据自身需要选择恰当的图表模板来展示数据的变化关系，其主要类型包括：

① 柱形图：以柱状形式展示各组数据的关系，适于比较数据之间的多少。

② 折线图：以线条形式展示数据在各个时间段的变化，适于反映一组数据的变化趋势。

③ 饼图：以饼状形式展示各组数据所占的比例大小，比较适于反映相关数据间的比例关系。

④ 条形图：显示各个项目之间的比较情况，和柱状图的作用类似。

⑤ 面积图：不仅可以表示数量的多少，还可以反映同一事物在不同时间里发展变化的情况，能够突出每个系别所占据的面积，把握整体趋势。

⑥ XY 散点图：散点图是以一个变量为横坐标，另一变量为纵坐标，利用散点（坐标点）的分布形态反映变量统计关系的一种图形，能直观表现出影响因素和预测对象之间的总体关系趋势。

⑦ 股价图：股价图经常用来显示股价的波动。以特定顺序排列在工作表的列或行中的数据可以绘制到股价图中。

⑧ 雷达图：适用于多维数据（四维以上），且每个维度必须可以排序。

⑨ 组合图：由两个及以上的数据系列组合而成，绘制出的图案也是由两种类型及以上的图形组合。

⑩ 模板：将下载好的模板图形导入表格中，应用该图形。

⑪ 动态图表：能以动态形式展示数据的变化及信息，默认包含玫瑰图、桑基图和其他图表。

（2）创建图表

数据图表就是将单元格中的数据以各种统计图的形式显示，使得数据更直观。在创建图表之前，必须准备好数据表。这里以图3-4-4所示的“学生成绩表”为例，制作班级成绩分析对比柱形图。

创建图表的操作步骤如下。

① 对学生成绩表进行分类汇总，分类字段选择“班级”，汇总方式选择“平均值”，选定汇总项中选择“工程应用数学成绩”“职场通用英语成绩”“应用文写作成绩”，单击“确定”按钮，如图3-4-5所示。

② 将汇总后的结果复制到空白单元格中，选中该表格中任一单元格，如图3-4-6所示。

③ 单击“插入”→“全部图表”下拉框中的“全部图表”，弹出图表框，在图表框中选择“柱形图”→“簇状柱形图（预设图表）”，如图3-4-7所示。

也可单击“插入”，再单击插入柱形图图标下拉框，选择“簇状柱形图”，如图3-4-8所示，绘制完成如图3-4-9所示柱形图。

④ 单击“图表工具”，在“预设样式”中选择“样式7”，如图3-4-10所示。

当创建了图表后，图表和创建图表的数据区域之间建立了联系，当工作表中的数据发生变化时，图表中对应项的数据也会自动更新。

学号	姓名	性别	班级	工程应用数学成绩	职场通用英语成绩	应用文写作成绩	考核成绩	工作室方向
202011XXX	赖X罗	男	软件12001	73	95	95	87.66667	软件测试
202011XXX	田X睿	男	软件12001	75	85	67	75.66667	信息安全
202011XXX	唐X新	男	软件12001	82	80	62	74.66667	移动应用开发
202011XXX	杨X明	男	软件12001	76	87	91	84.66667	网络构建
202012XXX	刘X清	男	软件12001	72	59	94	75	软件测试
202012XXX	徐X恒	女	软件12001	89	88	60	79	web前端
202012XXX	钱X军	女	软件12001	86	70	88	81.33333	大数据
202012XXX	陈X利	男	软件12001	85	81	78	81.33333	大数据
202012XXX	吉石X熙	女	软件12001	66	75	84	75	软件测试
202012XXX	杨X杰	女	软件12001	83	50	78	70.33333	web前端
202015XXX	刘X香	男	软件12001	77	67	52	65.33333	移动应用开发
202017XXX	唐X雅	男	软件12001	77	67	87	77	大数据
202018XXX	胥X利	男	软件12001	57	83	56	65.33333	web前端
202018XXX	陈X建	男	软件12001	78	65	76	73	大数据
202018XXX	严X琳	女	软件12001	80	78	56	71.33333	软件测试
202018XXX	李X锐	男	软件12001	77	70	81	76	网络构建
202019XXX	邓X慧	女	软件12001	79	77	76	77.33333	web前端
202019XXX	赵X均	男	软件12001	71	95	67	77.66667	大数据
202010XXX	潘X杰	女	软件12002	70	75	77	74	信息安全
202012XXX	何X春	男	软件12002	75	87	73	78.33333	大数据
202012XXX	陈X英	女	软件12002	88	62	67	72.33333	信息安全
202013XXX	黄X永	男	软件12002	60	75	78	71	软件测试
202014XXX	邹X雄	女	软件12002	90	84	80	84.66667	软件测试
202015XXX	覃X涌	女	软件12002	78	82	75	78.33333	软件测试
202015XXX	曾X义	男	软件12002	78	62	77	72.33333	大数据
202016XXX	刘X强	男	软件12002	69	90	78	79	移动应用开发
202016XXX	刘X茂	男	软件12002	80	67	80	75.66667	web前端
202016XXX	樊X桂	女	软件12002	60	81	69	70	软件测试
202017XXX	刘X源	男	软件12002	64	50	65	59.66667	大数据
202018XXX	姚X晚	男	软件12002	72	78	44	64.66667	移动应用开发
202018XXX	刘X恩	男	软件12002	85	76	78	79.66667	web前端
202018XXX	钟X美	男	软件12002	92	78	73	81	移动应用开发
202018XXX	郭X昕	女	软件12002	80	67	87	78	大数据
202019XXX	龚X平	女	软件12002	84	71	74	76.33333	网络构建
202019XXX	罗X波	男	软件12002	84	60	82	75.33333	web前端
202019XXX	刘X俊	男	软件12002	58	78	82	72.66667	移动应用开发

图3-4-4　学生成绩表

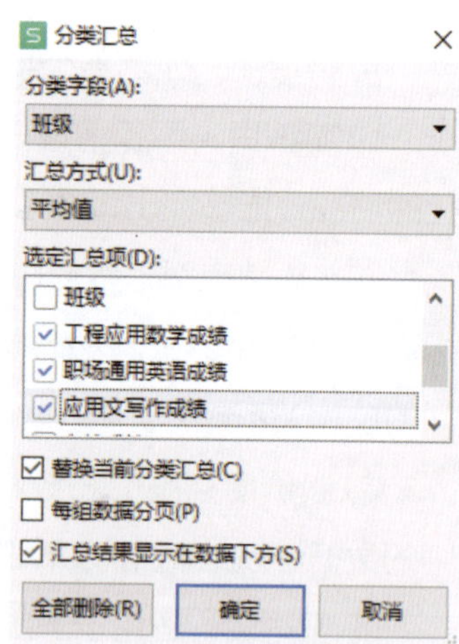

图3-4-5　各科成绩进行分类汇总

班级	工程应用数学成绩	职场通用英语成绩	应用文写作成绩
软件12001	76.83333333	76.22222222	74.88888889
软件12002	75.94444444	73.5	74.38888889

图3-4-6　各科成绩的班级平均值

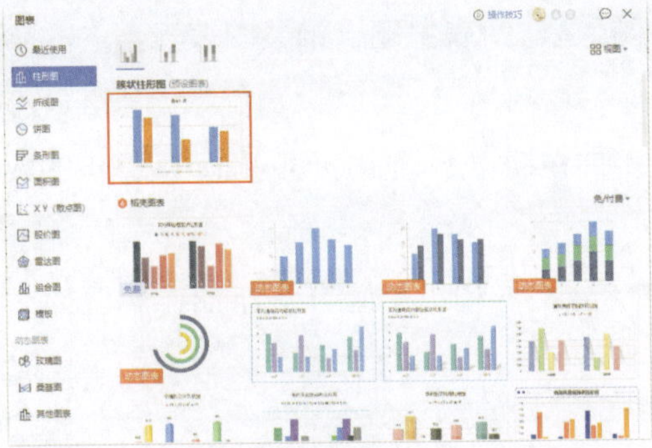

图3-4-7　在全部图表中选择插入柱形图

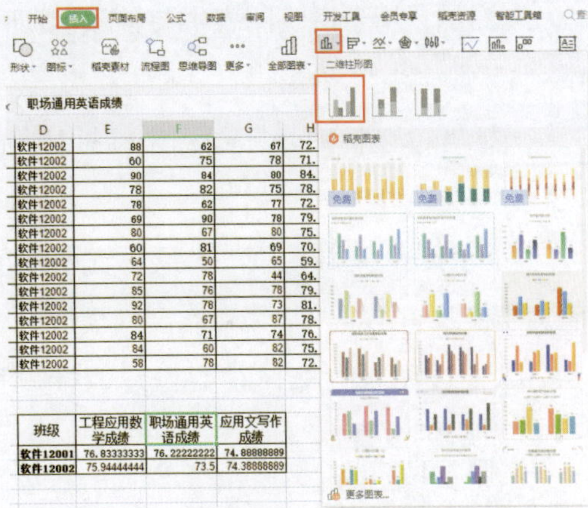

图3-4-8　利用快速访问工具选择插入柱形图

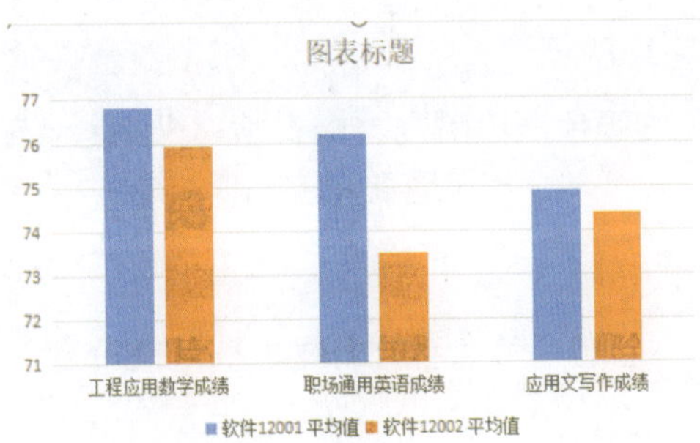

图3-4-9　插入柱形图效果

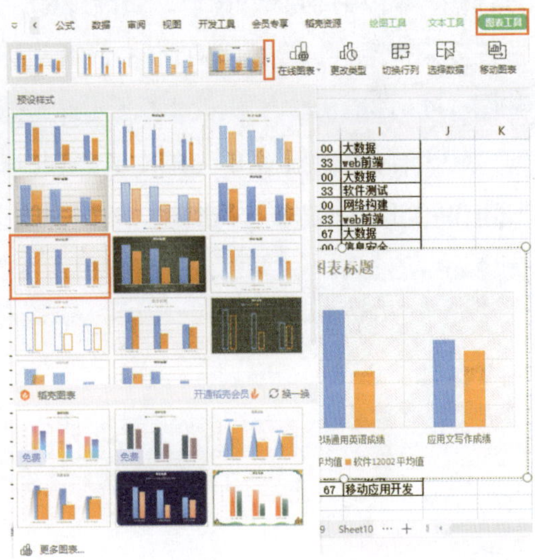

图3-4-10　更改图表样式

（3）图表的组成元素

默认创建的图表显示的图表信息往往都是默认的，没有根据用户需求改变而改变，因此需要用户对各个元素进行设置。图表的组成包括以下元素。

- 图表区：包含图表及所有元素。
- 绘图区：是指包含数据系列图形区域，位于图表区的中间。
- 数据系列和数据点：数据系列由数据点构成，每个数据点对应于数据源中一个单元格的值，而数据系列对应于数据源中一行或一列数据（多个数据）。
- 坐标轴：是绘图区最外侧的直线，常见的坐标轴有水平方向的分类轴，分类轴的分类项可以是来源于数据表的行标题或是列标题，也可以自定义分类项。

• 图例：用于说明图表中每种颜色所代表的数据系列。其本质就是数据表中行标题或列标题。

• 标题：包括图表标题和坐标轴标题，标题是对图表主题、相关图表元素的文字说明。

• 网格线：是数值轴的扩展，它用来帮助用户在视觉上更加方便的确定数据点的数值。网格线有主要网格线和次要网格线。

以上述图表为例，对图表设置标题及横（分类）和纵（值）坐标轴。实现如图3-4-11所示效果。

操作步骤如下。

① 双击“图表标题”，将“图表标题”修改为“班级成绩分析对比”。

② 单击纵坐标任一位置，右击鼠标，选择“设置坐标轴格式”，如图3-4-12所示。

③ 在右侧“属性”选项卡中设置坐标轴选项的“最小值”为60，“最大值”为90，如图3-4-13所示。

④ 单击横坐标中“软件12001平均值”的颜色框■软件12001平均值，或者单击“软件12001平均值”的任一柱形图，在“图例项选项”中，设置“填充”为“纯色填充”，颜色为“培安紫，文本2，深色25%”，如图3-4-14所示。

⑤ 与步骤④相同，将“软件12001平均值”的颜色框设置为“培安紫，文本2，浅色40%”。

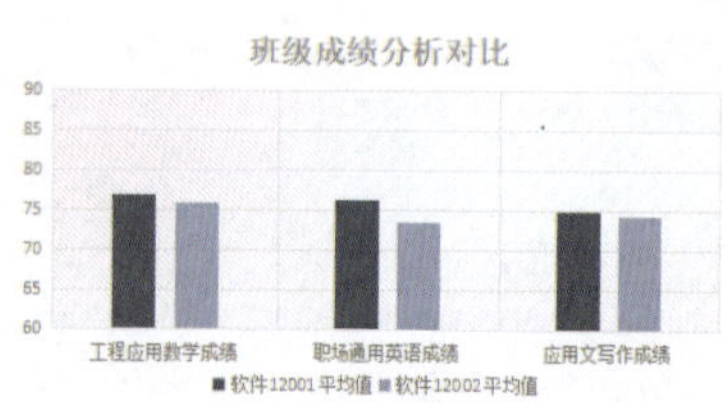

图3-4-11　班级成绩分析对比效果图

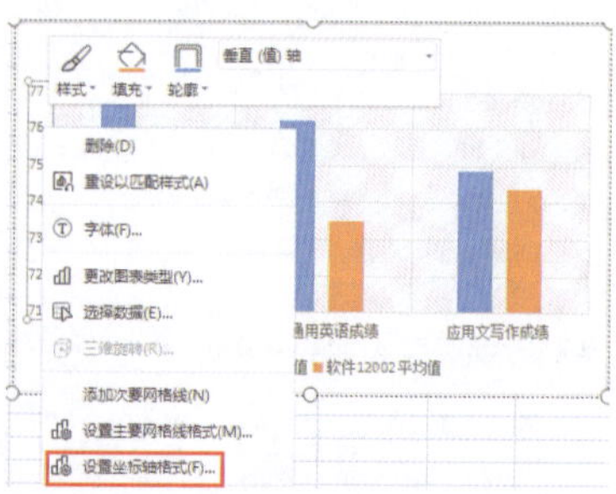

图3-4-12　设置坐标轴

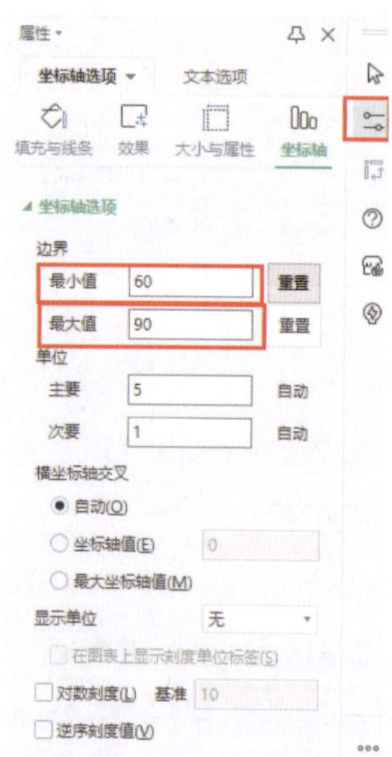

图3-4-13　设置坐标轴最大最小值

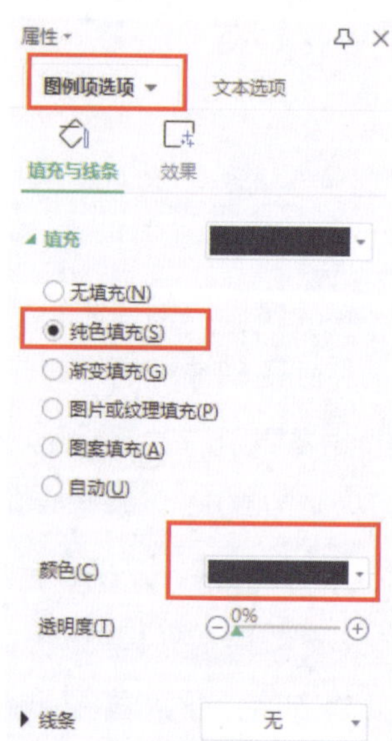

图3-4-14　设置平均值柱形颜色

（4）图表设置

选中图表后，即单击图表，功能区会自动切换到“图表工具”选项卡，可以对图表进行格式、文字、大小等设置。

① 添加元素：可以添加坐标轴、轴标题、图表标题、数据标签、数据表、误差线、网格线、图例、趋势线等。

② 快速布局：WPS图表中默认包含了一些图表的布局方式，比如图表标题的位置、图例位置、坐标轴标题位置及显示形式不同，用户可以根据需求快速选定所需的布局方式。

③ 更改颜色：选定图表后，可以对数据系列的颜色进行更改，如果想要多个数据系列为同一色系，则选择“单色”更改颜色，否则选择“彩色”更改颜色。

④ 预设样式：除了可以自定义样式以外，WPS还设置了多种常用样式，用户根据实际情况可以快速选择适合自己的样式。

⑤ 在线图表：在线图表需要联网使用，拥有更多精美的图表类型。

⑥ 更改类型：当发现原来绘制的数据图表不符合要求时，可以选择“更改类型”，更改的类型仍然包括上述图表类型。

⑦ 切换行列：当原始数据列不是代表有几个数据系列，而行才是代表数据系列时，可以直接选择“切换行列”，快速实现正确图表的绘制。

⑧ 选择数据：对图表中的数据、数据系列、轴标签要重新进行设置时，可以单击“选择数据”，更改数据源可单击“图表数据区域”右侧按钮，更改要展示的图表数据；更改系列名称，则在系列右侧单击编辑按钮，输入要修改的系列名称，当然，也可以对系列进行添加和删除；更改轴标签的分类类别，可以单击“类别”右侧的编辑按钮，选择要显示轴标签的数据区域。

⑨ 移动图表：在同一表格内移动图表相对简单，直接单击图表，拖动鼠标左键即可移动到想要的位置。除此之外，还可以将图表移动到其他工作表中，需单击“移动图表”，选择放置图表的位置，可以选择“对象位于”，从原有的工作表中选择其中一个图表移动到工作表，也可以选择“新工作表”，即原本没有该工作表，输入想要移动到的工作表名称，单击确定后会以该名称为名新建一个工作表，并将图表移至该工作表。

⑩ 设置格式：设置格式中可以对表格进行图表选项和文本选项的设置。图表选项中包含“填充与线条”“效果”“大小和属性”，“填充与线条”可以设置图表的背景颜色和图表边框线条颜色，“效果”可以设置阴影、发光和柔化边缘，“大小和属性”可以设置图表的大小、属性、对齐方式和可选文字。文本选项中可以设置“填充与轮廓”“效果”“文本框”，“填充与轮廓”中包括文本填充和文本轮廓，“效果”中包括阴影、倒影、

发光、三维格式、三维旋转和转换，“文本框”主要是对文本的对齐方式进行设置。

⑪ 重置样式：如果想要快速返回原本图表样式，则单击“重置样式”。

3.4.2 数据透视表的创建和使用

数据透视表是交互式报表，可快速合并和比较大量数据。也可以旋转其行和列以看到源数据的不同汇总，而且可显示感兴趣区域的明细数据。如果要分析相关的汇总值，尤其是在要合计较大的列表并对每个数字进行多种比较时，使用数据透视表则更加方便直观。

（1）创建数据透视表

创建数据透视表的方法如下。

① 单击包含数据的单元格区域内的一个单元格。

② 在“插入”选项卡下单击“数据透视表”，或者在“数据”选项卡下单击“数据透视表”，弹出如图3-4-15所示的“创建数据透视表”对话框。

③ 在“创建数据透视表”对话框中，确认要分析的数据区域正确无误。

④ 选择放置数据透视表的位置。

⑤ 单击“确定”按钮完成数据透视表的创建。

WPS表格会将空的数据透视表添加至指定位置并显示数据透视表字段列表，以便用户可以添加字段、创建布局以及自定义数据透视表，如图3-4-16所示。

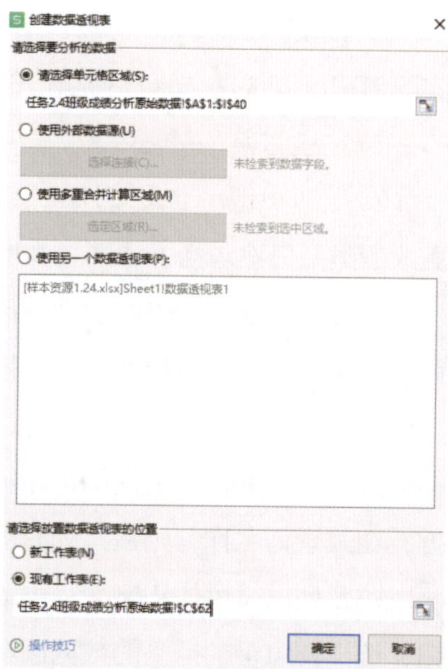

图3-4-15 “创建数据透视表”对话框

（2）向数据透视表添加字段

在“数据透视表字段列表”中，执行下面的一项或多项操作：

① 若要将字段放置到布局部分的默认区域中，在右侧字段列表中勾选相应的复选框即可。

② 若要将字段放置到布局部分的特定区域中，在字段部分中右键单击相应的字段名称，然后选择“添加到报表筛选”“添加到列标签”“添加到行标签”或“添加到值”；也可直接将字段名称，拖到布局部分中的所需区域中。

③ 单击右侧字段列表中列表名称的下拉按钮，可以在透视表中进行筛选排序等操作。

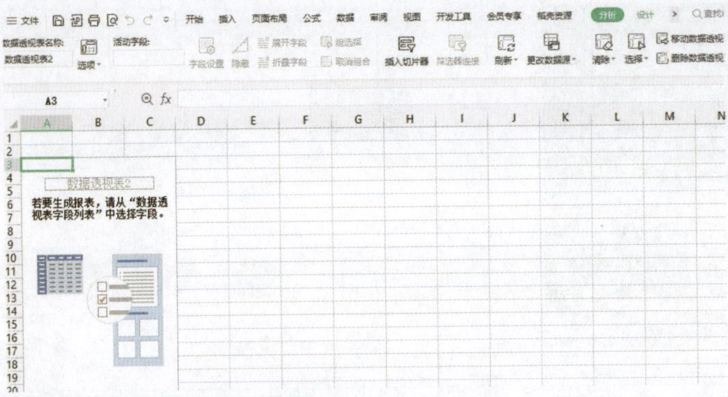

图3-4-16 创建的空数据透视表

工作室方向	计数项:工作室方向
web前端	7
大数据	9
软件测试	8
网络构建	3
信息安全	3
移动应用开发	6
总计	**36**

图3-4-17 工作室方向透视表统计

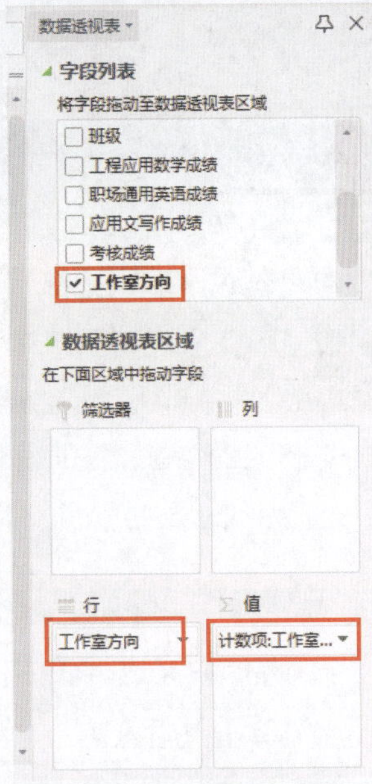

图3-4-18 工作室方向字段选择

以工作室方向分析为例，创建如图3–4–17所示数据透视表。

具体操作步骤如下。

① 在右侧“数据透视表”选项中找到“工作室方向”，如图3–4–18所示。

② 右击“工作室方向”，选择“添加到行标签”。

③ 再次右击“工作室方向”，选择“添加到值”。

（3）数据透视表工具

“数据透视表工具”的“分析”和“设计”选项卡中提供了可以对数据透视表进行相关操作的按钮和对数据透视表进行美化，用户可以使用这些按钮进行数据透视表的相应设置。

① 分析：设置数据透视表的名称、字段、筛选、更改数据源、选择信息、移动和删除数据透视表等。

② 设计：对数据透视表进行美化，可选择不同显示方式的分类汇总，不同形式的数据透视表展示、空行设置、显示行标题和列标题、镶边行和列以及选择数据透视表的显示样式。

（4）数据透视图

数据透视图是对数据透视表进行图表分析，与一般图表创建及设置类似。根据上述创建的数据透视表，对其进行图表分析，实现如图3–4–19所示效果。

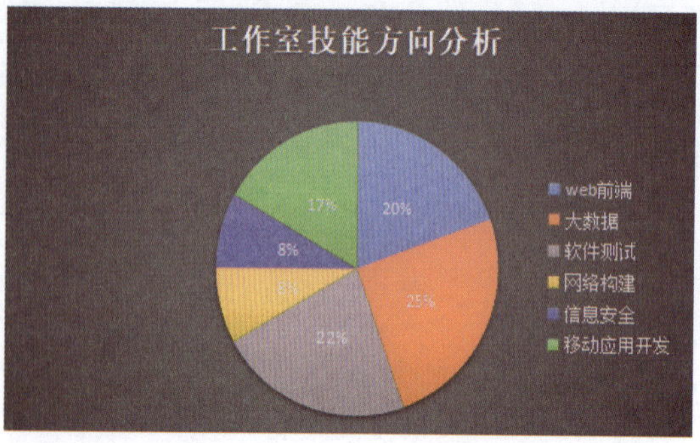

图3-4-19　工作室技能方向分析饼图

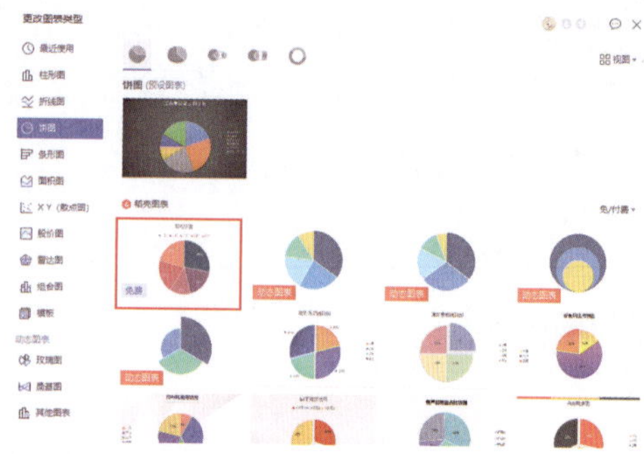

图3-4-20　创建饼图

具体操作步骤如下。

① 选择数据透视表中任一单元格。

② 单击“插入”→“数据透视图”，在弹出的图表框中选择饼图中稻壳图标中ID20462196的饼图，如图3-4-20所示。

③ 单击“图表工具”，在“预设样式”中选择“样式7”，如图3-4-21所示。

④ 双击图表中的“标题”，将“标题”设置为“工作室技能方向分析”。

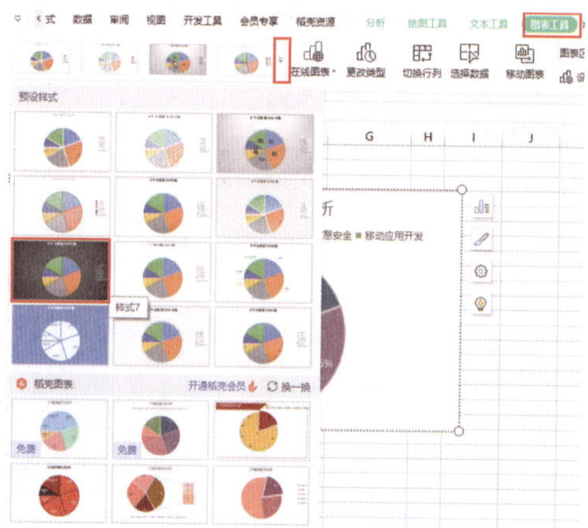

图3-4-21　选择饼图样式

巩固练习

请统计××公司现有员工信息中研发中心、生产部、质量部中不同学历人员数量，统计结果如图3-4-22和图3-4-23所示。

要求如下：

（1）对三个部门的总人数做一个对比饼图，插入在“统计”工作表中。

	博士后	博士	硕士	本科	专科	其他	（合计）
研发中心	4	4	0	5	15	13	41
生产部	4	3	6	8	14	9	44
质量部	5	3	9	9	10	13	49

图3-4-22　部门人员统计表

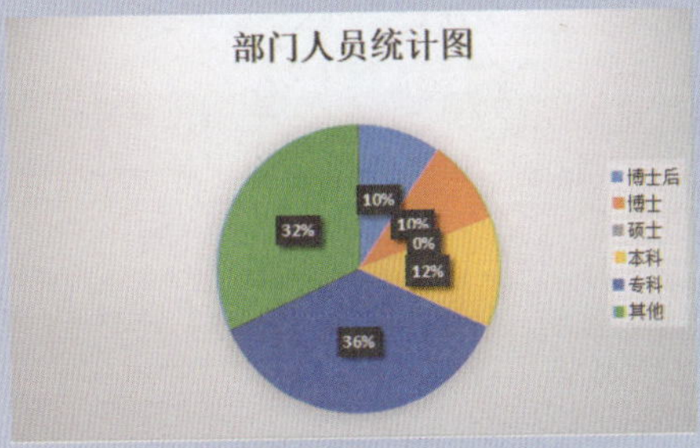

图3-4-23　××公司部门人员统计饼图

（2）饼图中，需要显示3个部门的图例。

（3）每个部门对应的扇形，需要以百分比的形式显示数据标签。

单元四

WPS演示文稿处理模块

WPS演示文稿是一种图形程序，是WPS 2019中具有制作功能的模块，可协助用户独自或联机创建永恒的视觉效果。它增强了多媒体支持功能，利用演示文稿制作的文稿，可以通过不同的方式播放，也可将演示文稿打印成一页一页的幻灯片，使用幻灯片机或投影仪播放，可以将演示文稿保存到光盘中以进行分发，并可在幻灯片放映过程中播放音频流或视频流。对用户界面进行了改进并增强了对智能标记的支持，可以更加便捷地查看和创建高品质的演示文稿。一套完整的演示文稿文件一般包含：片头动画、封面、前言、目录、过渡页、图表页、图片页、文字页、封底、片尾动画等。本单元通过制作个人简历和实习工作汇报演示文稿，掌握WPS演示文稿的基本操作。

任务 4.1　个人简历演示文稿制作			
姓名：	学号：	班级：	日期：

任务描述

张某明同学去参加一场求职应聘会，要求应聘人员要准备一份“个人简历”演示文稿。为了更好地展现自己，张某明需要制作能够在电脑上展示的一份“个人简历”演示文稿。

任务目标

（1）掌握WPS演示文稿新建、打开、保存的方法。

（2）掌握WPS演示文稿中插入文本、图片、声音、视频的方法。

（3）掌握WPS演示文稿的简单编辑方法。

（4）掌握应用设计模板的使用方法。

（5）增强学生在制作演示文稿时的规范用语意识。

（6）学会利用演示文稿较好地展示自己。

（7）认清现在的就业形势，培养正确的就业观。

任务书

利用WPS演示，完成如下图所示的个人简历制作，按要求完成文字输入和格式编排。

操作要求如下。

（1）新建空白演示文稿。

（2）插入图标，填充文字内容。

（3）添加图片，调整大小位置，并为图片添加阴影效果。

（4）插入表格，调整表格宽度、高度，并对单元格内文本进行编辑。

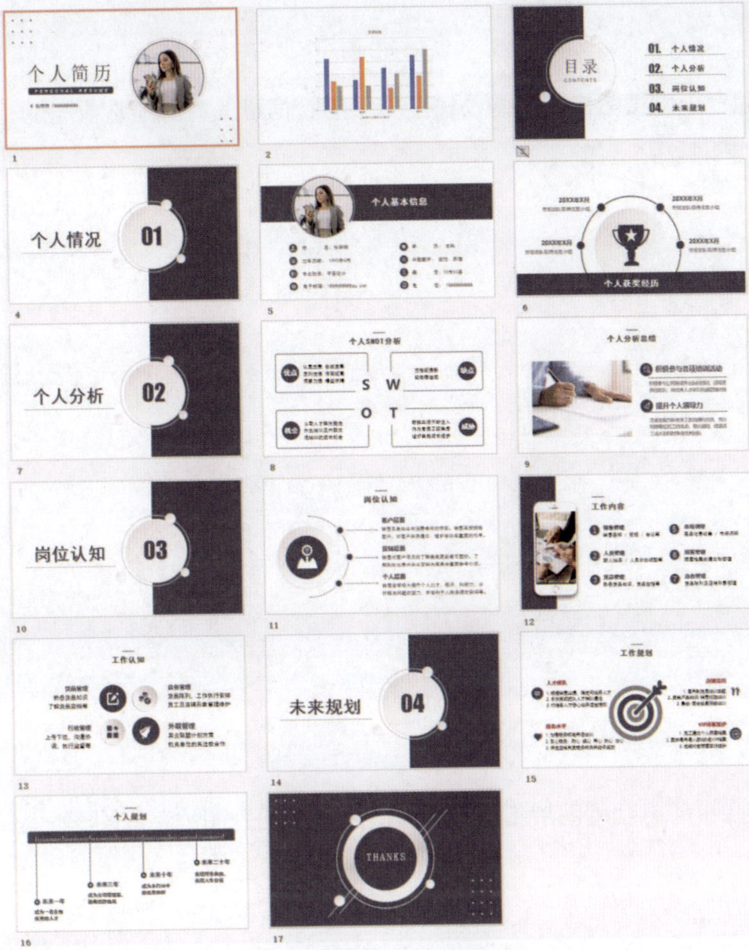

任务分组

<table>
<tr><td>班级</td><td></td><td>组号</td><td></td><td>指导教师</td><td></td></tr>
<tr><td>组长</td><td></td><td>学号</td><td colspan="3"></td></tr>
<tr><td rowspan="4">组员</td><td>姓名</td><td>学号</td><td>姓名</td><td colspan="2">学号</td></tr>
<tr><td></td><td></td><td></td><td colspan="2"></td></tr>
<tr><td></td><td></td><td></td><td colspan="2"></td></tr>
<tr><td></td><td></td><td></td><td colspan="2"></td></tr>
<tr><td>任务分工</td><td colspan="5"></td></tr>
</table>

获取信息

引导问题： 上网搜索最近哪些公司发布了招聘信息，有哪些职业岗位，根据这些职业岗位如何撰写个人简历？

工作实施

引导问题 1： 插入图片的方式有几种？如何调整图片大小及位置？

引导问题 2： 怎么利用图片工具栏调整图片？如何为图片添加阴影功能？

引导问题 3： 如何添加 3 行 4 列的表格？首行填充应该怎么选择？如何更改单元格字体？横向合并如何实现？

引导问题 4： 小组成员间讨论：如何新建空白幻灯片、删除已建幻灯片、复制幻灯片？

引导问题 5：如何插入图片和文本对话框？

引导问题 6：如何设置图片效果、调整图片位置、控制大小、裁剪图片、旋转图片？

引导问题 7：如何插入表格并更改单元格文字格式？

引导问题 8：如何删除表格中的行和列？

评价反馈

项目名称	评价内容	分值	评价分数		
			自评	互评	教师评价
职业素养考核项目40%	穿戴规范、整洁	5			
	安全意识、责任意识、服从意识	10			
	积极参加教学活动，按时完成学生工作活页	10			
	团队合作、与人交流能力	10			
	劳动纪律	5			

续表

<table>
<tr><th rowspan="2">项目名称</th><th rowspan="2" colspan="2">评价内容</th><th rowspan="2">分值</th><th colspan="3">评价分数</th></tr>
<tr><th>自评</th><th>互评</th><th>教师评价</th></tr>
<tr><td rowspan="4">专业能力考核项目60%</td><td colspan="2">专业知识查找及时、准确</td><td>10</td><td></td><td></td><td></td></tr>
<tr><td colspan="2">操作符合规范</td><td>10</td><td></td><td></td><td></td></tr>
<tr><td colspan="2">操作熟练度，工作效率</td><td>10</td><td></td><td></td><td></td></tr>
<tr><td colspan="2">作品验收质量</td><td>30</td><td></td><td></td><td></td></tr>
<tr><td colspan="4">总分</td><td></td><td></td><td></td></tr>
<tr><td rowspan="2">总评</td><td rowspan="2">自评（20%）+互评（20%）+教师评价（60%）=</td><td>综合等级</td><td colspan="4" rowspan="2">教师（签名）：</td></tr>
<tr><td></td></tr>
<tr><td>有益的经验和做法</td><td colspan="6"></td></tr>
<tr><td>总结反思建议</td><td colspan="6"></td></tr>
</table>

相关知识

可以利用WPS演示文稿将文字、图片、音频、视频等元素组合成优美的文稿，也可以根据需要对文稿中元素设置不同的排版格式，最终通过不同的方式进行播放。

4.1.1 演示文稿的创建与保存

用户首先需要新建一个空白演示文档，并将文档保存到指定位置，方便后面对文档进行编辑、输出等操作。

（1）演示文稿创建

进入WPS Office，在“首页”界面中单击左面的“+新建”按钮或者上面的“+新建”选项，如图4-1-1所示。

进入界面后选择“演示”选项，然后单击“新建空白演示”选项，如图4-1-2所示，即可新建名为“演示文稿1”的空白演示。

（2）演示文稿保存

演示文稿制作完成需要保存，单击菜单栏“文件”，在下拉菜单中单击“保存”或

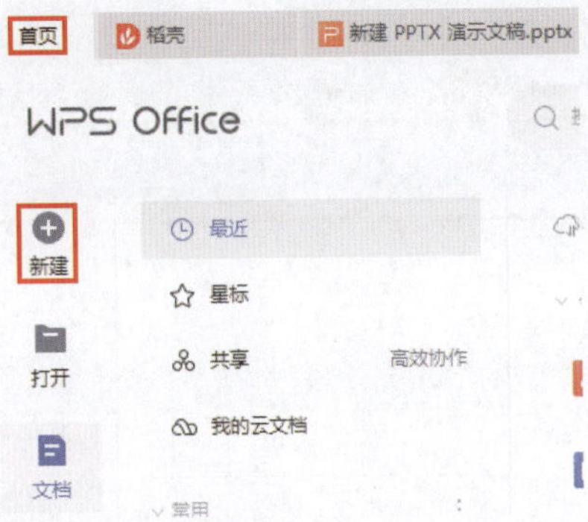

图4-1-1 首页界面

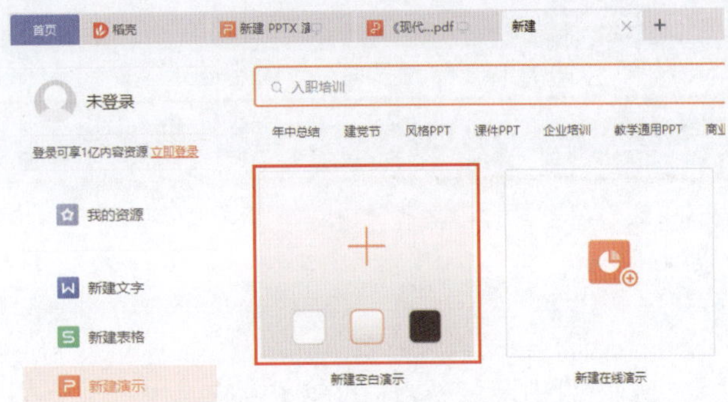

图4-1-2 新建空白文档

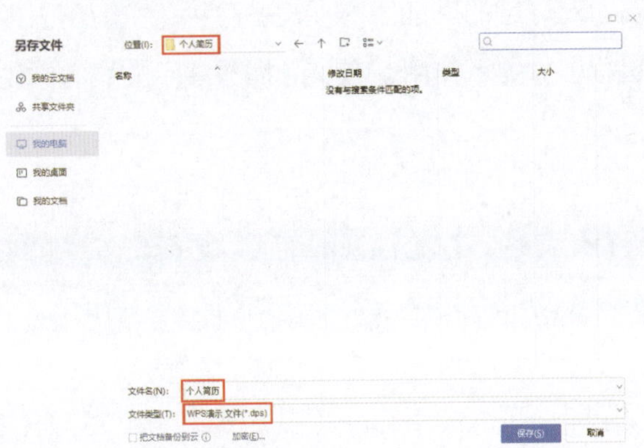

图4-1-3 保存文档

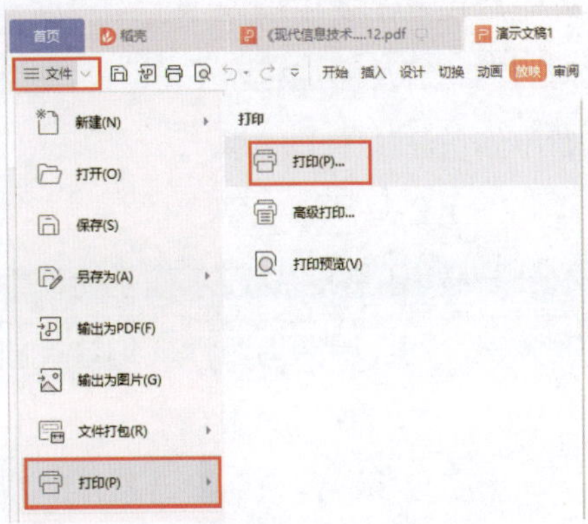

图4-1-4 文稿打印

者“另存为”弹出“另存文件”对话框，选择保存路径，填写文件名并选择文件类型，单击“保存”按钮即可，如图4-1-3所示。

（3）演示文稿打印

文稿编辑完成后，可以根据需要将文稿打印出来。在打印文件之前，一般需要对打印结果进行预览，即打印预览，单击“文件”按钮，选择“打印”右侧扩展栏中的“打印预览”，即可看到打印后的效果。如果打印效果满足用户需求，则在列表中单击“打印”选项，在下级列表中单击“打印...”，打开“打印”对话框，在对话框中选择打印机，设置打印页码范围、打印方式、打印份数、并打和缩放等，单击“确定”按钮即可打印，如图4-1-4所示。

4.1.2 视图模式

WPS演示视图模式主要有普通视图、大纲视图、浏览视图几种模式，如图4-1-5所示。

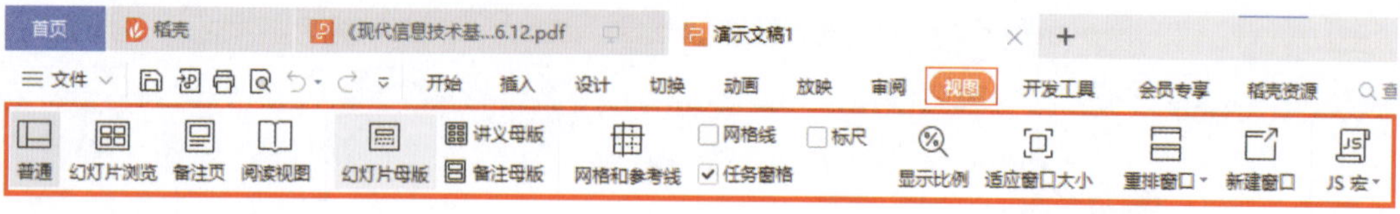

图4-1-5　视图模式

（1）普通视图

普通视图是系统默认的视图模式，由三部分构成：大纲栏（主要用于显示、编辑演示文稿的文本大纲，其中列出了演示文稿中每张幻灯片的页码、主题以及相应的要点）、幻灯片栏（主要用于显示、编辑演示文稿中幻灯片的详细内容）及备注栏（主要用于为对应的幻灯片添加提示信息，对使用者起备忘、提示作用，在实际播放演示文稿时学生看不到备注栏中的信息）。

（2）幻灯片浏览视图

以最小化的形式显示演示文稿中的所有幻灯片，在这种视图下可以进行幻灯片顺序的调整、幻灯片动画设计、幻灯片放映设置和幻灯片切换设置等，如图4-1-6所示。

（3）幻灯片模板设置

用户想要设置一个符合条件的背景模板时，可以使用幻灯片模板设置。首先打开演示文稿，找到上方列表中的“视图”，单击幻灯片母版。左边会排一列的文稿，选中第一张幻灯片右键单击选择“新幻灯片母版”，如图4-1-7所示。

在第一张幻灯片（主题母版）的任意位置，选择菜单栏中“插入”→“图片”→“本地图片”，在弹出的插入图片对话框中，选择需要修改的背景图片，单击“打开”，则

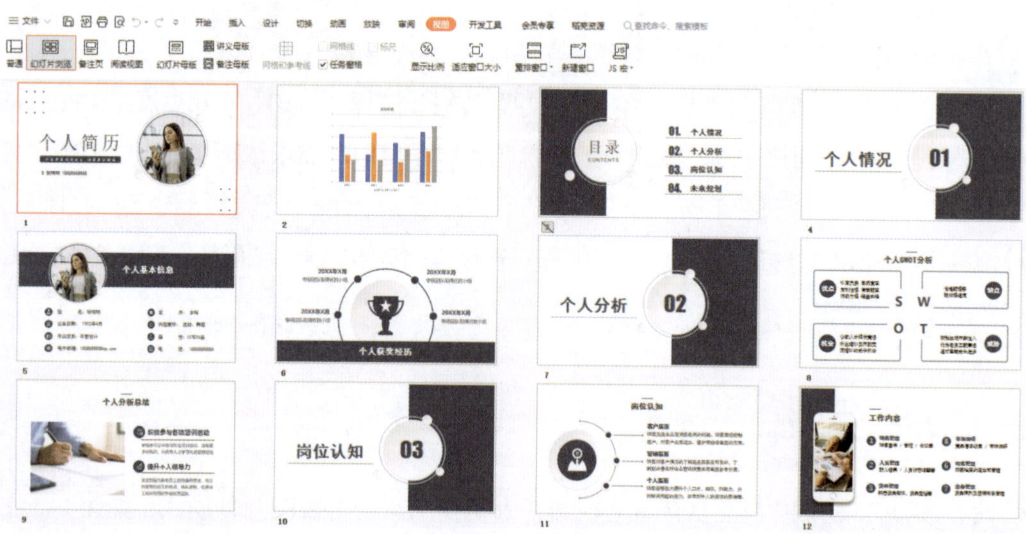

图4-1-6　幻灯片浏览视图

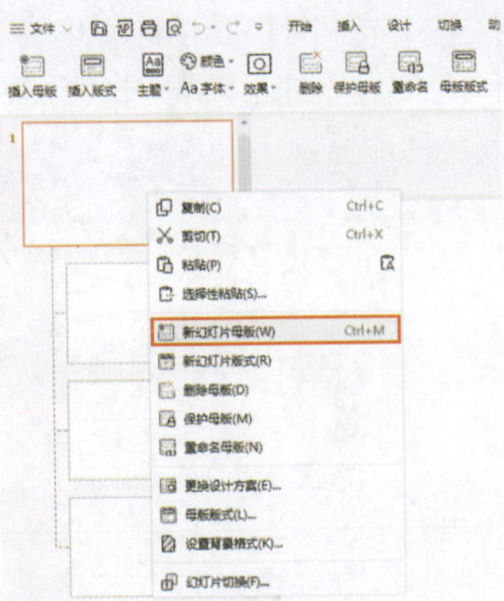

图4-1-7 新建幻灯片母版

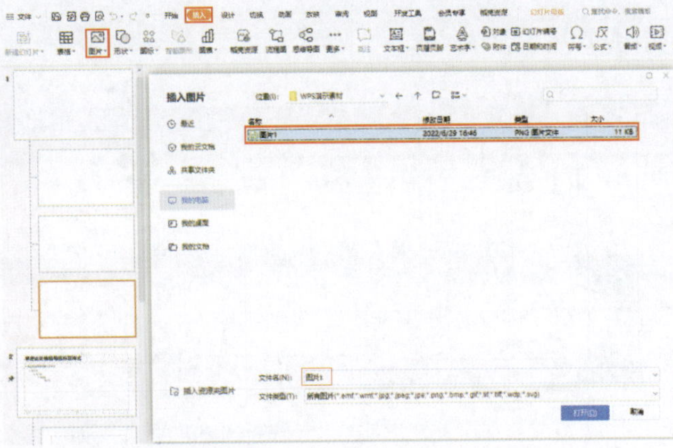

图4-1-8 更换母版背景

将图片插入到幻灯片中，但此时图片是覆盖在幻灯片上的，我们需要把图片作为背景，所以右键单击图片，选择“设为背景”，即所有幻灯片的背景均改变，并且可以更改背景设置，如图4-1-8所示。

当我们想要使用自己做的模板时，只需要打开演示文稿，单击上方“设计”→“导入模板”。选择编辑好的模板，再回到设计里单击“本文模板”，选择导入好的模板就能开始使用了。

4.1.3 幻灯片基本操作

幻灯片基本操作包括新建、删除、复制、移动、隐藏幻灯片等。

（1）新建和删除幻灯片

打开WPS演示文稿，选中第一张幻灯片，在“开始”选项卡下，单击幻灯片组中的“新建幻灯片”下三角按钮，在展开的下拉列表中单击“两栏内容”选项，可以看到在第一张幻灯片下方，新建了一个版式如图4-1-9所示的“两栏内容”的幻灯片。选中一张幻灯片，右键单击下拉列表选择“删除幻灯片”选项可以删除幻灯片，如图4-1-10所示。

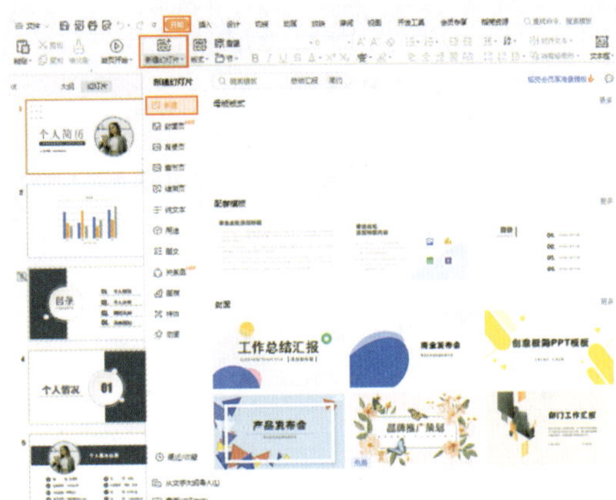

图4-1-9 新建幻灯片

（2）复制和移动幻灯片

选中幻灯片浏览窗格中的一张幻灯片，右击鼠标，在弹出的快捷菜单中单

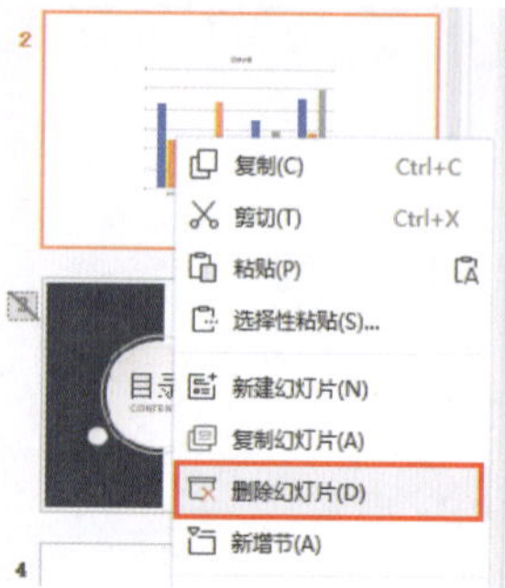

图4-1-10　删除幻灯片

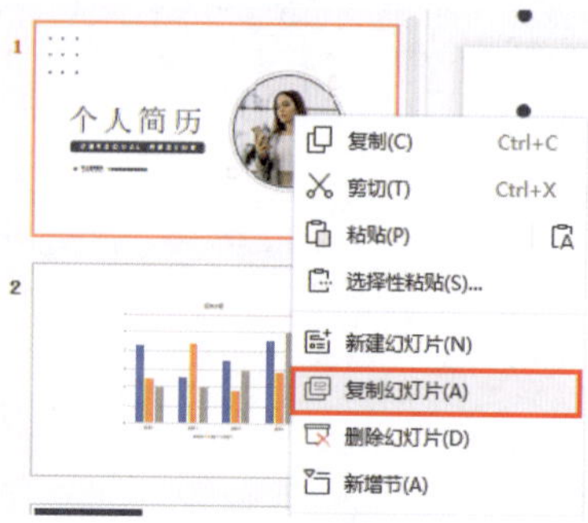

图4-1-11　复制幻灯片

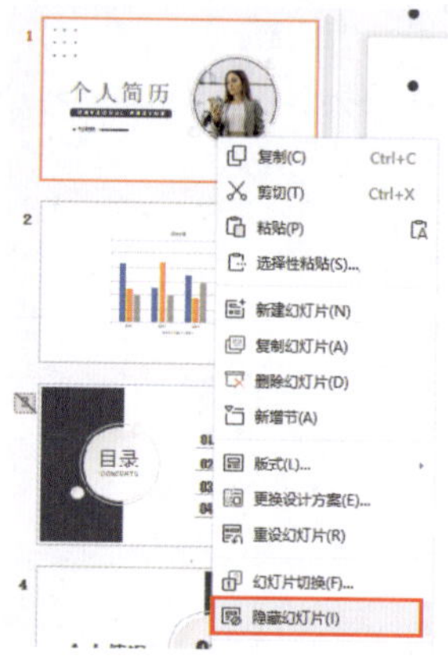

图4-1-12　隐藏幻灯片

击“复制幻灯片”选项可以复制幻灯片。也可以鼠标选中一张幻灯片不松开，再按住键盘上的〈Ctrl〉键，拖动幻灯片到目标位置后释放鼠标实现复制，如图4-1-11所示。在浏览窗格中选中一张幻灯片，拖动鼠标至要移动的目标位置，释放鼠标后，幻灯片发生了移动，并且相应的幻灯片的序号自动重新排列。

（3）隐藏和显示幻灯片

选中幻灯片浏览窗格中的一张幻灯片，右击鼠标，在弹出的快捷菜单中单击“隐藏幻灯片”选项，播放幻灯片时，该张幻灯片不显示，如图4-1-12所示。隐藏完毕以后，右击鼠标，在弹出的快捷菜单中单击“显示幻灯片”选项可显示幻灯片。

（4）文本输入与格式设置

选中菜单栏“插入”，单击“文本框”，在下拉列表中单击“格式”选项卡，在“格式”选项卡下，单击形状样式右侧的下拉按钮。在弹出的形状样式中，根据需要单击选择一种自己心仪的样式，文本框就自动设置了相应的样式，如图4-1-13所示。

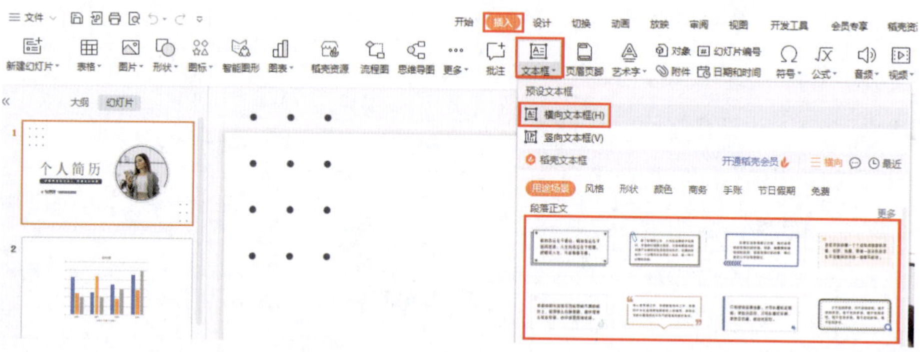

图4-1-13　插入文本框并设置格式

4.1.4 艺术字

艺术字通常用在编排报头、广告、请柬及文档标题等特殊位置，在演示文稿中一般用于制作幻灯片标题，把文稿变得美观。

（1）艺术字的插入

WPS提供了多种预设的艺术字样式。在“插入”选项卡中单击“艺术字”下拉按钮，从列表中选择合适的艺术字样式，即可在幻灯片中插入一个艺术字文本框，在文本框中输入文本内容，如图4–1–14和图4–1–15所示。

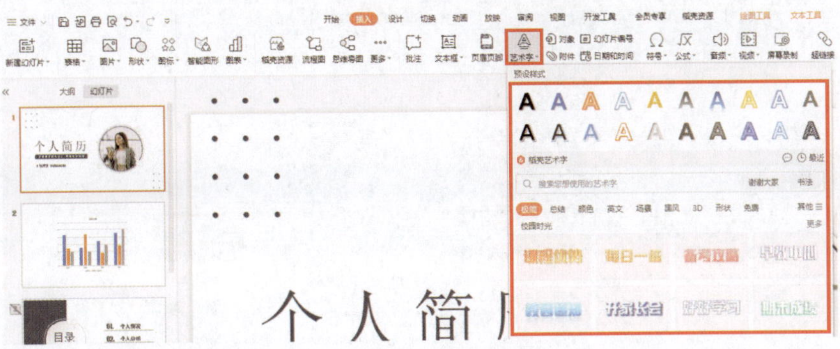

图4–1–14　插入艺术字

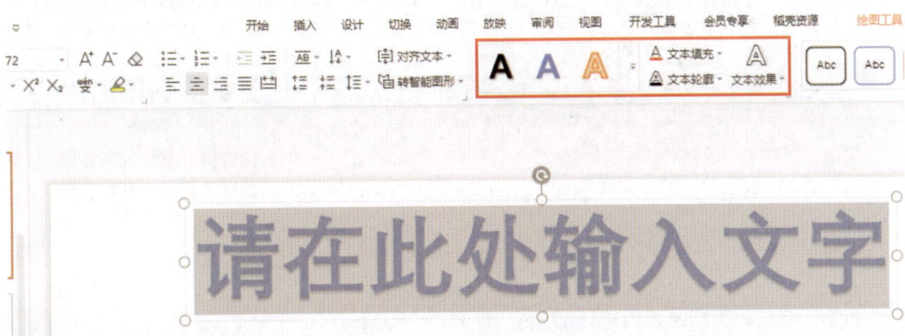

图4–1–15　输入艺术字

（2）艺术字的编辑

插入艺术字以后，可以在选项框中对艺术字进行样式更改、填充颜色、轮廓修改，效果设置多种操作。

①艺术字样式更改：选择艺术字，在“文本工具”选项卡中单击“预设样式”下拉按钮，从列表中选择一种艺术字样式，就可将艺术字更改为所选艺术字样式，如图4–1–16所示。

②艺术字填充颜色更改：选择艺术字，在“文本工具”选项卡中单击“文本填充”下拉按钮，从列表中选择合适的颜色即可，如图4-1-17所示。

③艺术字轮廓颜色更改：选择艺术字，在“文本工具”选项卡中单击“文本轮廓”下拉按钮，从列表中选择合适的轮廓颜色即可，如图4-1-18所示。

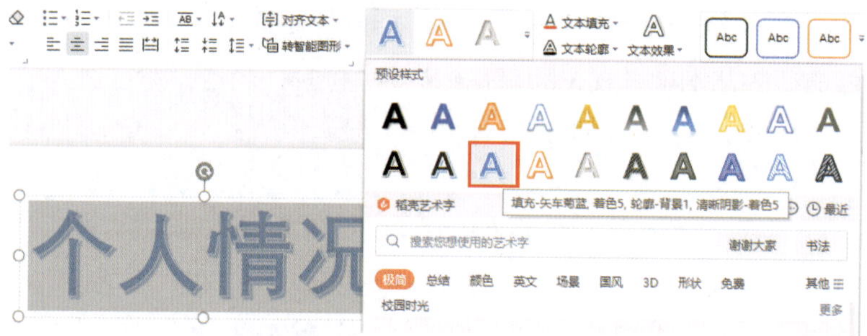

图4-1-16　更改艺术字样式

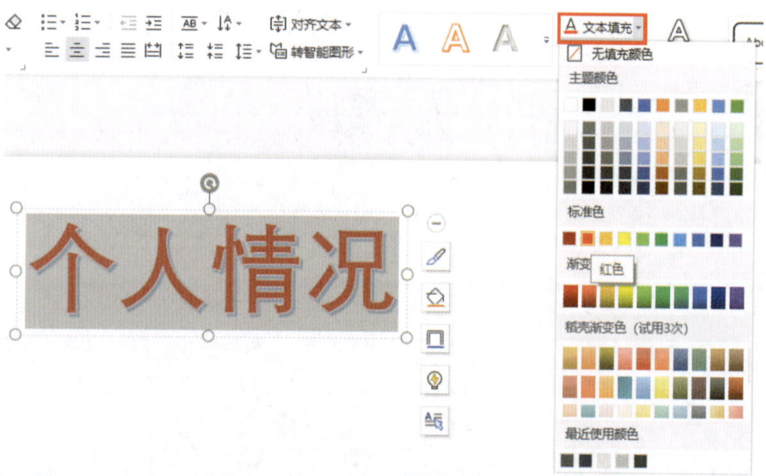

图4-1-17　更改艺术字填充颜色

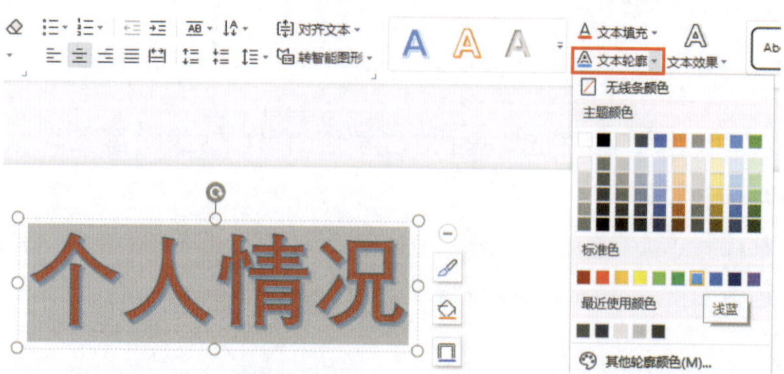

图4-1-18　更改艺术字轮廓颜色

4.1.5 幻灯片页面设置

制作演示文稿时需要对幻灯片大小、版式和背景等进行设置。

（1）幻灯片大小设置

新建的幻灯片默认大小为“宽屏（16：9）”，用户可以根据需要更改幻灯片的大小。单击“设计”按钮，在“设计”选项卡中单击“幻灯片大小”下拉按钮，在“页面设置”对话框中可以设置幻灯片大小为自己需要的大小，如图4-1-19所示。

（2）版式设置

WPS内置了多种幻灯片版式，单击一张幻灯片右键选中“版式”，可以对幻灯片版式进行选择，可供选择推荐排版和母版版式，如图4-1-20所示。

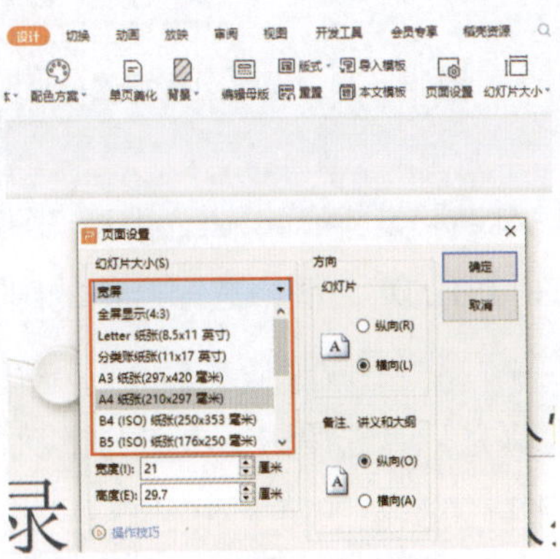

图4-1-19 幻灯片大小设置

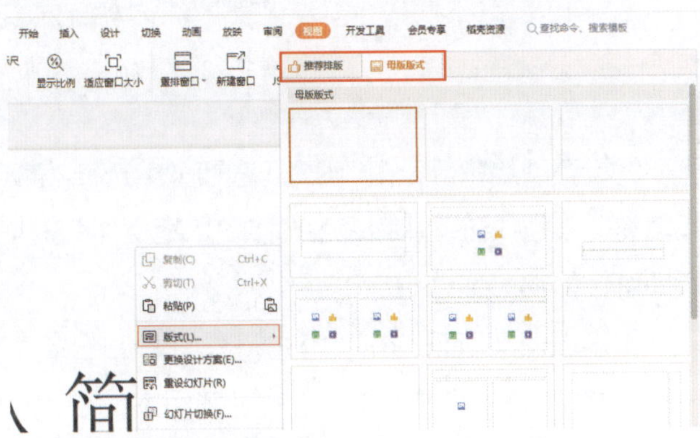

图4-1-20 幻灯片版式设置

（3）幻灯片背景设置

为了使幻灯片页面更加美观，可以为幻灯片设置纯色背景、渐变背景、图片背景和图案背景等。

①设置纯色背景：选中幻灯片，在“设计”选项卡中单击“背景”下拉按钮，从列表中选择“背景”选项，打开“对象属性”窗格，在“填充”选项中选择“纯色填充”单选按钮，单击“颜色”下拉按钮，从颜色列表中选择合适的颜色即可，如图4-1-21所示。

②设置渐变背景：在“填充”选项卡中选择“渐变填充”单选按钮，然后在下方的色标上设置各停止点的位置和颜色，设置合适的渐变颜色即可，如图4-1-22所示。

图4-1-21 设置纯色背景

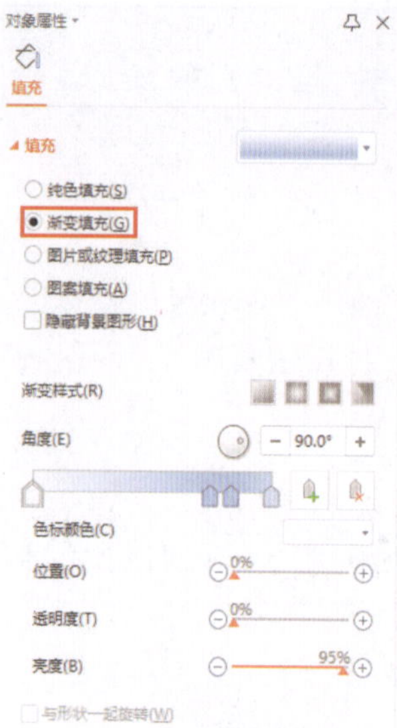

图4-1-22 设置渐变背景

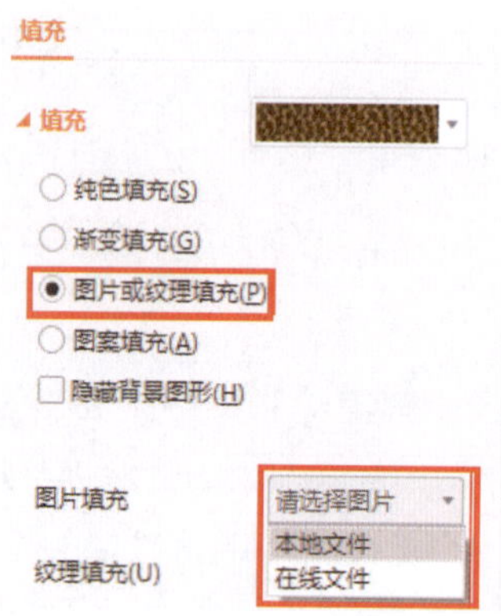

图4-1-23 设置图片背景

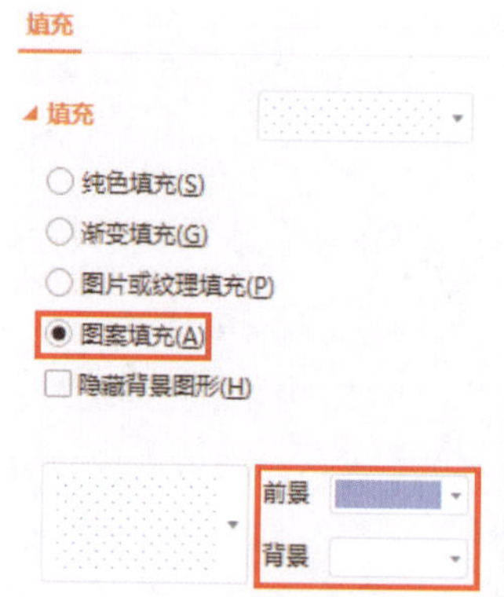

图4-1-24 设置图案背景

③设置图片背景：在“填充”选项卡中选择“图片或纹理填充”单选按钮，单击“图片填充”下拉按钮，从列表中选择“本地文件”选项，在打开的对话框中选择合适的图片即可，如图4-1-23所示。

④设置图案背景：在“填充”选项卡中选择“图案填充”单选按钮，在下方的列表中选择合适的图案样式，然后设置图案的前景颜色和背景颜色即可，如图4-1-24所示。

4.1.6 图片插入与编辑

为使幻灯片内容更加丰富，表述一些文字的作用和目的更直观，通常需要在幻灯片中插入图片。

（1）图片插入

幻灯片中，我们可以通过“插入”选项卡插入图片。图片的插入有多种方式，可以上传本地图片、分页插图、手机传图和资源夹图片，根据需要进行图片插入，如图4-1-25所示。

（2）图片编辑

当插入图片以后，需要调整图片，通过单击图片，菜单栏切换到“图片工具”栏，可以对图片进行编辑或修改，如图片缩放、裁剪、旋转、样式设置等，如图4-1-26所示。

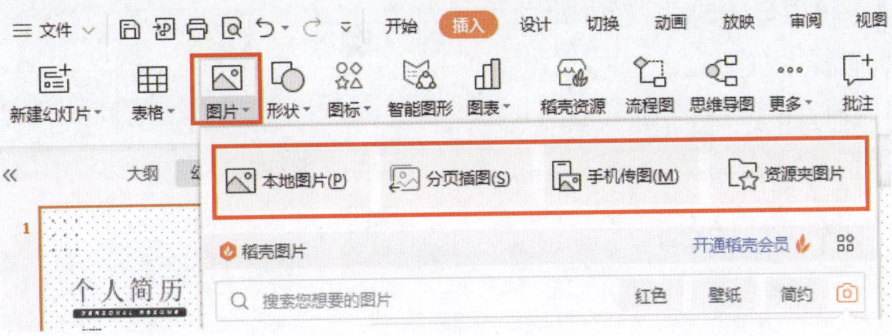

图4-1-25 图片插入

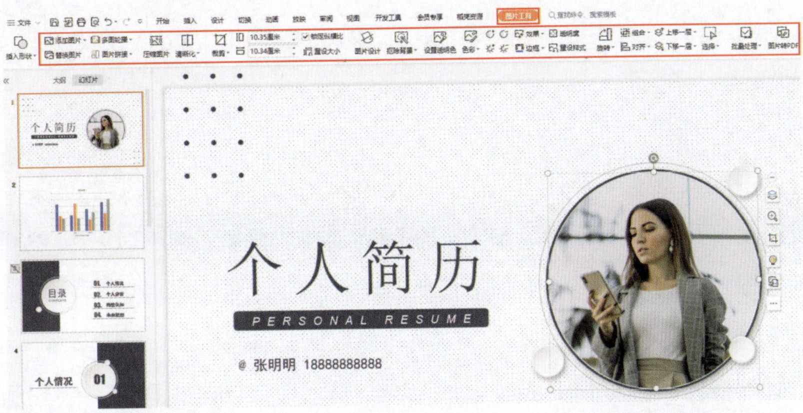

图4-1-26 图片编辑

4.1.7 形状插入与编辑

幻灯片中可以插入形状，根据需要可以对形状进行编辑。

（1）形状插入

在WPS演示中内置了“线条”“矩形”“基本形状”“箭头总汇”“公式形状”“流程图”等9种形状样式。在“插入”选项卡中选择“形状”三角下拉进行图形的选择，选中一种形状后，鼠标光标会变为“+”形，按住鼠标左键不放拖动鼠标，即可绘制一个形状，如图4-1-27所示。

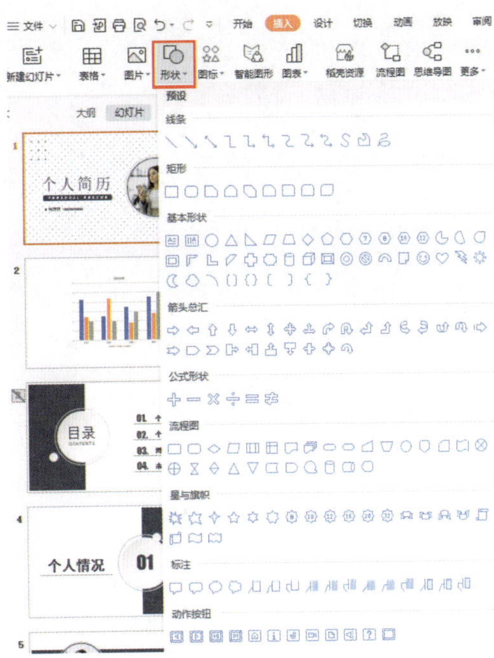

图4-1-27 形状插入

（2）形状编辑

当插入形状以后，需要调整形状，通

过单击形状，菜单栏切换到“编辑形状”栏，可以对形状进行编辑或修改，常用更改形状，可以插入“文本框”输入文字，对形状进行颜色填充、轮廓更改、效果设置，如图4-1-28所示。

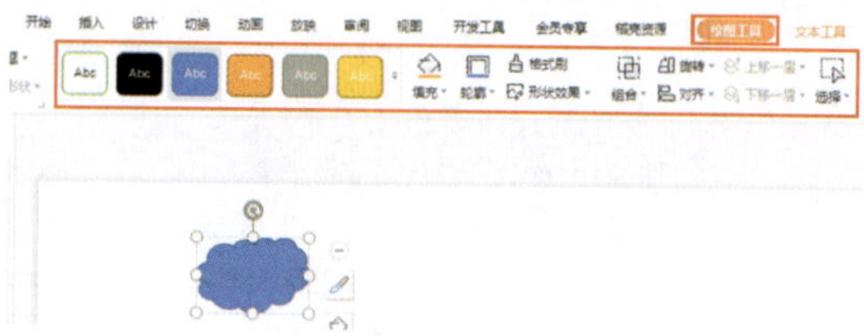

图4-1-28　形状编辑

4.1.8　智能图形插入与编辑

WPS演示中提供了列表、并列、关系、循环、时间轴、层次结构、矩阵、菱锥图、图片等智能图形。

（1）智能图形插入

在幻灯片中插入智能图形，可以更直观地展示信息。在“插入”选项卡中单击“智能图形”按钮，打开“智能图形”窗格，在窗格上端选择智能图形类型，然后选择合适图形即可，如图4-1-29所示。

（2）智能图形编辑

插入智能图形后，可对智能图形进行编辑，右键单击图形，菜单栏会显示为“绘图工具”，可以插入文本框，为图形添加项目及美化等操作，如图4-1-30所示。

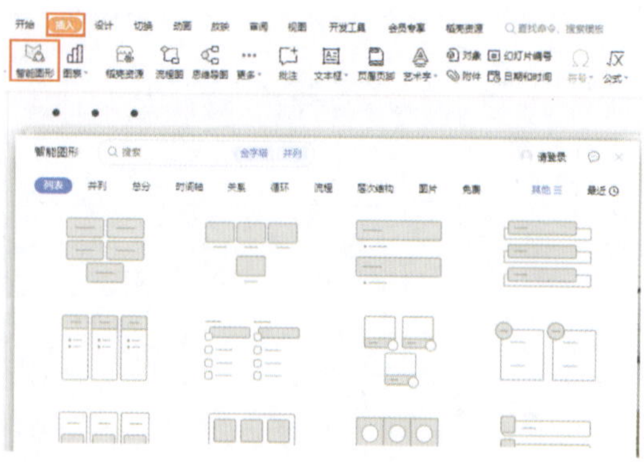

图4-1-29　智能图形插入

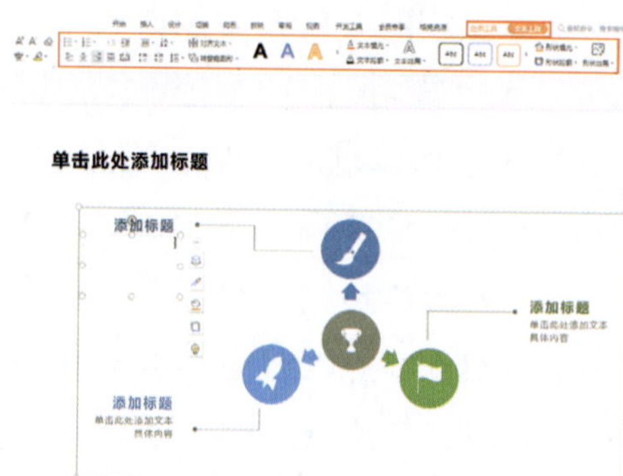

图4-1-30　智能形状编辑图

4.1.9　图表的插入与编辑

幻灯片中经常用到图表，比如柱形图、圆饼图等，这些图就是基于一定的数据建立起来的，所以我们得先建立数据表格然后才能生成图表。

（1）图表插入

方法一：打开WPS表格，建立一个表格，基于这个表格中的数据建立图表，单击插入，在打开的下拉列表中，选择一个样式——柱形图，这样WPS表格中建立了一个图表，我们右键单击这个图表，然后选择复制到幻灯片中即可。

方法二：单击“插入”选项卡中的“图表”，打开插入图表的对话框，选择一个图表的样式，然后单击“确定”，打开WPS表格，我们在这个表格中输入数据，这些数据就是用于建立图表的，一开始给出了一些默认的数据，这些数据都是没用的，修改这些数据，改成需要的图表，关闭WPS表格，图表就自动创建，如图4-1-31所示。

（2）图表编辑

打开一张插入了图表的幻灯片，选中图表，右键单击显示编辑数据，弹出的WPS表格进行编辑后退出即实现了对图表的编辑，如图4-1-32所示。

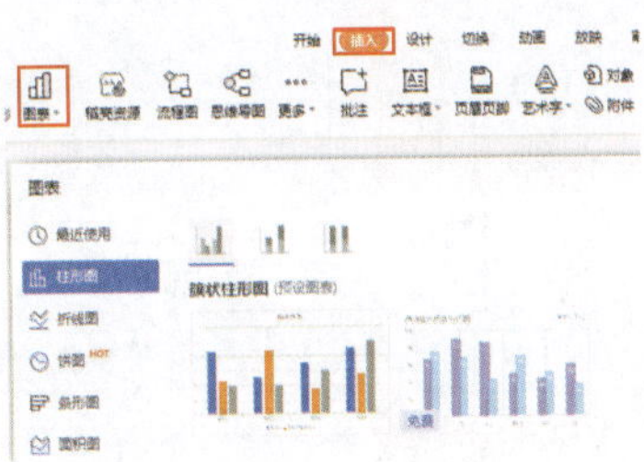

图4-1-31　图表插入

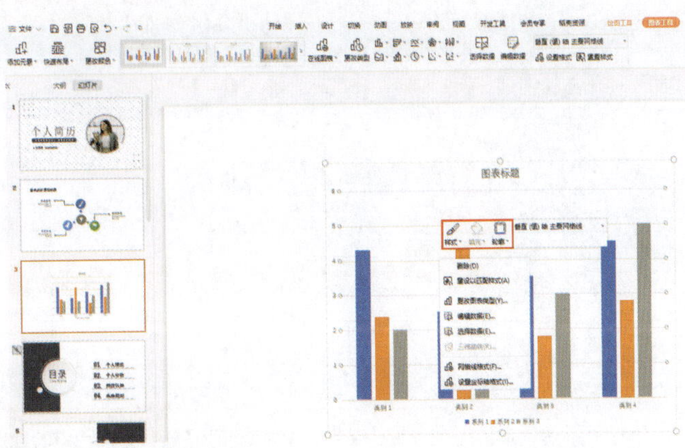

图4-1-32　图表编辑

巩固练习

新建演示文稿以“文档.PPTX”为文件名保存到指定文件夹下，完成如下要求：

（1）新建三张幻灯片，第一张幻灯片设置标题和副标题的幻灯片，第二、三张幻灯片版式为标题和内容，输入各幻灯片的标题如样图所示。

（2）设置幻灯片的比例为16:9，幻灯片从2开始编号。

（3）在第二张幻灯片的内容处插入如样图所示表格，表格列标题为宋体24号，其余为宋体20号，表格内文字中部居中，设置表格底纹如图所示。

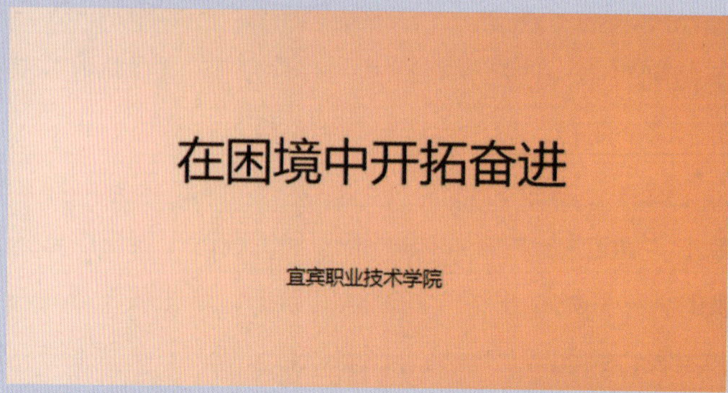

第一张幻灯片

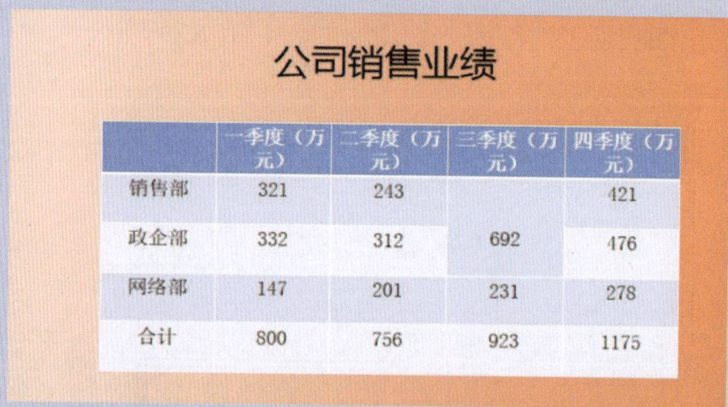

	一季度（万元）	二季度（万元）	三季度（万元）	四季度（万元）
销售部	321	243		421
政企部	332	312	692	476
网络部	147	201	231	278
合计	800	756	923	1175

第二张幻灯片

第三张幻灯片

任务 4.2　实习工作汇报演示文稿制作

姓名：	学号：	班级：	日期：

任务描述

通信班同学即将毕业，各位同学已完成实习返回学校，现辅导员要求班级各位同学把实习期间的工作情况作成汇报材料在班级进行汇报，也为大学画上完美句号。

任务目标

（1）掌握WPS演示文稿中母版与版式应用，能设置母版背景。

（2）掌握WPS演示文稿音频、视频及超链接插入方法。

（3）掌握幻灯片自定义动画制作、添加、删除的方法。

（4）掌握幻灯片页面切换效果的设置。

（5）掌握幻灯片放映的设置。

（6）掌握应用设计模板的使用方法。

（7）通过实习工作汇报演示文稿的设计和个性化版式定制，展现学生技能和软实力，培育追求卓越、积极进取的价值观，提升学生对工作总结的能力。

任务书

利用WPS演示，完成如图4-2-1所示的实习汇报材料。

操作要求：

（1）制作完整的一份汇报材料，中间要求插入音频、动画等。

（2）为所有幻灯片设置统一背景图片。

（3）插入实习单位图标，插入音频，并且设置在幻灯片播放时隐藏，直至幻灯片播放完毕后背景音乐停止。

（4）主标题设置为动画“渐变式缩放”。

（5）多张覆盖图片设置为鼠标单击时动画播放。

图4-2-1　实习工作汇报文稿效果

任务分组

班级		组号		指导教师	
组长		学号			
组员	姓名	学号	姓名	学号	
任务分工					

获取信息

引导问题：上网查询并小组讨论，中国联通公司有哪些岗位适合通信专业学生实习，如果你分配到了某个岗位，如何较好地完成该岗位的工作？

工作实施

引导问题 1： 幻灯片版式的设计和编辑是在母版视图中进行的，如何在母版幻灯片中设置样式和格式？

引导问题 2： 如何在WPS演示中添加音乐、视频、超链接等？

引导问题 3： 如何进行动画设置？如何进入动画、退出动画？

引导问题 4： 小组讨论：如何对幻灯片动画进行排序或更换顺序？

引导问题 5： 师生讨论：如何为幻灯片动画设置播放时间？

评价反馈

<table>
<tr><th rowspan="2">项目名称</th><th rowspan="2" colspan="2">评价内容</th><th rowspan="2">分值</th><th colspan="3">评价分数</th></tr>
<tr><th>自评</th><th>互评</th><th>教师评价</th></tr>
<tr><td rowspan="5">职业素养考核项目40%</td><td colspan="2">穿戴规范、整洁</td><td>5</td><td></td><td></td><td></td></tr>
<tr><td colspan="2">安全意识、责任意识、服从意识</td><td>10</td><td></td><td></td><td></td></tr>
<tr><td colspan="2">积极参加教学活动，按时完成学生工作活页</td><td>10</td><td></td><td></td><td></td></tr>
<tr><td colspan="2">团队合作、与人交流能力</td><td>10</td><td></td><td></td><td></td></tr>
<tr><td colspan="2">劳动纪律</td><td>5</td><td></td><td></td><td></td></tr>
<tr><td rowspan="4">专业能力考核项目60%</td><td colspan="2">专业知识查找及时、准确</td><td>10</td><td></td><td></td><td></td></tr>
<tr><td colspan="2">操作符合规范</td><td>10</td><td></td><td></td><td></td></tr>
<tr><td colspan="2">操作熟练度，工作效率</td><td>10</td><td></td><td></td><td></td></tr>
<tr><td colspan="2">作品验收质量</td><td>30</td><td></td><td></td><td></td></tr>
<tr><td colspan="4">总分</td><td></td><td></td><td></td></tr>
<tr><td rowspan="2">总评</td><td rowspan="2">自评（20%）+互评（20%）+教师评价（60%）=</td><td>综合等级</td><td colspan="4" rowspan="2">教师（签名）:</td></tr>
<tr><td></td></tr>
<tr><td>有益的经验和做法</td><td colspan="6"></td></tr>
<tr><td>总结反思建议</td><td colspan="6"></td></tr>
</table>

相关知识

4.2.1 动画设置

演示文稿一般由多张幻灯片组成，会“动”的幻灯片更能吸引人注意，使得材料更加生动形象、比较有趣。

（1）进入动画设置

对幻灯片中的文字或图片等可以添加动画，在菜单栏处选择“动画”，为选中的对象添加动画效果，右边窗口弹出“动画窗格”，进入动画设置，如图4-2-2所示。

图4-2-2 动画窗格

（2）强调动画设置

为选中对象设置强调动画，可以突出对象。在动画设置窗口下方，通过单击“添加效果”选择“强调”，根据需要选择效果，强调动画分别有基本型、温和型、细微型、华丽型，设置如图4-2-3所示。

（3）退出动画设置

为选中对象设置退出动画。在动画设置窗口下方，通过单击“添加效果”选择“退出”，根据需要选择效果，退出动画分别有基本型、温和型、细微型、华丽型，设置如图4-2-4所示。

（4）动画的动作路径制作

动画要设置动作路径，一般有两个及以上对象，也可以为一个对象设置路径。在动画设置窗口下方，通过单击“添加效果”，有两种路径方式设置：动作路径和绘制自定义路径。根据需要选择效果，动作路径分为基本路径、直线和曲线、特殊三种方式，设置路径如图4-2-5所示。

图4-2-3 强调动画设置

图4-2-4 退出动画设置

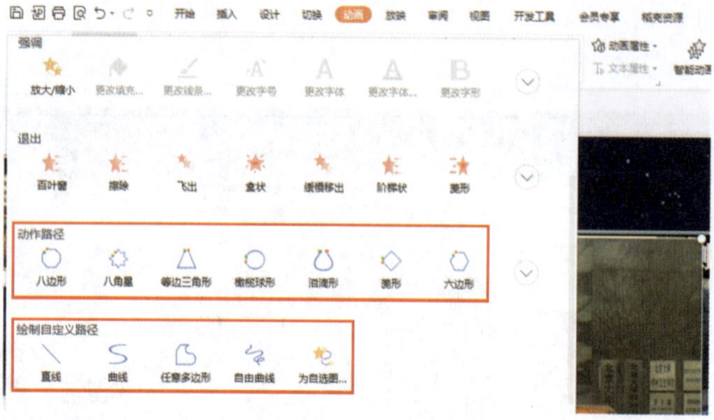

图4-2-5　动画路径制作

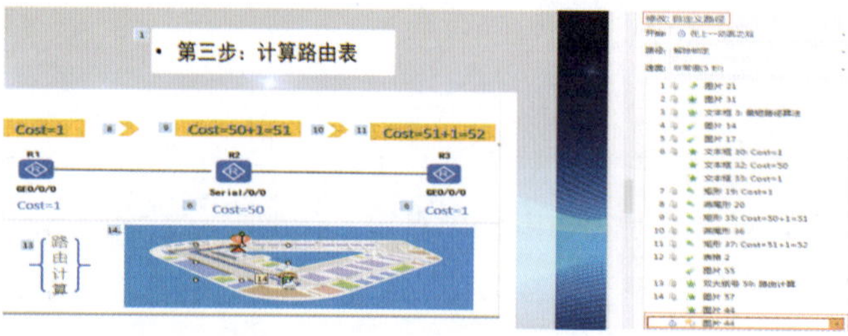

图4-2-6　自定义路径设置

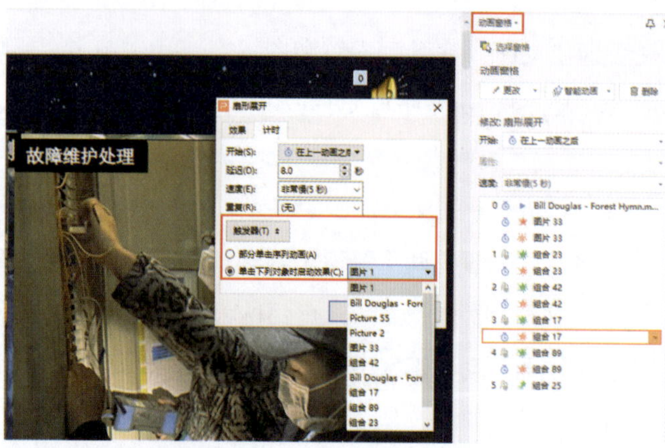

图4-2-7　触发器设置

当然路径不规则可以通过“绘制自定义路径”设置，如图4-2-6所示，途中顺序为14的为自定义的路径。

（5）触发动画制作

在进行动画制作时，要设置触发器选择，选择一个对象，在动画窗口中选择其中一个动画效果，右键单击选择“效果设置”弹出窗口处选择效果进行设置“计时”，可对触发器进行设置，如图4-2-7所示。

4.2.2　幻灯片切换设置

（1）切换效果设置

单击菜单栏的“切换”，里面有很多切换方式，单击之后就能看到动画效果了，可以设置效果，单击“效果选项”设置即可，如图4-2-8所示。

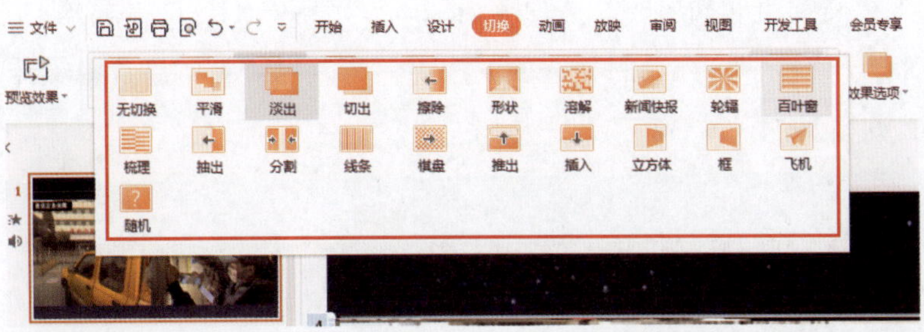

图4-2-8　切换效果设置

（2）切换参数设置

可以设置切换参数，效果选项右边的声音，意思就是换幻灯片时的声音，可以自由切换，持续时间就是切换时动画持续时间，换片方式可以选择单击鼠标时或者自动换片，如图4-2-9所示。

图4-2-9　切换参数

4.2.3　幻灯片放映

幻灯片的放映有多种方式，按下键盘中的〈F5〉键可以进行放映，也可以在菜单栏“放映”中选择“从头开始”，如图4-2-10所示，还可以单击右下角放映图标“▶”进行幻灯片播放。

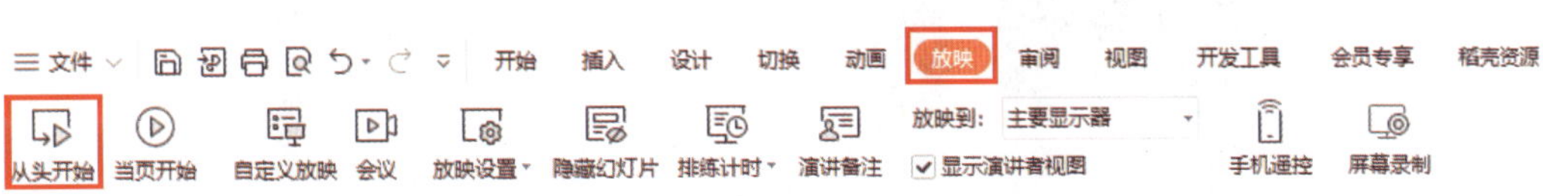

图4-2-10　幻灯片放映

（1）播放范围和放映类型设置

单击“放映”选项卡，再单击“放映设置”按钮，在弹出窗口中选择“放映幻灯片”，可全部幻灯片进行播放，也可选择播放幻灯片范围，如图4–2–11所示。

在弹出窗口后单击“放映类型”，可以选择“演讲者放映”和“展台放映”两种模式，如图4–2–12所示。

（2）排练计时设置

当演示文稿需要自动播放时，往往需要精确设定每张幻灯片在屏幕上的停留时间。如图4–2–13所示，在“排练计时”选项下拉中，可以对所有幻灯片排练计时，也可以对当前选中幻灯片计时。

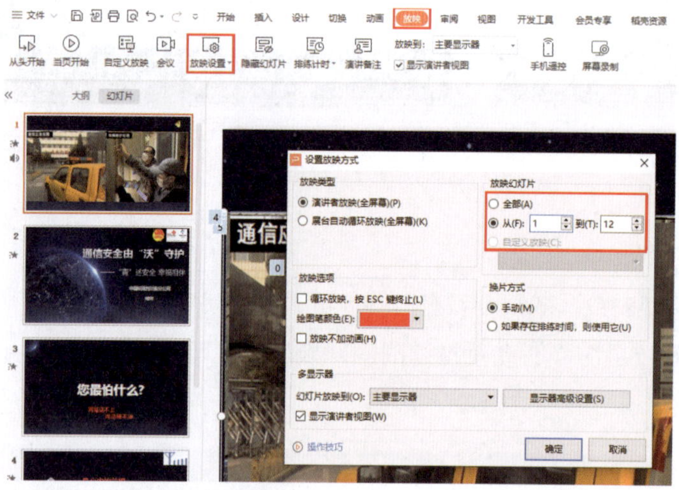

图4–2–11　幻灯片播放范围设置图

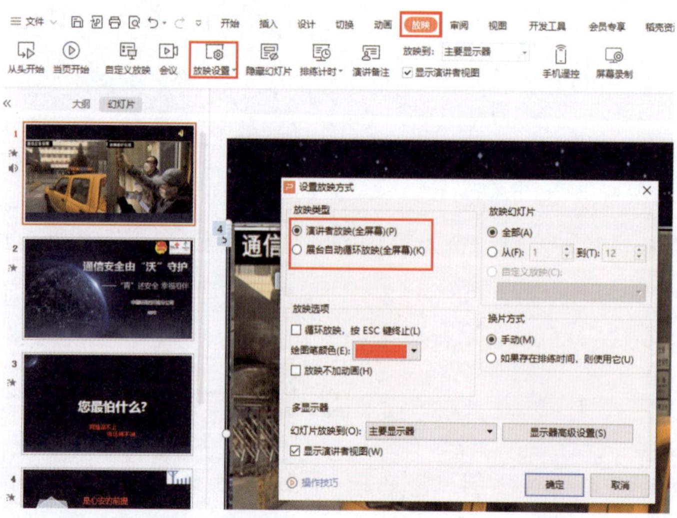

图4–2–12　放映类型设置

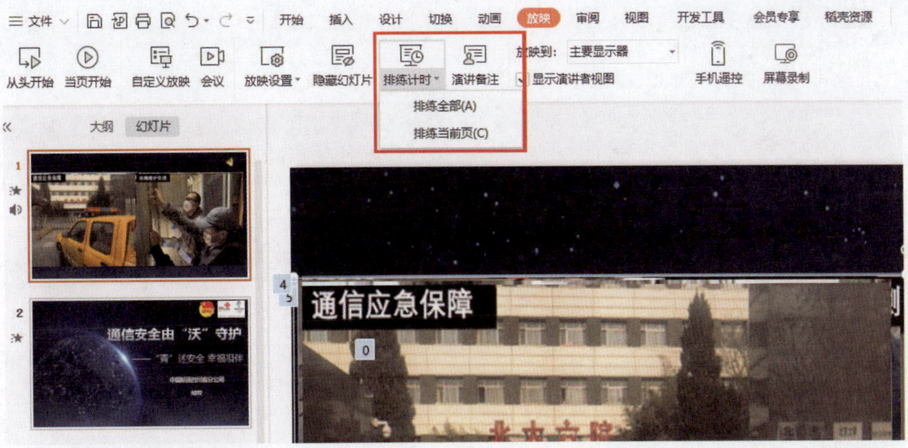

图4-2-13　排练计时设置

在播放时将会出现一个“录制”浮动工具栏显示当前放映时间和总放映时间。根据放映操作需要切换幻灯片，切换到新的幻灯片时，“录制”浮动工具栏将重新开始计时，总放映时间将继续计时。在“录制”浮动工具栏中单击“下一项”按钮将能够切换到下一张幻灯片。如果需要暂停计时，可以单击工具栏中的“暂停”按钮，此时幻灯片会给出提示对话框，单击“继续录制”按钮将能够继续幻灯片播放过程的录制。

（3）自定义放映设置

在幻灯片放映菜单中，单击自定义放映。在打开的对话框中，单击右侧菜单中的新建。勾选需要放映的幻灯片，并单击“添加”按钮。设置好后，单击“放映”就可以了。自定义放映只会播放自己选择的幻灯片，没有勾选的不放映，如图4-2-14所示。

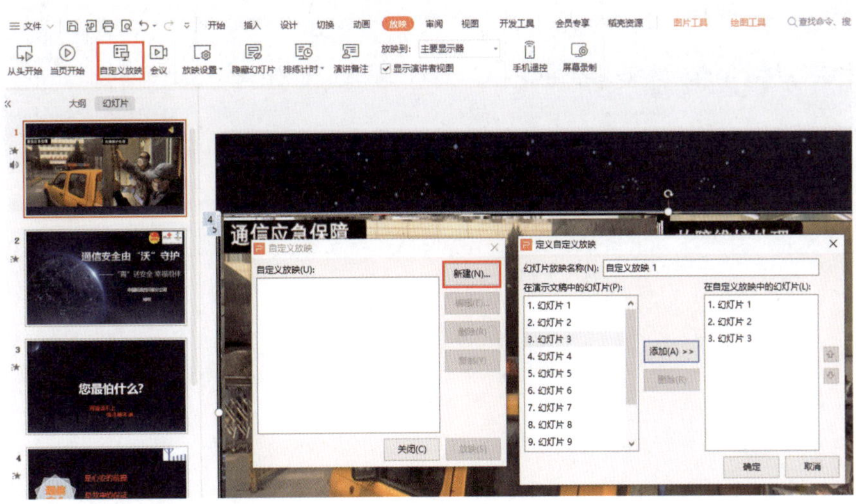

图4-2-14　幻灯片自定义放映设置

巩固练习

新建演示文稿，命名为自己的姓名，保存在桌面上。

幻灯片共3张，其中动画效果自动播放，每张设置效果分别如下。

第一张幻灯片：

① 版式：只有标题。

② 名称为“我的演示文稿”。字体：宋体；字号：50号；字体颜色：灰色。

③ 插入名称为：“我最喜欢的风景”艺术字，并调整适当大小；填充效果：渐变双色。

④ 为以上内容添加自定义动画：进入—百叶窗。

⑤ 添加一首本地音乐“我的祖国”，并设置为隐藏，直至幻灯片播放结束后停止。

第二张幻灯片：

① 版式：标题和两栏文字。

② 左栏自我介绍：内容为“姓名、年龄、班级、兴趣”。

③ 右栏插入文件夹的图片1，调整大小，并添加自定义动画：动作路径—由左向右。

④ 为幻灯片添加切换效果：垂直百叶窗。

第三张幻灯片：

① 版式：空白版式。

② 把文件夹中图片2设置为背景图，透明度为30%。

③ 为幻灯片添加切换效果：加号。

单元五

物联网认知

物联网（IoT，Internet of Things）即“万物相连的互联网”，是互联网基础上的延伸和扩展的网络，将各种信息传感设备与互联网结合起来而形成的一个巨大网络，实现在任何时间、任何地点，人、机、物的互联互通。本单元通过物联网在智慧校园建设中多个场景的应用，展示了物联网分层结构中多种技术的应用实践，帮助学生更加直观地了解物联网技术。

任务 5.1　物联网在智慧校园中的应用

姓名：	学号：	班级：	日期：

任务描述

利用信息化和物联网技术，为某新建学院构建互联互通、安全可靠、覆盖整个校区的综合管理系统，建成一个面向节能和应用信息发布的综合管理应用系统，实现教学业务管理和行政管理的信息化、网络化平台。

任务目标

（1）掌握物联网的基本概念。

（2）了解物联网的起源和发展历程，认识物联网四层结构。

（3）了解和熟悉物联网领域所涉及的关键技术。

（4）学会用分层的思维分析问题。

（5）学会对知识体系进行归纳和总结。

任务书

通过查阅资料和小组讨论，讨论物联网的概念，了解物联网的发展历程，知晓常见的应用领域，以智慧校园为例，讨论分析物联网的核心关键技术，认识物联网对人类未来的重要作用和意义。

任务分组

<table>
<tr><td>班级</td><td></td><td>组号</td><td></td><td>指导教师</td><td></td></tr>
<tr><td>组长</td><td></td><td>学号</td><td colspan="3"></td></tr>
<tr><td rowspan="4">组员</td><td>姓名</td><td>学号</td><td>姓名</td><td colspan="2">学号</td></tr>
<tr><td></td><td></td><td></td><td colspan="2"></td></tr>
<tr><td></td><td></td><td></td><td colspan="2"></td></tr>
<tr><td></td><td></td><td></td><td colspan="2"></td></tr>
</table>

续表

任务分工

获取信息

引导问题 1： 小组讨论什么是物联网？它有什么特点？

引导问题 2： 通过上网查阅物联网的发展历程。

工作实施

引导问题 1： 小组讨论，准备为某新建学院进行智慧校园建设，主要包括哪些项目？简要描述每个项目的建设内容。

引导问题 2： 智慧校园建设的合作与投资方式一般有哪些？

评价反馈

<table>
<tr><th rowspan="2">项目名称</th><th rowspan="2">评价内容</th><th rowspan="2">分值</th><th colspan="3">评价分数</th></tr>
<tr><th>自评</th><th>互评</th><th>教师评价</th></tr>
<tr><td rowspan="5">职业素养考核项目40%</td><td>穿戴规范、整洁</td><td>5</td><td></td><td></td><td></td></tr>
<tr><td>安全意识、责任意识、服从意识</td><td>10</td><td></td><td></td><td></td></tr>
<tr><td>积极参加教学活动，按时完成学生工作活页</td><td>10</td><td></td><td></td><td></td></tr>
<tr><td>团队合作、与人交流能力</td><td>10</td><td></td><td></td><td></td></tr>
<tr><td>劳动纪律</td><td>5</td><td></td><td></td><td></td></tr>
<tr><td rowspan="4">专业能力考核项目60%</td><td>专业知识查找及时、准确</td><td>10</td><td></td><td></td><td></td></tr>
<tr><td>操作符合规范</td><td>10</td><td></td><td></td><td></td></tr>
<tr><td>操作熟练度，工作效率</td><td>10</td><td></td><td></td><td></td></tr>
<tr><td>作品验收质量</td><td>30</td><td></td><td></td><td></td></tr>
<tr><td colspan="3">总分</td><td></td><td></td><td></td></tr>
<tr><td>总评</td><td>自评（20%）+互评（20%）+教师评价（60%）=</td><td colspan="2">综合等级</td><td colspan="2">教师（签名）：</td></tr>
<tr><td>有益的经验和做法</td><td colspan="5"></td></tr>
<tr><td>总结反思建议</td><td colspan="5"></td></tr>
</table>

相关知识

5.1.1 什么是物联网

物联网（IoT，Internet of Things）即“万物相连的互联网”，是互联网基础上的延伸和扩展的网络，将各种信息传感设备与互联网结合起来而形成的一个巨大网络，可在任何时间、任何地点实现人、机、物的互联互通。

“物联网”一词的起源可以追溯到1995年，比尔·盖茨在《未来之路》一书中对信息技术未来的发展进行了预测，他首次提出了“物物相连”的概念。

1998年，麻省理工学院（MIT）提出基于RFID技术的唯一编号方案，即产品电子代码（Electronic Product Code，EPC），并以EPC为基础，1999年，美国自动识别技术（AUTO-ID）实验室首先提出“物联网”的概念，即把所有物品通过射频识别等信息传感设备与互联网连接起来，实现智能化识别和管理。

2005年，物联网概念的正式提出是在国际电信联盟（ITU）发布了《ITU互联网报告2005：“The Internet of Things”》报告中，即任何人任何物体之间在任何时间任何地点的信息交换。

2009年8月7日，温家宝总理在无锡微纳传感网工程技术研发中心视察并发表重要讲话，提出了“感知中国”的理念。

物联网是在计算机互联网的基础上，利用RFID、无线数据通信等技术，构造一个覆盖世界上万事万物的“Internet of Things”。在这个网络中，物品（商品）能够彼此进行“交流”，而无须人的干预。其实质是利用射频自动识别（RFID）技术，通过计算机互联网实现物品（商品）的自动识别和信息的互联与共享。

物联网与互联网之间的联系：

（1）互联网是人与人之间的联系，而物联网是人与物、物与物之间的联系。

（2）与现有的互联网络相比，物联网更注重信息的传递，互联网络的终端必须是计算机（个人电脑、PDA、智能手机）等，并没有感知信息的概念。

（3）物联网是Internet网络的延伸和扩展，使信息的交互不再局限于人与人或者人与机的范畴，而是开创了物与物、人与物这些新兴领域的沟通。

5.1.2　物联网的体系结构

物联网的系统结构复杂，不同的物联网应用系统，其功能、规模存在差异，借鉴成熟的计算机网络体系结构，能发现他们存在着很多内在的共性特征。

（1）四层体系结构

物联网的体系结构主要由感知层、网络层、平台层和应用层4个层次组成，体现了物联网全面感知、可靠传输和智能处理的特征。其中，感知层主要完成信息的采集、转换和收集，网络层主要完成信息的传递和处理，平台层主要完成数据管理和数据的智能处理，应用层则将智能处理的数据赋能到各个行业和领域中实现万物互联。物联网四层体系结构如图5-1-1所示。

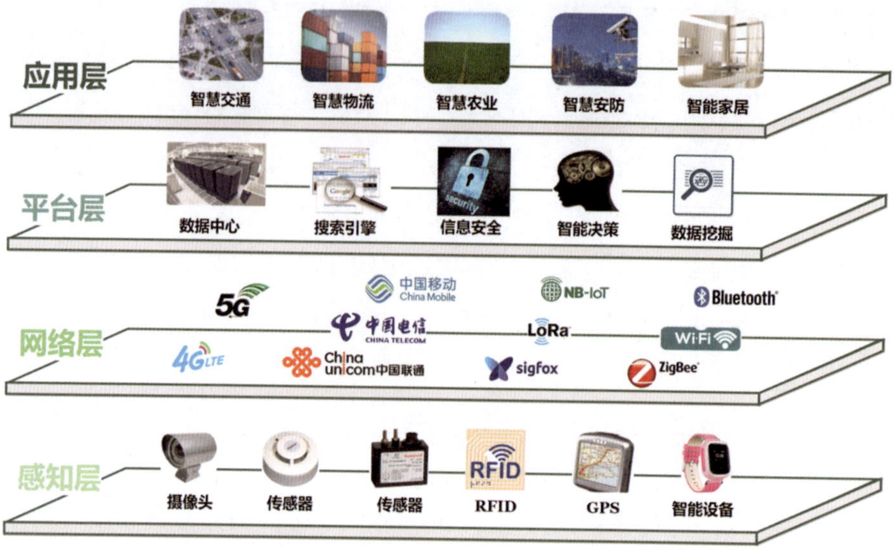

图5-1-1　物联网四层体系结构

（2）感知层技术

感知层，是物联网的基础，是让物品“说话”的先决条件，是联系物理世界与虚拟世界的纽带。该层主要用于采集物理世界中发生的物理事件和数据，包括各类物理量、身份标识、位置信息、音频和视频数据等。

感知层的关键技术包括传感器技术、RFID技术、物联网网关等。

① 传感器技术：物联网系统中的海量数据信息来源于终端设备，而终端设备数据来源可归根于传感器，传感器赋予了万物“感官”功能，传感器技术在物联网中，主要负责接收对象的“语言”内容。它可以感知周围环节或特殊物质，如气体感知、光线感知、温湿度感知、人体感知等，把模拟信号转化为数字信号。

② RFID技术：RFID技术（图5–1–2）是物联网能识别对象的一种技术。它通过无线射频方式进行非接触双向数据通信，利用无线射频方式对记录媒体（电子标签或射频卡）进行读写，从而达到识别目标和数据交换的目的。

其中，标签（Tag）是由耦合元件、芯片及微型天线组成，每个标签内部存有唯一的电子编码，附着在物体上，用来标识目标对象。标签按有源和无源可分为：

• 被动式标签（Passive Tag）：内部没有电源设备，又被称为无源标签，体积可以达到厘米量级甚至更小，而且自身结构简单、成本低、故障率低、使用寿命较长。但作为代价，无源RFID的有效识别距离通常较短，一般用于近距离的接触式识别。无源RFID主要工作在较低频段125kHz、13.56MkHz等，其典型应用包括：公交卡、第二代居民身份证、食堂餐卡等。

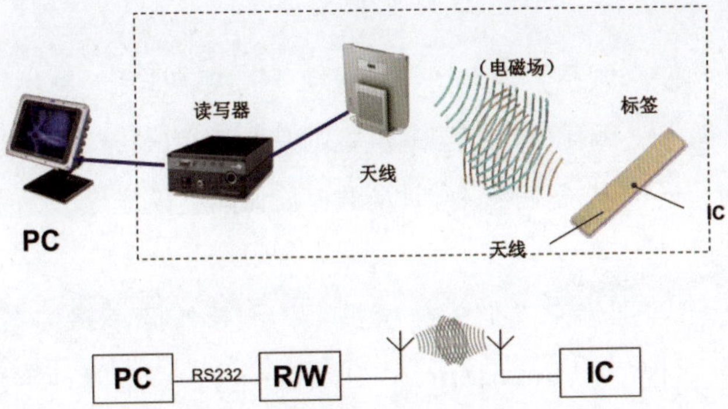

图5-1-2　RFID技术

• 主动式标签（Active Tag）：标签内部携带电源，又被称为有源标签，通过外接电源供电，主动向射频识别阅读器发送信号。其体积相对较大，且具有可以同时识别多个标签的功能。有源RFID的远距性、高效性，使得它在一些需要高性能、大范围的射频识别应用场合里必不可少，通常应用在高速公路ETC收费闸口等。

• 半主动式标签（Simi-active Tag）：在通常情况下，半有源RFID产品处于休眠状态，仅对标签中保持数据的部分进行供电，因此耗电量较小，可维持较长时间。当标签进入射频识别阅读器识别范围后，阅读器先现以125kHz低频信号在小范围内精确激活标签使之进入工作状态，再通过2.4GHz微波与其进行信息传递。也就是说，先利用低频信号精确定位，再利用高频信号快速传输数据。

③ 物联网网关：物联网网关是连接感知网络与传统通信网络的纽带。作为网关设备，它可以实现感知网络与通信网络以及不同类型感知网络之间的协议转换，即可以实现广域互联，也可以实现局域互联。此外，物联网网关还具备设备管理功能，即可以通过物联网网关设备管理底层的各感知节点，进而了解各节点的相关信息并实现远程控制。

（3）网络层技术

网络层也可以称作传输层，物联网的传输层主要负责传递和处理感知层获取的信息，分为有线传输和无线传输两大类，其中无线传输是物联网的主要应用。

无线传输技术按传输距离可划分为两类：一类是以Zigbee、Wi-Fi、蓝牙等为代表的短距离传输技术，即局域网通信技术；另一类则是LPWAN（low-power Wide-Area Network，低功耗广域网），即广域网通信技术。LPWAN又可分为两类：一类是工作于未授权频谱的LoRa、Sigfox等技术；另一类是工作于授权频谱下，3GPP支持的2/3/4/5G蜂窝通信技术，比如eMTC（增强机器类通信）、NB-IoT（窄带物联网）。

（4）平台层技术

平台层在整个物联网体系架构中起着承上启下的关键作用，它不仅实现了底层终端设备的“管、控、营”一体化，为上层提供应用开发和统一接口，构建了设备和业务的端到端通道，同时，还提供了业务融合以及数据价值孵化的土壤，为提升产业整体价值奠定了基础。

在物联网中，平台层也有类似的分层关系，但是按照逻辑关系又分为连接管理平台CMP（Connectivity Management Platform）、设备管理平台DMP（Device Management Platform）、应用使能平台AEP（Application Enablement Platform）和业务分析平台BAP（Business Analytics Platform）四部分。

（5）应用层技术

丰富的应用是物联网的最终目标，未来基于政府、企业、消费者三类群体将衍生出多样化物联网应用，创造巨大社会价值。根据企业业务需要，在平台层之上建立相关的物联网应用，例如：城市交通情况的分析与预测；城市资产状态监控与分析；环境状态监控、分析与预警（例如：风力、雨量、滑坡）；健康状况监测与医疗方案建议等。

5.1.3　物联网的应用

人们已经习惯了互联网时代的生活，如通过互联网浏览新闻、结交朋友、提高工作效率等。那么物联网时代又会是什么样子呢？

当你离开家后，智能物联网管家会自动切断家用电器，如电视机、空调、洗衣机、冰箱、微波炉、电磁炉等的电源，帮助人们节能减排，预防用电过载事故；此外，智能物联网管家还会及时开启安防监控系统，时刻监视住宅安全，保护个人财产和家人安全。

当你来到单位后，单位的物联网系统会自动识别你的身份，给你自动打开办公室门，启动办公室计算机，推送一天的工作安排及行程；需要召开会议时，会定时开启会议投影仪、照明灯具、会议音像等，帮助你提高办公效率。

当你回到家后，智能物联网管家已经提前为你开启照明系统，打开供暖设备，播放你喜欢的音乐，甚至为你准备好适度的洗澡水，让你在温暖舒适的家中享受智能物联生活带来的惬意。如图5-1-3所示是目前物联网技术应用最广泛的十大场景。

（1）智能交通

智能交通（图5-1-4）被认为是物联网最有前景的应用之一。利用先进的信息技术、数据传输技术以及计算机处理技术等，通过集成到交通运输管理体系中，使人、车和路能够紧密的配合，改善交通运输环境、保障交通安全以及提高资源利用率。

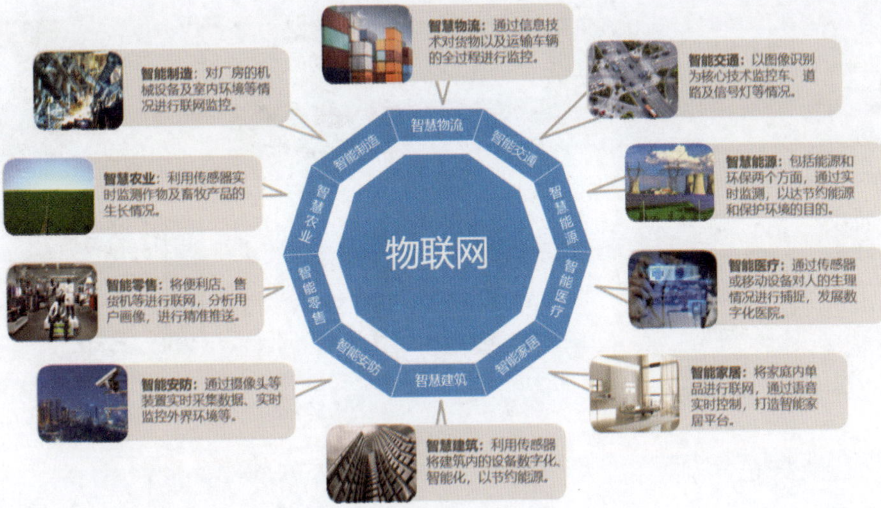

图5-1-3　物联网十大应用场景

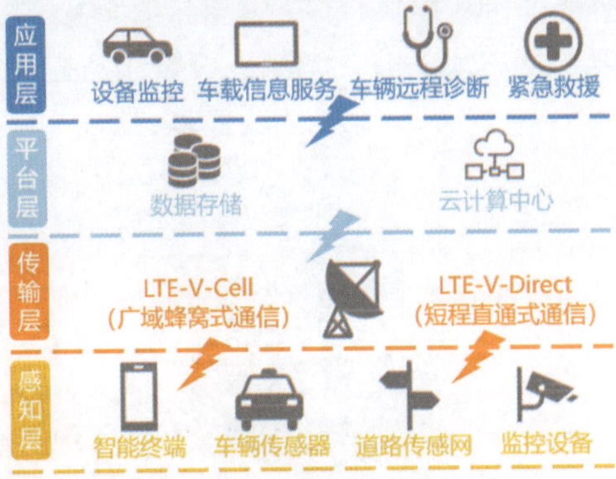

图5-1-4　智能交通

智能公交车能够通过安装GPS，来实时显示公交的位置，并不断更新获取的数据，使用户能够精准地把握自己的时间。同时，通过传感器，测量公交车的车速。而且，可以在每个座位上安装重力传感器，统计乘车人数以及公交剩余能载的人数。当公交车超载时，能够进行自动报警，而用户可以通过手机APP查询公交车上是否有空位。

（2）智能家居

智能家居（图5-1-5）是一个以家庭住宅为平台，兼备建筑、网络通信、信息家电、设备自动集系统、结构、服务、管理为一体的高效、舒适、安全、便利、环保的居住环境。智能家居具备操作方式多样、服务便捷实用、能满足不同人群需求、安装规格美观一致、系统操作稳定可靠等特点。凭借这些优势特点，智能家居正被越来越多的消费者认同和接纳。

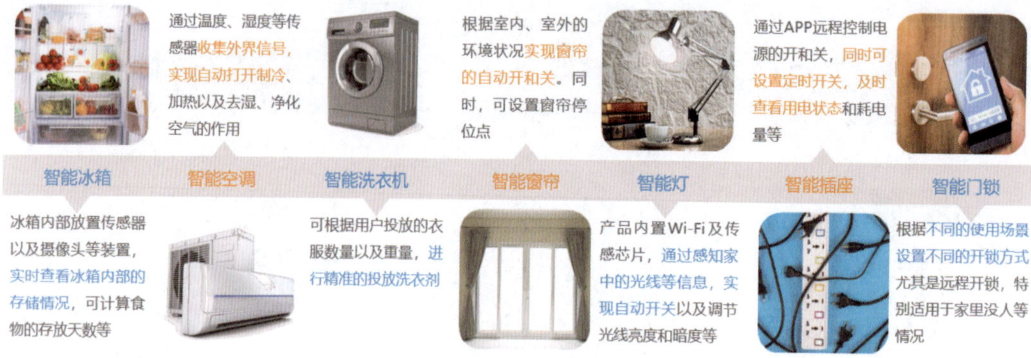

图5-1-5　智能家居

（3）智能安防

安防是物联网的一大应用市场，传统安防对人员的依赖性比较大，非常耗费人力，而智能安防能够通过设备实现智能判断。目前，智能安防（图5-1-6）最核心的部分在于智能安防系统，该系统是对拍摄的图像进行传输与存储，并对其分析与处理。一个完整的智能安防系统主要包括三大部分，门禁、报警和监控，行业中主要以视频监控为主。

图5-1-6　智能安防

（4）智慧医疗

在智能医疗领域，新技术的应用必须以人为中心。而物联网技术是数据获取的主要途径，能有效地帮助医院实现对人的智能化管理和对物的智能化管理。对人的智能化管理指的是通过传感器对人的生理状态（如心跳频率、体力消耗、血压高低等）进行捕捉，将他们记录到电子健康文件中，方便个人或医生查阅。对物的智能化管理，指的是通过RFID技术对医疗物品进行监控与管理，实现医疗设备、用品可视化。智慧医疗如图5-1-7所示。

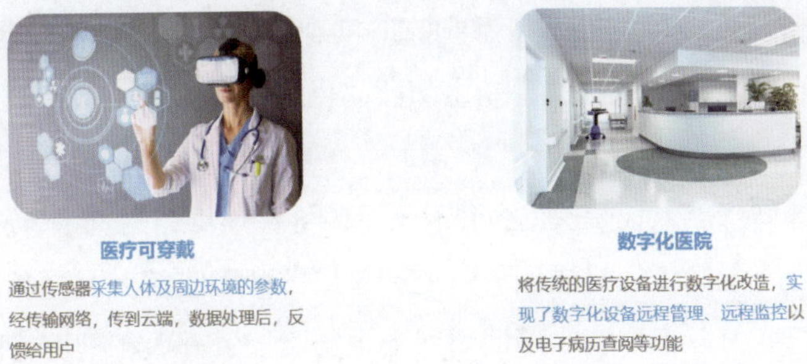

图5-1-7　智慧医疗

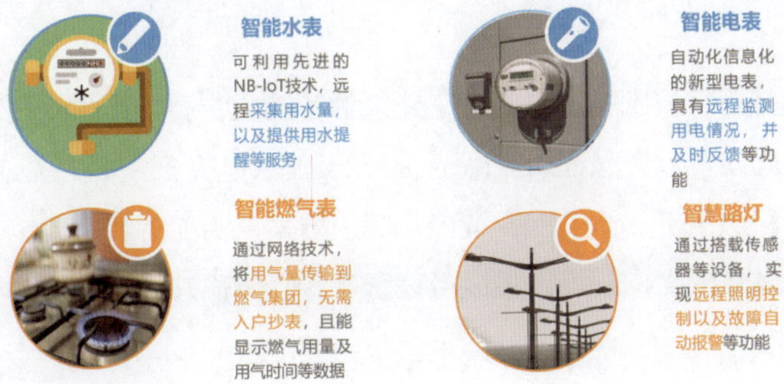

图5-1-8　智慧能源

图5-1-9　智慧物流

（5）智慧能源

智慧能源（图5–1–8）属于智慧城市的一个部分，当前，将物联网技术应用在能源领域，主要用于水、电、燃气等表计以及根据外界天气对路灯的远程控制等，基于环境和设备进行物体感知，通过监测，提升利用效率，减少能源损耗。

（6）智慧物流

智慧物流（图5–1–9）是新技术应用于物流行业的统称，指的是以物联网、大数据、人工智能等信息技术为支撑，在物流的运输、仓储、包装、装卸、配送等各个环节实现系统感知、全面分析及处理等功能。智慧物流的实现能大大地降低各行业运输的成本，提高运输效率，提升整个物流行业的智能化和自动化水平。

（7）智能制造

制造领域的市场体量巨大，是物联网的一个重要应用领域，主要体现在数字化以及智能化的工厂改造上，包括工厂机械设备监控和工厂的环境监控。通过在设备上加装物联网装备，使设备厂商可以远程随时随地对设备进行监控、升级和维护等操作，更好地了解产品的使用状况，完成产品全生命周期的信息收集，指导产品设计和售后服务。工业演进历程如图5-1-10所示。

（8）智慧建筑

建筑是城市的基石，技术的进步促进了建筑的智能化发展，物联网技术的应用，让建筑向智慧建筑方向演进。智慧建筑（图5-1-11）越来越受到人们的关注，是集感知、传输、记忆、判断和决策于一体的综合智能化解决方案。当前的智慧建筑主要体现在用电照明、消防监测以及楼宇控制等，将设备进行感知、传输并远程监控，不仅能够节约

图5-1-10　工业演进历程

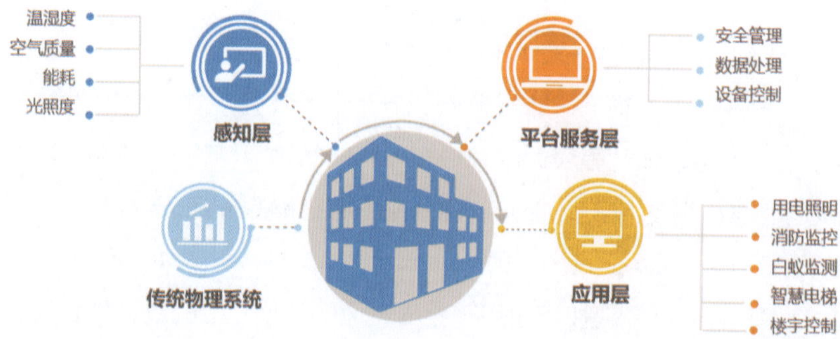

图5-1-11　智慧建筑

能源，同时也能减少运维的楼宇人员。

（9）智慧农业

智慧农业（图5-1-12）指的是利用物联网、人工智能、大数据等现代信息技术与农业进行深度融合，实现农业生产全过程的信息感知、精准管理和智能控制的一种全新的农业生产方式，可实现农业可视化诊断、远程控制以及灾害预警等功能。农业分为农业种植和畜牧养殖两个方面。农业种植分为设施种植（温室大棚）和大田种植，主要包括播种、施肥、灌溉、除草以及病虫害防治五个部分，以传感器、摄像头和卫星等收集数据，实现数字化和智能机械化发展。

（10）智能零售

智能零售（图5-1-13）通过将传统的售货机和便利店进行数字化升级、改造，打造无人零售模式。通过数据分析，并充分运用门店内的客流和活动，为用户提供更好的服务，为商家提供更高的经营效率。行业内将零售按照距离，分为三种不同的形式：远场零售、中场零售、近场零售，三者分别以电商、商场/超市和便利店/自动售货机为代表。物联网技术可以用于近场和中场零售，且主要应用于近场零售，即无人便利店和自动（无人）售货机。

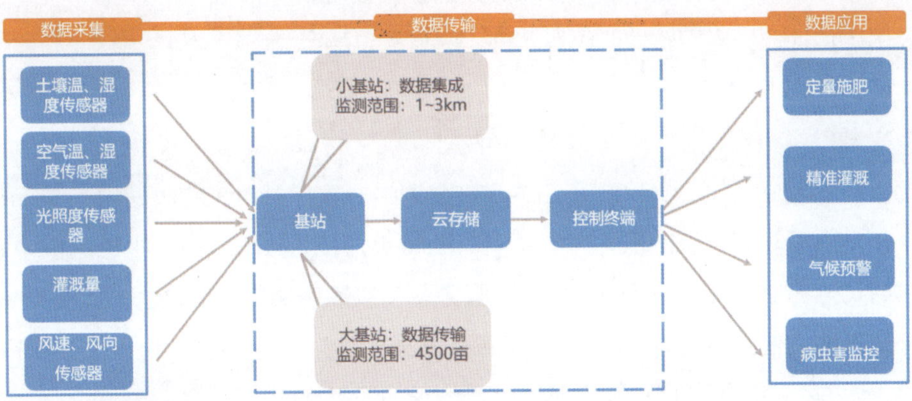

图5-1-12 智慧农业

图5-1-13 智能零售

综上所述，物联网不仅仅为人们的日常生活提供便捷，其应用领域也涉及诸如工业、农业、环境、交通、物流、安保等方方面面。物联网有效地推动行业的智能化发展，使得有限的资源得到更加合理充分的使用分配，从而提高了行业效率、效益。

5.1.4 物联网应用项目案例

利用信息化和物联网技术，为某新建学院构建互联互通、安全可靠、覆盖整个校区的综合管理系统，为教师与学生提供了一个全面且智能化的综合管理应用服务平台，实现教育资源、生活系统与学校充分融合。

整个系统的建设目标涵盖了系统架构设计、内容实施、安全保障和项目管理体系建设的一系列内容。因此，从项目建设内容上划分整个系统，从逻辑上分为三个层次：基础设施层、数据层和应用层。

基础设施层包括网络布线、信息监控点布置、数据信息点采集设施、数据应用服务器、存储设备、视频监控设备、信息采集设备以及语音通信设备的安装调测等。

数据层包括完成数据库软件、各类数据汇聚、应用数据以及安装调试完数据库服务器、应用服务器、中间件服务器和相关的数据存储设备。

应用层包括业务应用软件的研发实施、联调和试用。

建设内容如下。

（1）数据中心

IDC（Internet Data Center）–Internet数据中心，它是传统的数据中心与Internet的结合，它除了具有传统的数据中心所具有的特点外，如数据集中、主机运行可靠等，还应具有访问方式的变化、要做到7×24服务、反应速度快等。IDC是一个提供资源外包服务的基地，它应具有非常好的机房环境、安全保证、网络带宽、主机的数量和主机的性能、大的存储数据空间、软件环境以及优秀的服务性能。

校园数据中心的建设是以整个系统的数据信息传输为基础架构，包括信息中心的内部网络建设和整体系统的核心网络连接，即传输控制的建设。在此基础上建立核心网络交换和数据存储平台。

传输控制层为信息交换提供平台和接口，进行用户管理和综合安全管理，提供对整个物流信息平台的技术支持，是整个系统运行不可缺少的一个重要组成部分。主要包括综合安全管理、数据交换中心、网络安全设备等模块。传输控制层体现在数据中心表现为：核心骨干网络、应用服务器、数据服务器和数据存储系统。

软件系统包括：中间件软件、信息安全系及各类综合数据库系统软件。应用软件是整个系统的核心和技术展现，通过应用软件才能将通过物联网收集、传输的数据信息经过加工整理和挖掘后通过应用程序为用户服务。

（2）校园一卡通

建立师生"一卡通"系统，通过该系统实现门禁、考勤、就餐、消费、借书、用水、用电、公共设施使用等功能。方便学校对老师、学生的管理。

校园一卡通实现传统校园一卡通功能以外，可以通过短信、WAP等方式实现排课、会议、图书借阅、消费情况、账户信息等各种信息的互动查询，可实现各种信息的指定下发，具有通知、提醒的功能。

（3）车辆管理系统

通过物联网技术，实现校区内车位利用率及车位使用状态的动态管理，对进出学校的所有车辆信息进行综合调度管理。可以分析用户需要的车位信息，允许用户通过PC终端查询所有车位的实时使用情况，以及车辆引导服务。

整个校园的车辆进出管理系统实行中央电脑集中监控，并采用红外检测器检测车辆的进出，使用无线发射器、接收器识别注册车辆的进出信号，使停车管理建成方便、安全、高效的控制体系。整个系统包括：信号接收部分、红外探测部分、蜂鸣报警部分、步进电机驱动部分、汽车检测是否过去部分五大部分。

（4）教室配置管理

教室配置管理就是通过物联网技术获得关于教室使用状态的所有信息。可以分析用户需要得到的教室信息（例如：教室的使用状态、上课情况、上课内容、授课人等），借助PC终端查询所有教室的实时使用情况，以及其他所需信息和服务。

同时提供系统接口，通过端口与其他系统（如教务系统）衔接，为学校管理提供统一平台。

（5）校园指挥系统

校园指挥系统是一个具有实时性、先进性、可靠性和开放性的网络视频监控系统。以数字音视频压缩、传输、存储和回放为核心，以智能实用的图像分析为特色，结合现代视频技术、安防报警技术、网络通信技术和流媒体传输技术的数字视频监控综合应用系统。

结合GIS系统，可以将校区及重点建筑周边的地理信息即时呈现在校园指挥中心大屏上。遇到突发事件可以通过视频内容及GIS系统进行车辆和人员的定位及调度。

（6）校区地理信息系统

利用GIS技术、信息技术以基本的网页技术搭建基于B/S模型的校园地理信息服务网站。

利用GIS的技术，使校园的师生迅速地熟悉校园的环境，方便地制作自身所需要的地图，并且利用地图的形式，将校园信息展现的方式从传统的纯文字模式解脱出来，实现地图与文字、图片等展现模式相结合的方式。

（7）多媒体教室

多媒体教室建设需要有电子技术、电声技术、声学处理技术、计算机与网络技术等综合技术。学校在建设多媒体教室时，应根据本校的实际需要和教室环境的基础设施，遵循经济性、效益性原则，合理配置设备，才能获得高性价比的多媒体教室。

（8）图书馆

需要实现图书馆馆外用户合理授权访问馆内资源，在保持图书馆网络开放性的同时实现网络的安全。

巩固练习

宜宾职业技术学院新建了一个校区，将进行智慧校园建设，请同学们为其规划一个方案。

单元六

云存储典型应用

云存储是指通过集群应用、网格技术或分布式文件系统等功能，应用存储虚拟化技术将网络中大量各种不同类型的存储设备通过应用软件集合起来协同工作，共同对外提供数据存储和业务访问功能的一个系统。

任务 6.1　云存储典型应用——百度网盘

姓名：	学号：	班级：	日期：

任务描述

小王是一位办公室工作人员，由于经常需要在办公室和家里电脑上办公，故喜欢将资料存储在一个移动硬盘上，但一次意外移动硬盘损坏无法修复，导致所存储的资料丢失。如何避免电脑或移动存储设备损坏时资料意外丢失，避免移动存储设备丢失而导致数据泄密呢，这就需要我们使用云存储来解决这个问题。

任务目标

（1）了解云计算技术的定义、特点和分类。

（2）熟悉典型云存储应用——百度网盘。

（3）增强资料备份和存储安全意识。

（4）增强数据保密意识。

任务书

下载百度网盘客户端，注册一个百度网盘账户，将自己电脑上的重要文件存储在百度网盘中。同时将手机中的视频、照片、通讯录、手机短信和通话记录等同步到网盘中。分享一个文件给他人，自定义提取码为“123”，访问人数不限，有效期30天。

任务分组

班级		组号		指导教师	
组长		学号			
组员	姓名	学号	姓名	学号	

续表

任务分工

获取信息

引导问题 1：通过上网查询，小组讨论云计算技术的发展历程？

引导问题 2：通过上网查询，小组讨论现在有哪些网络云盘可以使用？

工作实施

引导问题：请写出百度网盘的具体申请和使用步骤。

评价反馈

<table>
<tr><th rowspan="2">项目名称</th><th rowspan="2" colspan="2">评价内容</th><th rowspan="2">分值</th><th colspan="3">评价分数</th></tr>
<tr><th>自评</th><th>互评</th><th>教师评价</th></tr>
<tr><td rowspan="5">职业素养考核项目40%</td><td colspan="2">穿戴规范、整洁</td><td>5</td><td></td><td></td><td></td></tr>
<tr><td colspan="2">安全意识、责任意识、服从意识</td><td>10</td><td></td><td></td><td></td></tr>
<tr><td colspan="2">积极参加教学活动，按时完成学生工作活页</td><td>10</td><td></td><td></td><td></td></tr>
<tr><td colspan="2">团队合作、与人交流能力</td><td>10</td><td></td><td></td><td></td></tr>
<tr><td colspan="2">劳动纪律</td><td>5</td><td></td><td></td><td></td></tr>
<tr><td rowspan="4">专业能力考核项目60%</td><td colspan="2">专业知识查找及时、准确</td><td>10</td><td></td><td></td><td></td></tr>
<tr><td colspan="2">操作符合规范</td><td>10</td><td></td><td></td><td></td></tr>
<tr><td colspan="2">操作熟练度，工作效率</td><td>10</td><td></td><td></td><td></td></tr>
<tr><td colspan="2">作品验收质量</td><td>30</td><td></td><td></td><td></td></tr>
<tr><td colspan="4">总分</td><td></td><td></td><td></td></tr>
<tr><td rowspan="2">总评</td><td rowspan="2">自评（20%）+互评（20%）+教师评价（60%）=</td><td colspan="2">综合等级</td><td rowspan="2" colspan="3">教师（签名）:</td></tr>
<tr><td colspan="2"></td></tr>
<tr><td>有益的经验和做法</td><td colspan="6"></td></tr>
<tr><td>总结反思建议</td><td colspan="6"></td></tr>
</table>

相关知识

百度网盘（原百度云）是百度推出的一项云存储服务，提供文件的网络备份、同步和分享服务，空间大、速度快、安全稳固。现已覆盖主流PC（一般指计算机）和手机操作系统，包含Web版、Windows版、Mac版、Android版、iPhone版和Windows Phone版。用户可以轻松将自己的文件上传到网盘上，并可跨终端随时随地查看和分享。

6.1.1 云存储概述

（1）什么是云存储

云存储是在云计算概念上延伸和发展出来的一个新的概念，是指通过集群应用、网格技术或分布式文件系统等功能，应用存储虚拟化技术将网络中大量各种不同类型的存储设备通过应用软件集合起来协同工作，共同对外提供数据存储和业务访问功能的一个系统。它是一种网上在线存储的模式，即把数据存放在通常由第三方托管的多台虚拟服务器，而非专属的服务器上。托管公司营运大型的数据中心，需要数据存储托管的人，则透过向其购买或租赁存储空间的方式，来满足数据存储的需求。数据中心营运商根据客户的需求，在后端准备存储虚拟化的资源，并将其以存储资源池的方式提供，客户便可自行使用此存储资源池来存放文件或对象，如图6-1-1所示。

图6-1-1 云存储

（2）云存储结构模型

与传统的存储设备相比，云存储不仅仅是一个硬件，而是一个网络设备、存储设备、服务器、应用软件、公用访问接口、接入网、和客户端程序等多个部分组成的复杂系统。各部分以存储设备为核心，通过应用软件来对外提供数据存储和业务访问服务。

云存储系统的结构模型主要由存储层、基础管理层、应用接口层、访问层4层组成，如图6-1-2所示。存储层是云存储最基础的部分。存储设备主要包括FC光纤通道存储设备、IP存储设备（NAS、iSCSI）、DAS存储设备（SCSI、SAS）。云存储中的存储设备往往数量庞大且分布多不同地域，彼此之间通过广域网、互联网或者FC光纤通道网络连接在一起。基础管理层是云存储最核心的部分，也是云存储中最难以实现的部分。基础管理层通过集群、分布式文件系统和网格计算等技术，实现云存储中多个存储设备之间的协同工作，使多个的存储设备可以对外提供同一种服务，并提供更大、更强、更好的数据访问性能。应用接口层是云存储最灵活多变的部分。不同的云存储运营单位可以根据实际业务类型，开发不同的应用服务接口，提供不同的应用服务。比如视频监控应用平台、IPTV（交互式网络电视机）和视频点播应用平台、网络硬盘应用平台、远程数据备份应用平台等。在访问层，任何一个授权用户都可以通过标准的公用应用接口来登录云存储系统，享受云存储服务。

（3）云存储优点

① 易扩展：云存储采取的架构是并行扩展，容量不够了，只要采购新的存储服务器即可，容量立即增加，几乎是没有限制的。

② 易管理：企业将大部分数据迁移到云存储上去后，所有的升级维护任务都是由云存储服务提供商来完成，节约了企业存储系统管理员上的成本压力。

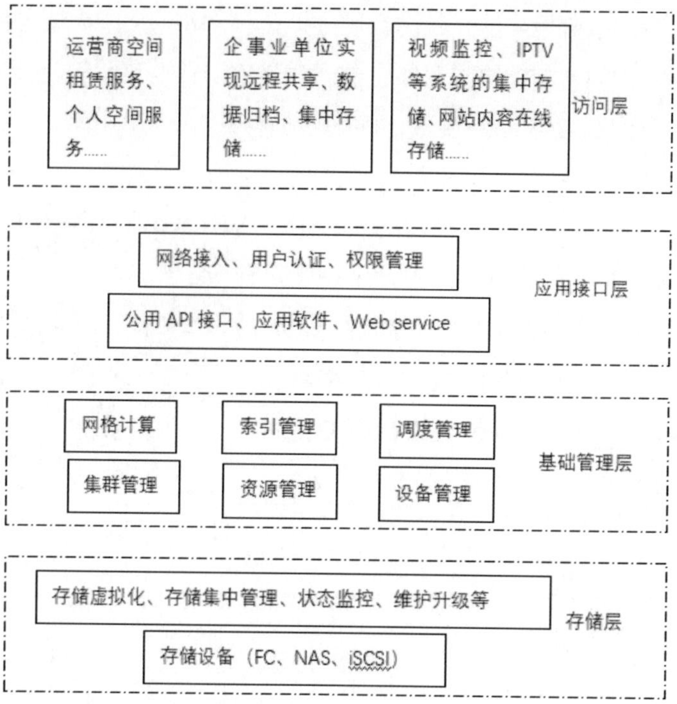

图6-1-2　云存储结构模型

③ 成本低：就目前来说，企业在数据存储上所付出的成本是相当大的，而且这个成本还在随着数据的暴增而不断增加。为了减少这一根本压力，许多企业宁肯冒着数据丢失的危险，而将大部分数据转移到云存储上，让云存储服务提供商来为他们解决数据存储的问题。这样就能花很少的价钱获得最优的数据存储服务。

④ 量身定制：云服务提供商专门为单一的企业客户提供一个量身定制的云存储服务方案，不但能为企业用户提供最优质的贴身服务，而且还能在一定程度上降低安全风险。

6.1.2　云存储关键技术

云存储系统是一个多设备、多应用、多服务协同工作的集合体，它的实现要以多种技术的发展为前提。

（1）宽带网络技术

真正的云存储系统将会是一个多区域分布、遍布全国、甚至于遍布全球的庞大公用系统，使用者需要通过ADSL（非对称数字用户环路）、DDN（数字数据网络）等宽带接入设备来连接云存储，而不是通过FC（光纤总线）、SCSI（小型计算机系统接口）或以太网线缆直接连接一台独立的、私有的存储设备上。只有宽带网络得到充足的发展，使用者才有可能获得足够大的数据传输带宽，实现大容量数据的传输，真正享受到云存储服务。

（2）WEB2.0技术

Web2.0技术的核心是分享。只有通过Web2.0技术，云存储的使用者才有可能通过PC、手机、移动多媒体等多种设备，实现数据、文档、图片和视音频等内容的集中存储和资料共享。Web2.0技术的发展使得使用者的应用方式和可得服务更加灵活和多样。

（3）应用存储技术

云存储不仅仅是存储，更多的是应用。应用存储是一种在存储设备中集成了应用软件功能的存储设备，它不仅具有数据存储功能，还具有应用软件功能，可以看作是服务器和存储设备的集合体。应用存储技术的发展可以大量减少云存储中服务器的数量，从而降低系统建设成本，减少系统中由服务器造成单点故障和性能瓶颈，减少数据传输环节，提供系统性能和效率，保证整个系统的高效稳定运行。

（4）集群技术、网格技术和分布式文件系统

云存储系统是一个多存储设备、多应用、多服务协同工作的集合体，任何一个单点的存储系统都不是云存储。

既然是由多个存储设备构成的，不同存储设备之间就需要通过集群技术、分布式文件系统和网格计算等技术，实现多个存储设备之间的协同工作，使多个的存储设备可以对外提供同一种服务，并提供更大、更强、更好的数据访问性能。如果没有这些技术的存在，云存储就不可能真正实现，所谓的云存储只能是一个一个的独立系统，不能形成云状结构。

（5）CDN内容分发、P2P技术、数据压缩技术

CDN内容分发系统、P2P技术（点对点技术）、数据压缩技术、数据加密技术保证云存储中的数据不会被未授权的用户所访问，同时，通过各种数据备份和容灾技术保证云存储中的数据不会丢失，保证云存储自身的安全和稳定。

（6）存储虚拟化技术、存储网络化管理技术

云存储中的存储设备数量庞大且分布多在不同地域，如何实现不同厂商、不同型号甚至于不同类型（如FC存储和IP存储）的多台设备之间的逻辑卷管理、存储虚拟化管理和多链路冗余管理将会是一个巨大的难题，这个问题得不到解决，存储设备就会是整个云存储系统的性能瓶颈，结构上也无法形成一个整体，而且还会带来后期容量和性能扩展难等问题。

云存储中的存储设备数量庞大、分布地域广造成的另外一个问题就是存储设备运营管理问题。虽然这些问题对云存储的使用者来讲根本不需要关心，但对于云存储的运营

单位来讲，却必须要通过切实可行和有效的手段来解决集中管理难、状态监控难、故障维护难、人力成本高等问题。因此，云存储必须要具有一个高效的类似与网络管理软件一样的集中管理平台，可实现云存储系统中设有存储设备、服务器和网络设备的集中管理和状态监控。

6.1.3 百度网盘（PC版）

百度网盘（原百度云）是百度推出的一项云存储服务，已覆盖主流PC和手机操作系统，包含Web版、Windows版、Mac版、Android版、iPhone版和Windows Phone版，用户可以轻松将自己的文件上传到网盘上，并可跨终端随时随地查看和分享。下面介绍如何在PC端使用百度网盘。

① 打开浏览器输入百度网盘网址：https://pan.baidu.com/，进入百度网盘主页，如图6-1-3所示。单击页面上方的“客户端下载”链接，进入电脑客户端下载页面，如图6-1-4所示。

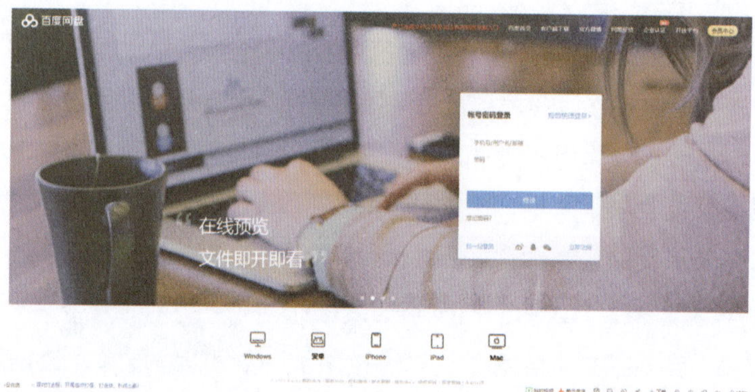

图6-1-3　百度网盘首页

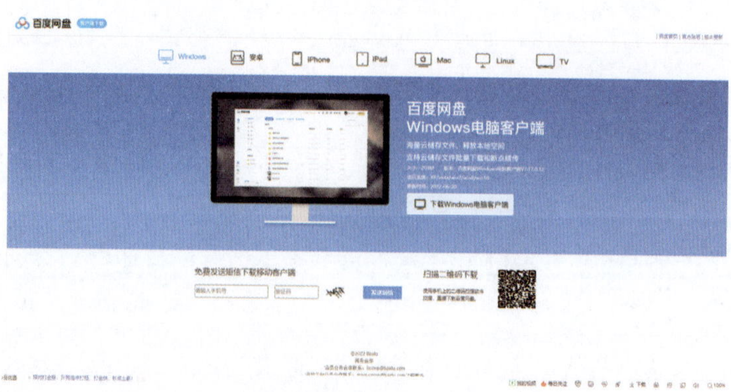

图6-1-4　百度网盘客户端下载页面

② 单击“下载Windows电脑客户端”，设定百度网盘客户端保存位置后，单击“下载”按钮进行下载，如图6–1–5所示。如果需要安装在手机或平板电脑等其他设备上，单击图6–1–4中顶端相应的图标即可。

③ 双击百度网盘客户端软件进行安装，设置安装位置，勾选“阅读并同意用户协议和隐私政策”，根据需要是否勾选同意安装网盘Office插件和同意重启系统管理器，然后单击“极速安装”，完成即可，如图6–1–6所示。

④ 双击桌面上的百度网盘快捷方式，打开百度网盘客户端，输入用户名和密码进行登录，如图6–1–7所示。也可以通过短信快捷登录，如图6–1–8所示。也可以用第三方账号登录（单击下方的微信、微博、QQ等图标）。

⑤ 如果没有百度网盘账号，需要先单击“注册账号”选项进行注册，如图6–1–9所示。完成后再进行上面登录操作。

⑥ 登录成功后，即可进入百度网盘操作界面，如图6–1–10所示，单击“我的网盘”，在空白处单击鼠标右键，在弹出的菜单中选中“新建文件夹”即可创建一个文件

图6–1–5　百度网盘客户端保存位置

图6–1–6　百度网盘客户端安装

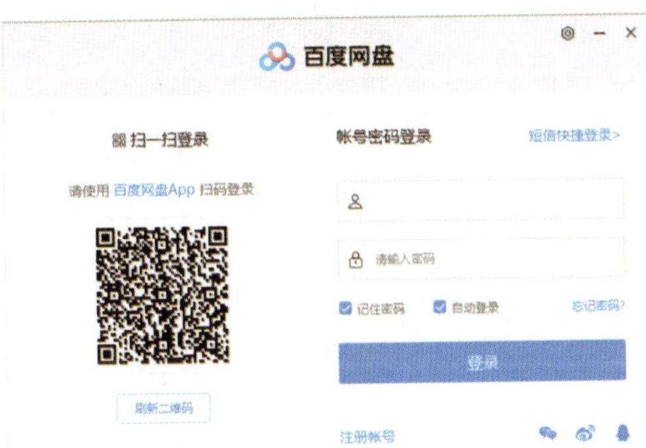

图6–1–7　账号密码登录

图6–1–8　短信快捷方式登录

图6-1-9　百度网盘账号注册

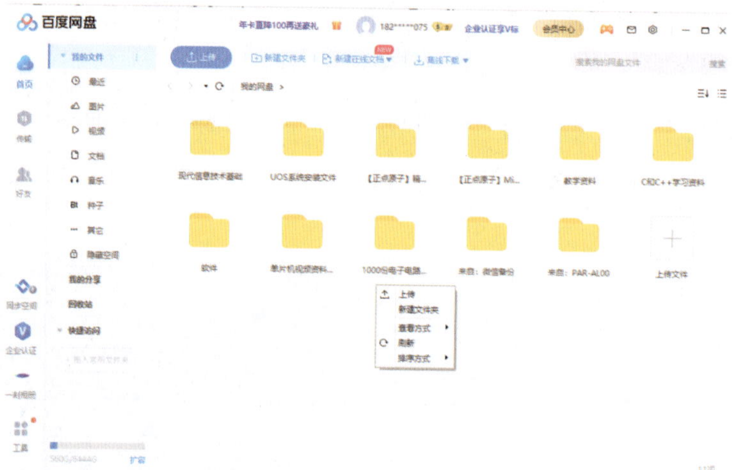

图6-1-10　百度网盘操作界面

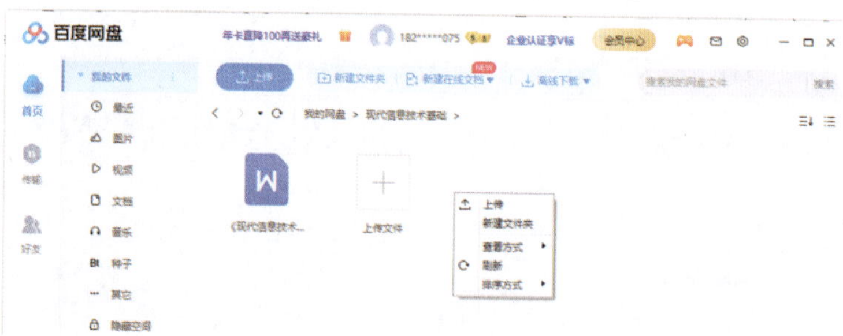

图6-1-11　百度网盘文件夹操作界面

夹“现代信息技术基础”，双击文件夹即可打开该文件夹，如图6-1-11所示。

⑦ 可以在文件夹中，单击鼠标右键，进行上传、新建文件夹等操作，如图6-1-11所示。也可以选中百度网盘中的文件或文件夹，单击鼠标右键，进行下载、删除、复制等操作，如图6-1-12所示。

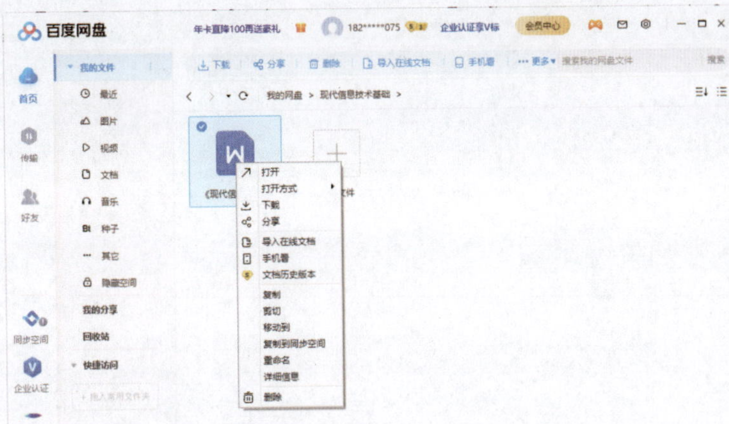

图6-1-12　百度网盘文件操作界面

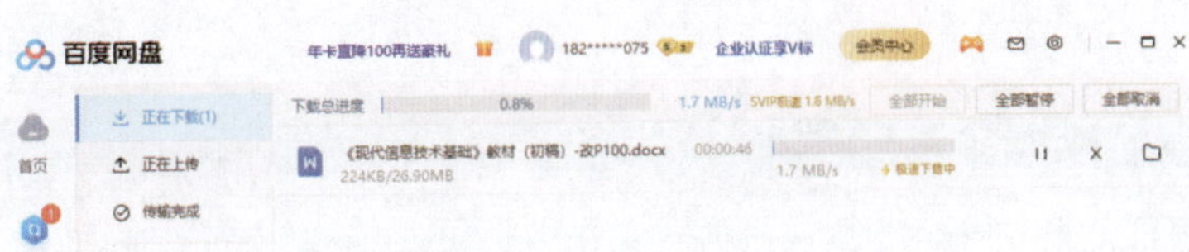

图6-1-13　百度网盘传输列表

⑧ 在百度网盘操作界面上，单击“传输列表”选项，可以查看文件的下载进度，并可以对正在下载的文件进行暂停、删除等操作，如图6–1–13所示。

⑨ 在对百度网盘进行应用的时候，通常还需要对百度网盘进行一些必要的设置，比如百度网盘开机是否自启动、文件下载位置、传输速度等，如图6–1–14和图6–1–15所示。

⑩ 借助百度网盘，用户还可以把文件与好友进行分享，如图6–1–16所示。

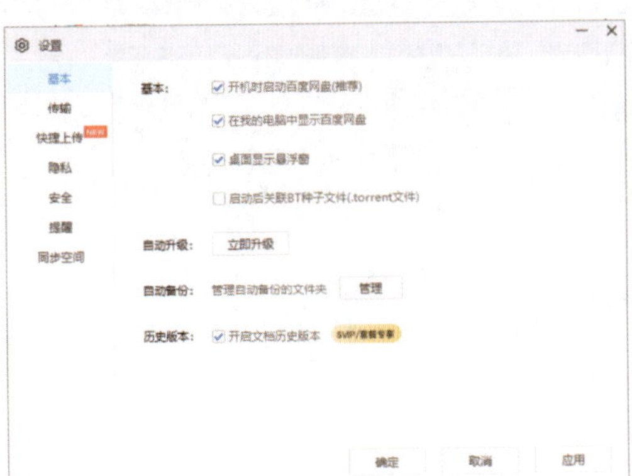

图6–1–14　百度网盘设置界面1

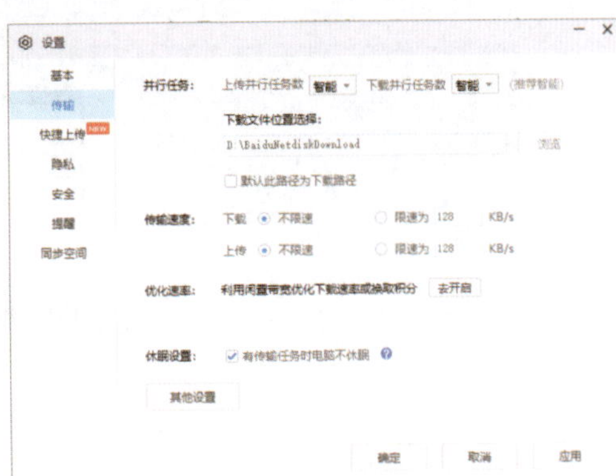

图6–1–15　百度网盘设置界面2

图6-1-16　百度网盘文件分享

6.1.4　百度网盘（移动端）

下面介绍百度网盘移动端的用法。

① 通过扫描百度网盘首页上的二维码，来下载对应移动端的App软件并进行安装即可，如图6-1-17所示。

② 打开百度网盘App，就可以使用百度账号、微信、微博和QQ等方式进行登录，也可以用手机号进行注册，如图6-1-18所示。

③ 登录成功后，进入图6-1-19所示首页。

图6-1-17　百度网盘移动端二维码

图6-1-18　百度网盘移动端登录

图6-1-19　百度网盘首页

④ 通过点击首页下方的“我的”选项，查看个人账号相关信息。包括个人网盘大小、是否为VIP会员等。用户一般会获得2T云空间，如果不够用就需要开通超级VIP会员，可以获得10T空间，如图6-1-20所示。

⑤ 百度网盘可以保存自己喜欢的资源，包括相册、视频、文档等各种类型。可以建立不同的文件夹分门别类进行保存。资源可以是网络资源也可以是本地资源。通过点击首页下方的“文件”选项，查看个人网盘中已保存的文件，如图6-1-21所示。

图6-1-20　百度网盘查看个人信息

图6-1-21　网盘文件列表

⑥ 对文件列表中喜欢的资源，可以从百度网盘App中下载到移动端，也可以分享给好友或者发布链接分享给陌生人，还可以进行删除、重命名等操作，如图6-1-22所示。

⑦ 可以将手机上的照片、视频、文档、音乐等各种资源上传到百度网盘中，可以对这些资源进行备份以免丢失，如图6-1-23所示。

图6-1-22　网盘文件下载、分享等操作

图6-1-23　百度网盘上传选项

巩固练习

请同学们申请一个百度网盘账号，按文件分类在网盘首页创建相应的文件夹，并将你的文件归类分别上传到网盘相应的文件夹中。

参考文献

[1] 蔡跃. 职业教育活页式教材开发手册 [M]. 上海：华东师范大学出版社，2020.

[2] 统信软件技术有限公司. 统信UOS操作系统使用教程 [M]. 北京：人民邮电出版社，2021.

[3] 统信软件技术有限公司. UOS系统（V20专业版）使用手册.

[4] 北京金山办公软件股份有限公司. WPS办公应用（中级）[M]. 北京：高等教育出版社，2021.

[5] 博蓄诚品. WPS Office高效办公一本通 [M]. 北京：化学工业出版社，2021.

[6] 钱新杰，张娅. 计算机应用基础：Windows 10 + Office 2016 [M]. 北京：中国轻工业出版社，2020.

[7] 眭碧霞. 信息技术基础 [M]. 北京：高等教育出版社，2021.

[8] 田启明，张焰林. 信息技术基础 [M]. 北京：电子工业出版社，2022.

[9] 梁永生. 物联网技术与应用 [M]. 北京：机械工业出版社，2014.

[10] 徐国庆. 职业教育教材设计的三维理论 [J]. 华东师范大学学报，2015，33（02）：8.

[11] 巫兴宏. 基于工作页的一体化教学实践 [J]. 中国职业技术教育，2008（10）：2.

[12] 宋福林，张加锋. 数控车铣加工职业技能实训教程 [M]. 北京：化学工业出版社，2021.